Wachstum im Wandel

Bertelsmann Stiftung (Hrsg.)

Wachstum im Wandel

Chancen und Risiken für die Zukunft
der Sozialen Marktwirtschaft

Beiträge von
Christina von Braun
Heinz Bude
Sebastian Dullien
Anke Hassel
Wolf Lotter
Armin Nassehi
Paul Nolte
Birger Priddat
Helge Ritter
Hartmut Rosa
Uwe Schneidewind
Katharina Zweig

Fotografien von
Veit Mette

| Verlag BertelsmannStiftung

Inhalt

Vorwort – *Aart De Geus, Andreas Esche* — 6

Einführung: Zehn Konfliktfelder wirtschaftlichen und sozialen Wandels in Deutschland – *Henrik Brinkmann, Benjamin Dierks, Armando García Schmidt* — 11

Alle gegen alle, jeder für jeden
Persönliche Verantwortung und was uns in der neuen Welt erwartet — 22

    Eine Gesellschaft wie ein Rockkonzert – *Birger Priddat* — 25
    Von neuen Freiheiten und wiederzuentdeckenden Ressourcen – *Wolf Lotter* — 38
    Der Computer muss sich am Menschen messen lassen – *Katharina Zweig* — 50

Müller gegen Meier
Der Kampf um die Mitte und die Abwehrschlacht der Eliten — 62

    Gesellschaft orientierungslos? – *Heinz Bude* — 65
    Vom Verteilungskampf zur investiven Bürgergesellschaft – *Paul Nolte* — 76
    Verschleppte Modernisierung – *Anke Hassel* — 89

Gemeinsam sind wir schwach
Was uns zusammenhält und was die Politik machen muss — 102

    Gemeinschaft ist Glaubenssache – *Christina von Braun* — 105
    Möglichkeitsräume der Oberflächenwelt – *Helge Ritter* — 116
    Das Ende der einfachen Antworten – *Armin Nassehi* — 128

Wie viel ist genug?
Wohlstand, Wachstum und wer es verteilen soll — 140

    Zeit ohne Muße – *Hartmut Rosa* — 145
    Eine neue Freiheitspolitik – *Uwe Schneidewind* — 159
    Gelenktes Wachstum – *Sebastian Dullien* — 171

Biografien — 182
Abstract — 188
Impressum — 192

Vorwort

»*Es ist ein Charakteristikum unserer Zeit, dass wir unter früher nie gekannten Evolutionszwängen leben müssen. Das Ausruhen auf bewährten Ordnungen der Vergangenheit verspricht für die Zukunft weder Erfolg noch Kontinuität.*« Reinhard Mohn

Es gibt eine gute Botschaft: Die Soziale Marktwirtschaft hat sich als Wirtschaftsordnung bis heute bewährt. Ihre Grundprinzipien waren Fundament für den rasanten Anstieg des Wohlstands der Deutschen über die letzten 60 Jahre. Große Herausforderungen wurden in dieser Zeit bewältigt. Auch in der dichten Abfolge krisenhafter Zustände, die die Weltwirtschaft seit 2008 durchlebt, erweisen sich die Prinzipien der Sozialen Marktwirtschaft als robustes Grundgerüst für den wirtschaftlichen Erfolg und den Wohlstand eines ganzen Landes. Anders als in vielen vergleichbaren Industrienationen wächst die deutsche Wirtschaftsleistung, der Arbeitsmarkt boomt. Viele schauen nach Deutschland und fragen nach dem Erfolgsrezept.

Können sich die verantwortlichen Gestalter in Politik und Unternehmen, können wir uns als Gesellschaft auf diesen Lorbeeren ausruhen? Wir glauben nein. Wesentliche Veränderungen werden uns in den kommenden Jahren herausfordern. Dies gilt sowohl für unsere Art zu wirtschaften als auch für den Zusammenhalt in der Gesellschaft.

Die Megatrends Globalisierung und Digitalisierung verändern die Anforderungen, denen sich eine nachhaltig erfolgreiche Volkswirtschaft stellen muss, schneller und tiefgreifender, als dies noch vor wenigen Jahren abzusehen war. Nicht nur die Anforderungen an Innovationskraft und Wettbewerbsfähigkeit der Wirtschaftszweige, die im internationalen Wettbewerb stehen, steigen ständig. Auch die Gesellschaft muss sich an eine immer schnellere Taktung des Wandels in Wirtschafts- und Arbeitswelt anpassen – vorgegeben vom Rhythmus pausenlos rechnender Algorithmen und weltumspannend interagierender Informations-, Produktions- und Wertschöpfungsprozesse.

Zu Globalisierung und Digitalisierung gesellen sich zwei weitere Megatrends: der demographische Wandel und zunehmende Ungleichheitsdynamiken. Noch ist nicht ausgemacht, welche Effekte eine rasch alternde und schrumpfende Gesellschaft auf unser Wirtschaftsmodell haben wird. Klar ist, dass sich Arbeit verschieben wird: vom verarbeitenden Gewerbe und der Industrie, auf deren Leistungsstärke und internationaler Wettbewerbsfähigkeit ein Gutteil unseres heutigen Wohlstands beruht, hin zu den Mensch-zu-Mensch-Dienstleistungen in Pflege und Gesundheit. Aber auch unsere Konsummuster werden sich ändern. Wird der demographische Wandel so zum Treiber einer lang anhaltenden Stagnation, vor der Ökonomen schon jetzt warnen?

Und Ungleichheit? Drastische Wohlstandsunterschiede zwischen Ländern sind Treibstoff für globale Migrationsbewegungen. Hoffnungsziel sind die wohlhabenden Länder des globalen Nordens. Richtig angepackt, kann die Zuwanderung neue Wachstumschancen für Zielländer eröffnen und Perspektiven für die Zuwanderer selbst und ihre Herkunftsländer schaffen. Doch Ungleichheit gibt es nicht nur zwischen den Ländern. Auch in Deutschland vermehren sich die Anzeichen, dass Ungleichheit zunimmt. Trotz Wachstums und boomendem Beschäftigungsmarkt verschärfen sich Einkommensunterschiede, stagnieren Armutsrisiken auf hohem Niveau, nimmt Langzeitarbeitslosigkeit nicht ab und verhärten sich regionale Entwicklungs- und Wohlstandsunterschiede. Ludwig Erhards Diktum vom »Wohlstand für alle« scheint nicht länger für alle zu gelten.

Es geht uns nicht ums Schwarzmalen. Wir betonen: Deutschland steht wirtschaftlich aktuell gut da. Und dies spiegelt sich, so zeigen wir in einer aktuellen Studie, auch in einem gesamtgesellschaftlichen Zuwachs an sozialer Teilhabe in den Jahren 2005 bis 2013 wider. Und doch können wir beobachten, dass die Megatrends global und auch in Deutschland strukturelle Verschiebungen antreiben, deren Folgen wir noch nicht in Gänze absehen und in ihren Ambivalenzen verstehen können.

Die aktuelle Phase der Prosperität sollten wir nutzen – ganz im Sinne unseres Gründers Reinhard Mohn – und uns nicht damit zufriedengeben, Ordnung, so wie wir sie kennen, einfach fortzuschreiben. Das eingangs abgedruckte Zitat von Reinhard Mohn ist einem Vortrag aus dem Jahr 1992 entnommen. Seinen Aufruf, angesichts tiefgreifenden Wandels eingefahrene Denkmuster zu verlassen und altbekannte Strukturen infrage zu stellen, bezieht er hier auf die Notwendigkeit, die Soziale Marktwirtschaft als Leitprinzip immer wieder neu zu denken und zu konkretisieren.

Wir sind überzeugt, dass wir in diesem Land über die Ausgestaltung einer neuen, einer zukunftsorientierten wirtschafts- und gesellschaftspolitischen Agenda sprechen müssen, einer Agenda, die nicht nur auf ein reines Mehr an Produkten und Dienstleistungen zielt, sondern auch den Fortschritt der Gesellschaft und die Teilhabechancen jedes Menschen in den Blick nimmt. Der erste notwendige Schritt hin zu dieser Agenda ist es, die richtigen Fragen zu stellen.

Was sind die tiefgreifenden Veränderungen der kommenden Jahrzehnte für unsere Art zu wirtschaften und in unserem gesellschaftlichen Zusammenleben? In welcher Beziehung stehen diese Entwicklungen in Wirtschaft und Gesellschaft zueinander? Wo sind die Konfliktfelder, die Risiken, aber auch die Chancen, die sich nicht einfach nur aus einzelnen Entwicklungen selbst, sondern vor allem aus der Wechselwirkung zwischen ihnen ergeben? Diese Fragen bilden den roten Faden des vorliegenden Buches.

Wir haben diese Fragen mitgenommen in Gespräche mit zwölf namhaften Wissenschaftlern, die sich als scharfsinnige Beobachter und Analysten aktueller Entwicklungen im Wirtschaftssystem und der Gesellschaft auszeichnen. Wichtig war uns dabei, unterschiedliche Perspektiven einzufangen. Denn nur im Zusammendenken unterschiedlicher Perspektiven kann ein wirkliches Verständnis für das Neue und für die Ambivalenz der Entwicklungen entstehen.

Herausgekommen ist eine Serie dichter Gespräche, die die zentralen Herausforderungen, aber auch die gestalterischen Chancen für eine zukunftsorientierte Wirtschafts- und

Gesellschaftspolitik in Deutschland benennen. Der Bielefelder Fotograf Veit Mette ergänzt die Interviews um einen Blick auf das heutige Deutschland. Wir danken an dieser Stelle allen Gesprächspartnern für ihre Bereitschaft, ihre Beobachtungen und Analysen mit uns zu teilen. Armando García Schmidt und Henrik Brinkmann von der Bertelsmann Stiftung haben die Gesprächsserie konzipiert und die Interviews gemeinsam mit dem Journalisten Benjamin Dierks durchgeführt. Auch ihnen sei ein herzlicher Dank ausgesprochen.

Unsere Synthese der Gespräche finden Sie im Anschluss an dieses Vorwort. Auf Grundlage der Interviews haben wir zehn Trendfelder gesellschaftlicher Konflikte identifiziert, die für eine zukunftsorientierte Wirtschafts- und Gesellschaftspolitik in Deutschland relevant sind. Auf Feldern wie »Paradise lost« oder »Müller gegen Meier« wird sich entscheiden, ob es uns gelingt, konkrete Strategien für ein neues, ein inklusiveres Wachstum zu definieren und umzusetzen. Auf dieser Grundlage können wir die Erfolgsgeschichte der Sozialen Marktwirtschaft in die Zukunft fortschreiben.

Aart De Geus
    Vorsitzender des Vorstandes der Bertelsmann Stiftung

Andreas Esche
    Director, Nachhaltig Wirtschaften, Bertelsmann Stiftung

Einführung
Zehn Konfliktfelder wirtschaftlichen und sozialen Wandels in Deutschland

Deutschland geht es wirtschaftlich gut, vor allem im Vergleich zu vielen europäischen Partnerländern. Doch der Blick allein auf das Wirtschaftswachstum täuscht. Die deutsche Wirtschaft und auch die Gesellschaft stehen vor großen Herausforderungen. Denn Grundsätzliches ist in Bewegung geraten: Globalisierung, Digitalisierung, demographischer Wandel und zunehmende soziale Ungleichheiten verändern nicht mehr nur die Welt da draußen. Die Megatrends sind auch nicht mehr nur reine Zukunftsmusik, Hintergrundgruseln für aufgeregte Altherrenrunden, die unausgesprochen voraussetzen, dass sich am Ende doch nichts ändern wird. Nein, unsere Lebens- und Arbeitswelten verändern sich rasant – hier und heute.

Vieles sehen wir schon jetzt. Aber nicht alles können wir heute schon vermessen oder mit Zahlen abbilden. Welche Wechselbeziehungen ergeben sich aus Globalisierung, Digitalisierung, demographischem Wandel und zunehmender sozialer Ungleichheit? Wie greifen diese Entwicklungen ineinander? Welche disruptiven Entwicklungen sind denkbar? Vor welche Herausforderungen wird Wirtschaft damit gestellt? Wie reagiert Gesellschaft darauf? Welche Rückkoppelungseffekte und Konflikte können daraus entstehen?

Mit diesen Zukunftsfragen im Gepäck haben wir zwölf deutsche Gegenwartsdenker eingeladen, mit uns ins Gespräch zu gehen. Entscheidend war für uns die Vielfalt der Perspektiven. Wir sind der Überzeugung, dass es nicht möglich ist, Zukunft alleine aus einer Perspektive heraus zu fassen. Das Ergebnis sind zwölf sehr unterschiedliche, in jedem Fall spannende Interviews. Sie alle sind in diesem Buch dokumentiert.

In der Gesamtschau waren wir zunächst überrascht. Einiges vermissten wir: Europa wurde so gut wie nie erwähnt. Brauchen wir es nicht? Hat es schon aufgehört zu existieren? Nachhaltigkeit und ökologische Themen spielten kaum eine Rolle. Das Flüchtlingsthema war zum Zeitpunkt der Interviews im Frühjahr 2015 schon in der öffentlichen Diskussion, aber keineswegs in der Dimension abzusehen, die es ab dem Sommer 2015 bekam. Unsere Gesprächspartner haben diese Brisanz schon in einem frühen Stadium gesehen und beschrieben. Es begegneten uns auch einige Dinge, auf die wir nicht vorbereitet waren. Das bedingungslose Grundeinkommen stand auf einmal im Raum. Und mehrere Gesprächspartner lenkten unseren Blick auf die neuen geopolitischen Risiken und die unheimliche Frage: Ist ein neuer Krieg vorstellbar?

Es ist für alle unsere Gesprächspartner kennzeichnend, dass sie nicht allein auf Risiken und Herausforderungen verweisen, sondern immer auch die Chancen beschreiben. Der kritische Blick ist gepaart mit Optimismus – und mit einer großen Portion Respekt und Hochachtung vor dem, was unsere Gesellschaft leistet und bewältigt: sozial, wirtschaftlich und politisch.

Dabei mitzuhelfen, diese – alle Facetten der Gesellschaft umfassende – Leistungsfähigkeit auch in der Zukunft zu bewahren, ist das Anliegen dieses Buches. Wir haben dazu die Antworten aus den Interviews gesichtet, ausgewertet und geordnet. Dabei haben wir zehn Felder ausgemacht, die unsere Gesprächspartner beschrieben haben. Entwicklungen, die

Politik, Wirtschaft und Gesellschaft vor Herausforderungen stellen und in Konflikte führen könnten. Sie widersprechen sich bisweilen, sind zum Teil gar in sich ambivalent. Manche dieser Entwicklungen haben mehrere unserer Gesprächspartner gezeichnet, manche entspringen nur ein oder zwei Köpfen. Dass wir diese Beobachtungen aus den Interviews gesammelt und zusammengestellt haben, bedeutet nicht, dass wir ihnen gänzlich beipflichten. Doch wir sind der Überzeugung: Wer sich Gedanken über unsere Zukunft macht, hat mit den zehn Konfliktfeldern ein wertvolles Werkzeug zur Hand.

Die Bertelsmann Stiftung nutzt diese Konfliktfelder als Hintergrund für die weitere Projektarbeit. Im Juni 2015 standen sie in einem Denklabor zur Diskussion, mit Teilnehmern aus Politik, Verwaltung, Wissenschaft und Medien. Keine intellektuelle Fingerübung, sondern Grundlage für harte Arbeit an harten Themen. Die Trends sind eine Folie, auf der sich Strategien für mehr Wachstum und sozialen Ausgleich bewähren müssen. Diese Zukunftsstrategien sollten vor den bereits heute erkennbaren Herausforderungen bestehen können. Wir wollen mit ihnen kreativ und konstruktiv umgehen, Chancen nutzen, Risiken minimieren, damit die Soziale Marktwirtschaft zukunftsfähig bleibt – in beiden Teilen, dem sozialen wie dem wirtschaftlichen.

1. Paradise Lost
Das Leitbild der Sozialen Marktwirtschaft geht verloren

Die Soziale Marktwirtschaft ist die große Erfolgsgeschichte der Bundesrepublik, das Fundament des Wirtschaftswunders, der Gegenentwurf zur Planwirtschaft und zum entfesselten angelsächsischen Kapitalismus gleichermaßen. Über Jahrzehnte bot sie Wirtschaft und Gesellschaft ein verlässliches Leitbild – doch das droht verloren zu gehen. Der Bundesrepublik kommt die gemeinsame Erzählung abhanden. Da war zunächst der Aufstieg nach der Stunde null, nach dem Völkermord, der Kapitulation Deutschlands und dem Ende des Zweiten Weltkriegs. 1990 stand der Neubeginn nach der Wiedervereinigung. Die Agenda 2010 mobilisierte noch einmal Kräfte mit dem Versprechen, dass bei der Steigerung der Konkurrenzfähigkeit alle mitziehen können. Diese Politik schuf aber auch Verlierer, ein wachsendes Dienstleistungsproletariat, zum großen Teil weiblich, das heute abgeschlagen ist im Streben nach Wohlstand.

Soziale Marktwirtschaft war immer schon ein Schlagwort, das je nach Intention unterschiedlich interpretiert wurde. Nach der ordoliberalen Prägung Ludwig Erhards stand sie für eine staatsbeaufsichtigte Marktwirtschaft; die 1960er- und 1970er-Jahre stärkten den Sozialstaat als intervenierenden Faktor und seit den Hartz-Reformen ist die Soziale Marktwirtschaft eine stärker marktliberalisierte Wirtschaft mit staatlicher Regulierung. Doch Menschen verlieren Vertrauen und auch das Verständnis dafür, was an einer Marktwirtschaft sozial sein soll, die große Ungleichheit zulässt. Und es gibt ein strukturelles Problem: Die Soziale Marktwirtschaft als Versicherungszusammenhang kommt an ihre Grenzen.

Das europäische System unterscheidet sich zwar vom Rest der Welt. Lebensrisiken sollen nach wie vor kollektiv abgedeckt werden. Dafür sind wir bereit zu bezahlen. Zugleich versuchen wir, die Früchte des Fortschritts zu verteilen. Doch Lebensrisiken haben sich geändert.

Statt des traditionellen Alleinverdieners bestimmen heute auch Frauen und Zuwanderer das Feld der Arbeitskräfte, die eine andere Absicherung benötigen. Arbeitsbiografien sind heute vielfältiger, weisen Brüche auf. Welche Rolle also muss der Staat spielen? Wie kann eine dynamische Gesellschaft Zusammenhalt schaffen, Lastenausgleich organisieren und die Menschen dabei behalten? Was wollen wir unter Sozialer Marktwirtschaft heute verstehen?

2. Höher, schneller, weiter
Der Optimierungszwang erfasst alle Lebensbereiche

Die Marktwirtschaft hat uns eine bittere Enttäuschung bereitet: Sie hat zwar über lange Jahre die Produktivität gewaltig gesteigert und doch konnte sie ihr Versprechen bislang nicht einhalten, dass wir den ökonomischen Wettstreit, den Kampf ums Überleben einst werden hinter uns lassen können. Arbeitsabläufe und Kommunikation werden schneller, mehr Arbeit kann in derselben Zeit erledigt werden. Das führt aber nicht dazu, dass die gewonnene Zeit Ruhe schafft, nein, immer mehr und immer Besseres ist in kürzerer Zeit zu verrichten. In unsicherer werdenden Verhältnissen folgt nicht nur die Gesellschaft, sondern jeder für sich dem Ziel, wettbewerbsfähig zu sein.

Dieser Drang zur Optimierung ist besonders perfide, weil der Mensch sich ihm selbst unterwirft. Alle Bereiche des Lebens stehen unter diesem Gedanken. Auch Freizeit muss dazu herhalten, Geld zu verdienen, körperlich fit zu werden oder sich geistig zu bilden. Das Gefühl, sein Tagewerk verrichtet zu haben und sich der Muße zuwenden zu können, geht verloren. Zeit muss genutzt werden. Wer mithalten will, muss mitziehen. Das hat Folgen auch für Kinder und Jugendliche. Im Kampf um die beste Vorbereitung auf Erfolg in Beruf und Gesellschaft ist ein Bildungswettlauf entstanden, der Bildung entwertet und immer höhere Ansprüche zur Folge hat. Ein Abitur reicht womöglich nicht mehr, um den gewünschten Studienplatz zu ergattern. Ein Studium ohne Extras ebnet nicht mehr den Weg in die angestrebte Position. Ausbildungsplätze gehen nur noch an Abiturienten, Realschulabgänger machen Jobs für Geringqualifizierte und Hauptschüler gehen leer aus.

Der Druck zur Selbstoptimierung könnte sich durch die fortschreitende Digitalisierung verschärfen. Der hybride Mensch ist keine reine Science Fiction mehr. Hilfsmittel dürften immer stärker direkt in den menschlichen Organismus eingreifen. Dass es sich etwa eines Tages durchsetzen könnte, seinem Gedächtnis durch bestimmte Substanzen auf die Sprünge zu helfen, ist vorstellbar. Wer beruflich und gesellschaftlich mitspielen will, hätte dann kaum die Wahl, dem zu entsagen.

3. Schöne neue Welt
Die technische Transformation schreitet voran und formt die Gesellschaft

Digitalisierung verbindet und trennt, nähert an und entfernt, sie eröffnet Zugang und verwehrt ihn, sie beschleunigt und bremst aus, sie macht Dinge transparent und verschleiert andere; sie kann helfen, die Gesellschaft besser zu machen, und sie bringt die Gesellschaft in Gefahr. All dies macht Digitalisierung oder – präziser gesagt – sie macht es möglich. Denn wie der technische Wandel Gesellschaft und Wirtschaft verändert, hängt stark von der Nutzung der Digitalisierung ab. Es ist kaum zu ermessen, wie sehr digitale Technik geholfen hat, soziale Teilhabe zu ermöglichen. Sie hat Wissen in ungeahnter Form zugänglich gemacht, sie hat Geheimwissen dezimiert. Das verringert die Konzentration von Macht.

Auf der anderen Seite bietet das massenweise Verfügbarmachen und Sammeln von Daten Machtoptionen, die bislang ebenfalls nicht denkbar waren. Das Internet und der Zugang durch allgemein verfügbare benutzerfreundliche Geräte können helfen, Ungleichheit abzubauen. Zugleich entsteht Ungleichheit, wenn ein großer Teil der Bevölkerung nicht dazu in der Lage ist, die Geräte zu mehr als dem bloßen Zeitvertreib zu nutzen. Das simuliert Teilhabe. Die Nutzung der digitalen Sphäre kann die Form des Konsums und des Wirtschaftens umkrempeln. Es ist abzusehen, dass Menschen zunehmend in digitalen Prozessen und Projektionen kommunizieren, arbeiten und leben werden.

Die Bedeutung wissensbasierter Arbeit nimmt zu und verlangt andere Wertschätzung und neue Arbeitsstrukturen. Menschliche Routinearbeit, auch geistige, wird zunehmend ersetzt. Das birgt Gefahren und erfordert soziale Antworten, weil Jobs und womöglich ganze Wirtschaftszweige verschwinden, schafft aber auch neue Arbeit und enorme Freiheiten. Weil Daten anders als zuvor erhoben werden können, können Dienstleistungen massenhaft individuell zugeschnitten werden. Zugleich macht diese Entwicklung Menschen individuell behandelbar, wo dies bislang nicht möglich und gesellschaftlich nicht erwünscht war. Persönliche Merkmale wie Alter oder Behinderung könnten etwa eine Dienstleistung wie persönliche Beförderung durch das Aufkommen privater Anbieter erschweren oder teurer machen, wenn diese nicht mehr denselben Regularien unterliegen wie das Taxigewerbe.

Viel wird davon abhängen, wie viel Vertrauen in Daten und Algorithmen gelegt wird und wie viel Kontrolle bleibt. Die Digitalisierung muss sich weiterhin am Menschen messen lassen. Das Beispiel der Bonitätsprüfung eines Menschen gibt erste Hinweise darauf, wie wenig solche Berechnungen noch durch menschliches Ermessen zu beherrschen sind, sobald sie einmal einem Algorithmus anvertraut wurden.

4. Geteilte Freude
Neues Arbeiten und neuer Konsum in der Sharing Economy

Das Leben ist ein Rockkonzert. Zugegeben, so verkürzt klingt dieser Satz seltsam und lässt kaum gesellschaftliche Rückschlüsse zu. Und doch gibt er einen Hinweis darauf, wie sich Konsum und die Teilnahme am wirtschaftlichen und gesellschaftlichen Leben künftig verändern könnten. Sie werden kein großes Musikereignis sein, aber sie werden womöglich ähnlichen Mustern folgen wie der Besuch eines solchen: Ich entscheide mich, es zu besuchen, ich zahle Geld für den Zugang, bin vorübergehend Teil einer Gemeinschaft, die sich zu diesem Event zusammenfindet, und ich gehe wieder, wenn es vorbei ist oder ich das Interesse verliere.

Die Teilnahme an Events und Prozessen, der Erwerb von Nutzung und Besitz wird wirtschaftlich an Bedeutung gewinnen, während Eigentum an Bedeutung verliert. Kern dessen ist, was gemeinhin als ›Sharing Economy‹ bezeichnet wird, was mit dem Teilen im gemeinschaftlichen Sinn aber nicht viel zu tun hat. Tatsächlich geht es darum, Nutzung zu kaufen. Eigentum wird zumindest für den Konsum uninteressanter, weil es entwertet. Je schneller die technische Entwicklung, desto schneller verliert ein teures Konsumgut, wie etwa ein Auto, an Wert. Einfacher und effizienter ist es, vorübergehend Nutzung zu erwerben. Wichtig wird weniger sein, was ich mein Eigentum nenne. Stattdessen zählt, zu welchen Dienstleistungen, Gruppen und Ereignissen ich Zugang habe. Eigentum besteht dadurch nach wie vor, nur weniger in der Hand der Verbraucher. Voraussetzung für diese ist, dass sie über die aktuellen digitalen Schnittstellen wie ein Smartphone und andere Endgeräte verfügen.

Diese Entwicklung wandelt auch gesellschaftlichen Status und Habitus über den Konsum hinaus. Zugehörigkeiten verändern sich, gesellschaftlicher Zusammenhalt hängt stärker von Gemeinschaften ab, die sich bilden und auch wieder zerfallen können. Auch gesellschaftliche Hilfe und Solidarität werden dadurch womöglich weniger auf Dauer angelegt sein, sondern Menschen werden sich je nach Bedarf und Interesse zu Hilfsprojekten zusammenfinden.

5. Schocks 2.0
Die Wahrscheinlichkeit und das Ausmaß von Krisen und Katastrophen nehmen zu

Es gibt Krieg. Das ist ein Satz, der mit der deutschen Realität zu Beginn des 21. Jahrhunderts nichts zu tun zu haben scheint. Und doch fällt er – so oder ähnlich – besorgniserregend häufig, wenn Wissenschaftler über künftige Risiken sprechen. Es wird Krieg geben und voraussichtlich wird Deutschland daran beteiligt sein. Es wird Krieg geben, weil Klimawandel, Umweltzerstörung und steigender Verbrauch den Kampf um Ressourcen verschärfen und weil reiche Länder versuchen werden, sich ihren Anteil zu sichern. Globale Ungleichheit wird zunehmen, weil reichere Länder sich eher gegen Folgen der globalen Erwärmung und andere Umwelteinflüsse schützen und ihren Anspruch auf Ressourcen effizienter und auf Kosten der restlichen Welt durchsetzen können.

Nach diesem Szenario droht eine massive Desintegration der Weltgesellschaft mit starken sozialen und ökonomischen Verwerfungen, die auch grundlegende Menschenrechte in Mitleidenschaft ziehen werden. Auf stärkere Migrationsbewegungen wird der reiche Teil der Welt mit der Verteidigung seiner gut gesicherten Wohlstandsinseln reagieren. Das wird zum einen die Gesellschaft belasten, weil sie an ihren Außengrenzen die im Inneren hochgehaltenen demokratischen Werte verrät – insbesondere wenn sich innerhalb der Gesellschaft nationalistische Abschottung durchsetzt.

Zum anderen wird die ungleiche Nutzung von Ressourcen bei gleichzeitiger Abwehr von Flüchtlingen bei den Unterprivilegierten ein neues Gefühl von Kolonialismus entstehen lassen. Das kann zu Radikalisierung beitragen und macht unsere Gesellschaften wegen unserer Beteiligung an dieser Ungerechtigkeit angreifbarer. Darauf sind wir womöglich nicht ausreichend vorbereitet.

Industriell wird Geoengineering eine wesentlich bedeutendere Rolle spielen. Klima, Ökologie, Ressourcen, Wasser und Energie sind die Themen, die mehr Expertise verlangen.

6. Gekommen, um zu bleiben
Globale Transparenz und Migration verschieben alte Grenzen

Wissen ist Macht, Wissen kann aber auch Ohnmacht offenbaren. Die engere Vernetzung der Welt schafft Transparenz, die globale Ungleichheit auch jenen verdeutlicht, die am unteren Ende der Wohlstandsskala leben. Der Bauarbeiter in Mali weiß, dass der Bauarbeiter in Dänemark hundertmal so viel verdient wie er, weil er es über das Internet erfährt. Die Vergleichbarkeit von Lebenslagen wird das Thema »Ungleichheit« brisanter machen. Und sie wird gemeinsam mit anderen Faktoren wie Klimawandel und Umweltfolgen voraussichtlich dafür sorgen, dass mehr Menschen die Flucht in ein erträglicheres Leben wagen. Flüchtlinge und Zuwanderer sind zumindest kurzfristig eine soziale Belastung und stellen aus Sicht derer, die sich selbst benachteiligt sehen, eine Gefahr dar.

Für Arbeitsmarkt, Fortschritt und Sozialwesen in Deutschland sind die Neuankömmlinge aber auch eine große Chance. Sie können der Alterung der Gesellschaft entgegenwirken. Allerdings sind bislang weder Bildungs- und Arbeitsmarkt noch die Sozialversicherungssysteme ausreichend auf den Zuzug ausgelegt. Bisher ist der Unterprivilegierte der Zukunft der Migrant und die Klassenfrage droht zur Migrationsfrage zu werden. Migranten erwarten manchmal gar nichts anderes, als dass sie in einem neuen Land erst einmal unten anfangen. Aber sie wollen eine Aufstiegschance haben, spätestens für die Kinder. Die Gesellschaft sollte offener darüber sprechen, dass bestimmte prekäre Arbeitsmärkte stark durch Einwanderer geprägt sind, vom Saisonarbeiter zum Altenpfleger. Gerade Einwanderer und deren Nachkommen legen häufig unternehmerischen Mut an den Tag, der bislang nicht goutiert wird. Die Gesellschaft muss Überholspuren für jene zulassen, die nicht willens oder in der Lage sind, den üblichen Bildungs- und Aufstiegsschemata zu folgen, aber dennoch das Zeug zu wirtschaftlichem Erfolg haben.

Chancengleichheit in einer Gesellschaft heißt auch, dass es Freiräume geben muss und nicht nur Bedingungen, zu denen überhaupt angetreten werden darf. In manch einem Großstadtviertel mit hohem Migrationsanteil könnte ein Unternehmensberater wahrscheinlich mehr ausrichten als ein Sozialarbeiter.

7. Romantik reloaded
Die Verzweckung aller Gefühle führt zur Suche nach Authentizität

Junge Menschen suchen wieder mehr Halt in der Familie als in früheren Jahren. Es herrscht Lust auf Land und Natur, Sehnsucht nach vergangenen Zeiten. Tausende protestieren mit nationalistischen Slogans gegen den vermeintlichen Verlust abendländischer Werte. Eine merkwürdige Mischung an Leuten, oft links oder rechts am Rand der Gesellschaft, eint eine Begeisterung für den chauvinistischen, autoritären Kurs des russischen Präsidenten. Andere schließen sich religiösen und mitunter extremistischen Gruppen an, um für ein Reich zu kämpfen, dass allein Gottes Regeln folgen soll.

Das alles können alleinstehende Erscheinungen sein, eine Verbindung zu ziehen, wirkt mindestens gewagt. Das alles hat aber dennoch einiges gemein: die Suche nach Gefühlen, nach Verbundenheit, Halt und Orientierung. Und die Abkehr von einer modernen Gesellschaft, die dies offenbar nicht geben kann, dafür aber allen Dingen im Leben einen Zweck zuordnen will. In ihr fällt selbst die Muße der Verwertung anheim, werden Freundschaft und Partnerschaft zu Investitionen. Wir geben uns der Welt nicht lustvoll hin, sondern müssen sie unter Kontrolle bringen.

Moderne Gesellschaften versuchen, emotionale Erlebnisse zu verdinglichen. Es wächst ein Markt für Emotionen. Konzertbesuch oder Urlaub, die Fahrt ins Grüne, der sensible Umgang mit sich selbst und Teamgeist werden propagiert, sind bisweilen aber nur Mittel, um durch den emotionalen Ausgleich noch effizienter zu werden. Hinzu kommt wachsende Verunsicherung, weil nationale Schutzräume verloren gehen. Menschen fühlen sich schutzloser und sind es durch den sich wandelnden Wohlfahrtsstaat auch. Soziale Verbundenheit nimmt ab und führt zu einer Abkehr von der Gemeinschaft. Das führt zu Abwehrreaktionen und weckt Sehnsüchte, die von der Gesellschaft nicht ausreichend bedient werden.

Ein Versuch, der Komplexität der modernen Welt zu begegnen, ist die Suche nach Authentizität. Der Rückzug ins Private, die Besinnung auf familiäre Zusammenhänge. Die Gegenreaktion reicht bis hin zur Ablehnung moderner Werte und Gesellschaftsformen. Populistische und nationalistische Protestformen der letzten Zeit sind auch ein Versuch, eine emotionale Verbundenheit mit der Gesellschaft wiederzuerlangen, mitunter durch den Aufbau eines gemeinsamen Feindbilds. Eine Gegenreaktion kann aber auch sein, die verloren gegangenen Erfahrungen gezielt in der Zuneigung zu anderen Menschen zu suchen. Das gesellschaftliche Ehrenamt wird häufig als erfüllende Aufgabe genannt, die Dankbarkeit und Wärme zurückgibt. Für die Gesellschaft stellt sich die Frage, wie ein neues Zusammengehörigkeitsgefühl aussehen könnte, ob es überhaupt wiederhergestellt werden muss und ob so etwas fernab totalitärer Formen gelingen kann.

8. Diktatur der Altsassen
Die Statussicherung nimmt Lebenschancen und beschränkt soziale Mobilität

Aufsteiger haben es schwer in Deutschland. Wer früher schon privilegiert war, setzt sich weiterhin durch. Das gilt für akademische Berufe, aber auch für andere Qualifizierungen. Es handelt sich um ein gesellschaftsdynamisches Problem. Was die Chance auf sozialen Aufstieg angeht, bewegt sich nicht viel im Generationswechsel. Es verschwindet sogar wieder eine Möglichkeit, die in Deutschland wie auch in anderen westlichen Gesellschaften einige Jahrzehnte lang bestand. Der Anteil der Höherqualifizierten oder akademischen Berufe war gestiegen. Diese Ausweitung hat aufgehört. Das bedeutet, dass die Bessergestellten diese Positionen zunächst für sich und ihre Kinder sichern. Der Kampf ist härter geworden.

Deutschland ist zwar im internationalen Vergleich eine relativ offene und dynamische Gesellschaft. Andererseits werden Status und Bildungstradition durch versteckte Muster vererbt. Bildungsbürgerliche Akademikerfamilien sind relativ stark in der Selbstbehauptung und in der Vererbung ihrer Chancen. Nicht akademischen Familien fällt der Sprung über diese Schwelle weiterhin schwer. Das hängt mit einer Besonderheit Deutschlands zusammen. Während das Ausbildungssystem vergleichsweise durchlässig und inklusiv ist, schafft die Schulbildung von vornherein Exklusion. Das Bildungssystem fördert vor allem jene Kinder und Jugendlichen, die aus deutschsprachigen Akademikerfamilien der Mittelschicht stammen. Allen anderen fällt die Orientierung im System schwer. Moralisch wie volkswirtschaftlich wird hier Potenzial vergeben.

Am deutlichsten zeigt sich die soziale Immobilität der Gesellschaft anhand der Entstehung eines Dienstleistungsproletariats. Dessen Angehörige haben oft aufgehört, nach Besserem zu streben, weil es in ihren Berufen so gut wie keine Aufstiegschancen gibt. Hinzu kommt die Ungleichbehandlung zwischen den Generationen. Jüngere wissen, dass sie zwar in ihrem Leben genauso viel arbeiten wie ihre Eltern, aber nie die gleiche Rente beziehen werden. Dieser Generationenkonflikt wird offensichtlicher werden, wenn die erste betroffene Generation in den Ruhestand geht.

9. Kampf der Kulturen
Lebens- und Arbeitswelten modernisieren sich, die sozialen Sicherungssysteme kommen nicht hinterher

Die deutsche Gesellschaft hat sich in den letzten 30 bis 40 Jahren stark modernisiert. Sie hat einen Wertewandel vollzogen, durch den vieles gesellschaftlich weniger normiert, reglementiert und mit Vorurteilen behaftet ist. Frauen, Homosexuelle und religiöse Minderheiten sind gleichberechtigter. Die Institutionen und politischen Regelungen hingegen hinken der Entwicklung hinterher und haben sich wenig geändert. Die Folge ist eine Kluft zwischen der gesellschaftlichen Modernisierung und allem, was ökonomisch und politisch reguliert ist. Familien wollen moderner leben, als es Politik, Ökonomie und Arbeitsmarkt es ihnen erlauben. Einwanderer können sich nicht genug entfalten, um an der Gesellschaft teilzunehmen.

Soziostrukturell ist der bedeutendste Umbruch die Erwerbstätigkeit der Frauen. Der Wohlfahrtsstaat orientiert sich aber noch stark am Bild des männlichen Alleinversorgers und steht im Kontrast zur Realität am Arbeitsmarkt. Die neuen Arbeitsplätze befinden sich im Dienstleistungssektor und werden geringer entlohnt. Heute braucht eine Familie oft zwei Verdiener. Damit ist das alte Wohlfahrtsstaatsmodell überholt: Es sichert Risiken wie Krankheit, Arbeitslosigkeit und Alter ab und orientiert sich dabei am Beschäftigungsverhältnis des Mannes. Es sind aber neue Risikogruppen hinzugekommen. Das Gros der Armen in Deutschland sind alleinerziehende Mütter und geschiedene Frauen mit Kindern. Dafür hat der alte Wohlfahrtsstaat wenige Antworten.

Auch für Männer haben sich die Arbeitsbiografien verändert. Ein Job hält nicht mehr ein Leben lang, Lebensläufe haben Brüche. Menschen müssen bereit und in der Lage sein, sich ihren Platz alle paar Jahre neu zu suchen. Digitalisierung und die entstehende Wissensgesellschaft stellen andere Ansprüche an die berufliche Qualifikation, an lebenslanges Lernen. Womöglich werden Berufe wegfallen und Branchen umgekrempelt. Das Vertrauen in die Politik sinkt, weil sie Problemlösungskompetenz vermissen lässt und Modernisierungsschritte nicht bewältigt. Das wirft die Frage auf, wie ein Sozialstaatsmodell aussehen kann, das universalistischer sowie leistungsorientierter ist und neue Risiken stärker berücksichtigt. Muss Lohnarbeit gar zwingend Grundlage für den Broterwerb bleiben oder könnte nicht ein Grundeinkommen den ökonomischen Existenzkampf entschärfen?

10. Müller gegen Meier
Der Verteilungskampf wandert in die Mitte der Gesellschaft

Der Kampf der 99 gegen das eine Prozent der Superreichen, das ist die Zuspitzung, mit der Protestbewegungen Stimmung machen gegen wachsende Ungleichheit in der Welt. Das ist griffig, lenkt aber von einem Problem ab: Der schärfste Wettbewerb wird in Deutschland in der Mittelschicht ausgefochten. Die ist in Deutschland vergleichsweise stabil; daran hat sich seit 40 Jahren wenig geändert. Aber im Inneren der Mittelklasse findet eine Umwälzung statt. Hier werden entscheidende Positionskämpfe der Gesellschaft ausgetragen. Die gesellschaftliche Mitte zerfällt in einen oberen und einen unteren Teil. Der eine hat mit dem anderen, was Einkommen und Lebensführungschancen betrifft, fast nichts mehr zu tun. Darauf ist Deutschland nicht eingestellt.

Ein Unterschied zeichnet sich ab zwischen Akademikern der gehobenen und Menschen aus der unteren Mittelschicht, die kein Abitur haben, möglicherweise keine abgeschlossene Berufsausbildung oder einen Migrationshintergrund. Jenen drohen prekäre oder einfach geringer entlohnte Beschäftigung sowie geringere Chancen. Zudem ändern sich die Platzierungsprozesse in der Gesellschaft. Herkunft spielt eine entscheidende Rolle, garantiert aber nicht mehr die erwünschte Karriere. Belastungen können ausgeglichen, Privilegien verspielt werden. Es gibt Bildungsverlierer aus bildungsreichen Familien und Hochschulabsolventen, die trotz ähnlicher Startvoraussetzungen wie Gutverdiener mit ihrem Gehalt nicht wesentlich über eine Grundsicherung hinauskommen. In diese Situationen drängen Frauen und Zuwanderer, die ihren Platz erstreiten wollen.

Die Erosion der Mittelschicht ist nicht nur für die Betroffenen ein Problem, sie könnte einen Einfluss auch auf die Solidarität der Gesellschaft haben. Empathiebereitschaft bringen in der Regel die mit, denen es relativ gut geht und die das Gefühl haben, eingebettet zu sein. Wer das Gefühl hat, das Nachsehen gehabt zu haben und am Aufstieg gehindert worden zu sein, ist weniger bereit, Solidarität zu üben.

Henrik Brinkmann, Benjamin Dierks, Armando García Schmidt

Alle gegen alle, jeder für jeden
Persönliche Verantwortung und was uns in der neuen Welt erwartet

Birger Priddat

Wolf Lotter

Katharina Zweig

Eine Gesellschaft wie ein Rockkonzert
Ein Gespräch mit Birger Priddat

Herr Priddat, wir wollen mit Ihnen über Wachstum in Deutschland sprechen und über Gerechtigkeit. Ist unser Wachstum gerecht?

Birger Priddat: Wenn schon Wachstum, dann aber bitte gerecht, wünscht man sich gerne – damit wird ja Wachstum legitimiert, vor allem gegen Postwachstumstheorien. Wir haben keine abschließenden Modelle, wie wir Wachstum in eine sozial verträgliche Form, sagen wir mal vorsichtig, übersetzen. Bislang hieß es ja: »Wachstum ist immer nötig, damit ihr überhaupt euer Einkommen kriegt«. Heute müsste man ein neues Narrativ aufbauen: Wachstum ist vor allem nötig, damit wir das Auseinanderklaffen von Arm und Reich verhindern. Da läuft der Verdacht, Kapitalismus sei letzthin doch eine Ausbeutergesellschaft. Es gibt zwar keinen Sozialismus, der das löst, aber die Illusion wird wiederkommen, wenn wir Wachstum nicht sozialverträglich angehen.

Haben wir noch eine Soziale Marktwirtschaft?

Ich sehe das ja aus der Sicht des Institutionenökonomen. Wir sind bei einer Interpretation der Sozialen Marktwirtschaft angelangt, die nichts mehr mit dem alten Ordnungsdenken zu tun hat oder nur sehr begrenzt. Wir denken in Institutionendynamiken, Institutionentwicklungen und darin verschwindet gewissermaßen die ordnungstheoretische Fundierung der Sozialen Marktwirtschaft. Aber das, was die Soziale Marktwirtschaft ausmacht, ist mit der Diskussion über Wachstum vereinbar. Die Institutionenökonomie will Regelsysteme, die nicht automatisch wirtschaftspolitische Interventionen sind, sondern zu vernünftigem Kollektivverhalten führen.

Und wo beobachten Sie besondere Veränderungen im kollektiven Verhalten?

Vor allem in den digitalen Märkten bilden sich bestimmte Konsumstile aus. Jeder glaubt, dass er individuell entscheidet, aber wenn man genauer hinguckt, haben alle die gleichen Sachen an. Da läuft ein Muster. Wenn man das genauer betrachtet, findet das gar nicht in den Märkten statt, sondern in der darüberliegenden gesellschaftlichen Sphäre. Stellen Sie sich eine Art Kuppel vor, das ist die Semiosphäre. Darin stecken die Begriffe Semiotik und Semantik, also die Welt der Zeichen und der Interpretationen, der Bedeutungen, aber auch der Kommunikation darüber, die außerhalb der Märkte vonstattengeht. Und wenn man im Netz kauft, im Netz darüber kommuniziert und im Netz auch beworben wird, entsteht eine Besonderheit, die wir lange nicht hatten, nämlich individuelle Angebote. Durch Datenprofile kann man jemandem auf seinem Smartphone Werbung zu jedem Zeitpunkt situationsgerecht und profilgerecht anbieten. Man analysiert seine Profile, seine Situation. Dann kommt ein ganzes Set an Angeboten verschiedenster Art aus seinem Profil, koordiniert mit dem Profil seiner Partner, seiner Community. Die Daten sind alle da, die Nutzung ist noch schwierig. Das wird das Konsumverhalten ändern. Das Zweite: Es wird weniger Eigentum geben.

Wir werden individuell bezirzt und dennoch erwerben wir kein Eigentum?

Eigentum wird zumindest im Konsumbereich zunehmend uninteressant, weil es eine längere Haltbarkeit, eine längere Nutzungsdauer bedeutet und es entwertet. Wenn ich einen Neuwagen für 40.000 Euro kaufe, dann ist der nach Tagen schon um 30 Prozent entwertet. Eigentum hat man, weil man es nutzen will und weil man damit ein Vermögen besitzt. Aber der Vermögenswert sinkt und sinkt, bei allen physischen Dingen. Je schneller der technische Fortschritt ist und je dynamischer und innovativer die Märkte werden, umso schneller veralten die Dinge. Niemand möchte sich mit einem Auto, einem Möbel, einer Kleidung binden, sondern man sagt, dann verzichte ich doch auf das Eigentum und kaufe Nutzung. Hier werden viele neue Geschäftsmodelle entstehen. Und das nicht, weil der Gemeinschaftsgedanke des Teilens hochkommt.

Den oft beschriebenen Trend zum Teilen gibt es gar nicht?

Das Teilen wird in einer Nische gesellschaftlich eine Rolle spielen, ist aber viel zu konfliktträchtig. Das Teilen wird den Markt und die Gesellschaft nicht verändern. Besitz statt Eigentum allerdings wird ein Trend werden. Und wir werden weniger Dinge kaufen, sondern mehr Events und Prozesse. Das liegt an der Digitalisierung. Diese technologische Entwicklung verändert die gesamte Konsum- und damit die Warenstruktur. Das Geld, das wir nicht für Nahrung und die notwendigen Sachen brauchen, wird viel stärker in den semiosphärischen Bereich fallen und nicht in den Dingbereich. Wir kaufen uns kein Auto, sondern leihen seine Nutzung, sind aber bei bestimmten Games, Community-Sachen und Filmen viel stärker beteiligt, an einem ständigen Strom von Events. Das heißt, wir investieren eher in immaterielle Produkte als in materielle. Das ist eine große Umstellung: Wir kaufen dann Dispositive zur Teilhabe an diesen Eventströmen (über Flatrates).

Der Wandel vom Eigentum zu Besitz und Event, wie verändert er soziale Teilhabe?

Ich entwerfe mal ein Bild: eher so wie ein Rockkonzert. Das heißt, gemeinschaftliches Erleben. Dahinter steht ein wichtiger Aspekt: Die kognitive Rezeption ändert sich, wir werden stärker affektbetont kaufen. Die Eventkultur betont die Emotion. Diese hochwertige Subjektivität wird in der Werbung, aber auch in den Facebook-Communities gerade stark deutlich. Im Rahmen von Big Data gibt es Abteilungen, die aus der Gehirnforschung heraus arbeiten. Selbst die schärfste Rationalität läuft über eine Stimmung. Das wird für Werbung und Kommunikation genau genutzt. Welche Leute gehören in welche Verhaltensgruppen? Die kann man kohortenweise so ansprechen, dass alle glauben, sie würden individuell angesprochen und individuell darauf reagieren. Das hat nichts mehr mit klassischen Gesellschaften und ihren alten kulturellen Vorgaben zu tun. Die fallen zwar nicht weg, aber Kinder, die so aufwachsen, haben eine andere Sozialisation. Sie achten auf andere Dinge, sind auf Aufmerksamkeit gedrillt, aber nicht auf Standards oder Habitus. Sie sind bereit, ihren Habitus ständig zu ändern, und haben kein Sozialisationsmuster mit einem Charakter, der durchs Leben läuft, sondern werden opportunistisch und adaptiv. Positiv gesehen: Sie wachsen änderungsoffener auf.

Welchen gesellschaftlichen Zusammenhalt gibt es dann noch?

Wahrscheinlich wird das mehr über Netzwerke definiert. Netzwerke haben natürlich auch stabile Formen. Interessanterweise überleben Familiennetzwerke. Man dachte, die lösten sich stärker und stärker auf. Das tun sie einerseits auch. Die Scheidungsraten nehmen zu, Kinder erleben dann keine vollständigen Familien mehr. Sie sind ständig mit anderen Partnern zusammen, mit Freunden oder Tanten. Sie erleben die Familie als einen lose gekoppelten, erweiterten, dynamischen Zusammenhang und das sind alles Übungen für Netzwerke. Man ist in verschiedenen Netzwerken und spielt in jedem eine Rolle. Die Identität ist gebrochen. Das ist zumindest eine Option. Wir müssen einen anderen Begriff der Identität entwickeln, der sich durch die verschiedenen Bezugssysteme definiert. Multiple Identität, das ist keine Krankheit, das wird normal.

Früher hielt eine Identität ein ganzes Leben, heute nicht?

Wenn man einmal erwachsen war, hatte man eine bestimmte Figuration durchlaufen. Das ändert sich heute. Das deutet sich an mit dem Burn-out, mit der Krise. Es gibt Bruchlinien und danach darf man anders sein. Es gibt auch gewollte Bruchlinien – ich habe die ganze Zeit als Angestellter gearbeitet, jetzt will ich mich selbst verwirklichen, aussteigen. Oder ich habe ein Unternehmen gehabt, jetzt reicht mir das, jetzt leite ich mal ein Krankenhaus in Manila. Diese Brüche sind legitim und hängen mit der Option auf Identitätswechsel zusammen. Das bedeutet aber auch, dass das Stressempfinden zunimmt. Mit der zeitweisen Identität kommt eine Art Unerfülltsein. Ich weiß noch gar nicht, ob ich bei mir bin, ob ich das bin, was ich eigentlich will, und dann probiere ich noch was anderes. Ich will nicht sagen, dass das die Gesellschaft dominiert, aber an den Rändern nimmt das zu. Wir bekommen neue, wechselträchtigere biografische Modelle.

Auch neue Formen der Gemeinschaft?

Es entstehen ständig partielle Gemeinschaften, also Partygemeinschaften, Fußballgemeinschaften, Shoppinggemeinschaften, und bei Facebook et al. bestimmte Communities – das sind alles Gemeinschaftsformen. Wenn man irgendwo hingeht, zu Events, will man das gemeinschaftlich genießen. Die Gemeinschaft wird teils auch simuliert. Sie ist dann virtuell und nicht lebendig, wie die Gemeinschaft der Apple-Uhr-Käufer. Plötzlich werden das Communities, die sich erkennen können – das Ding tragen sie ja am Arm. Dann wird das zu einer Art Klub und schafft ein Gefühl der Gemeinschaft. Das sind neue kulturelle Formen, die aus den Märkten generiert werden.

Mit der Rolex-Uhr fühlte mancher sich auch schon einer Gruppe zugehörig.

Vielleicht. Die Rolex ist aber ein teures Produkt. Das ist ein Versuch, Leute, die nicht elitenfähig sind, über dieses Ding zu Eliten zu machen, weil sie 12.000 Euro gekostet hat – wer kann sich das leisten? Eine Apple-Uhr ist für 380 Euro kein Eliteteil, die zeigt nur ›ich bin auf einem bestimmten Techno-Level, du kannst mich ansprechen, ich habe einen bestimmten Standard‹. Das hat nicht die Stabilität von Gemeinschaften, einer echten Freundschaft oder einer echten Vereinskameraderie. Es sind neue Formen, in denen wir uns zu bewegen lernen. Vor allem die jungen Generationen.

Aber es ist eine Form von Teilhabe?

Es sind Formen der Teilhabe, Netzwerkstrukturen, strenger oder loser gekoppelt. Und das Netzwerk hat den Vorteil, dass ich jederzeit ein- und aussteigen kann. Man muss nur bestimmte Signale, Codes übernehmen, sich identifizieren. Es ist ein Spiel mit den Identitäten, wo passe ich, wo nicht? Das Ganze hat wenig Konfliktschärfe, Tragbarkeit und Charakterstärke. Die Leute sind opportunistischer. Das bedeutet auch, dass echte Gemeinschaftlichkeit schneller aufgegeben wird. Loyalität wird heruntergefahren. Denn die Kosten der Bindung werden immer gegen den Nutzen der Events gerechnet, die in anderen Arenen stattfinden.

Was wird aus gesellschaftlicher Verantwortung?

Gesellschaftliche Verantwortung wird delegiert an Eliten, die aber nicht darauf kontrolliert werden, ob sie die wirklich einhalten. Das ist das Spiel mit den Politikern. ›Das sollen die doch machen‹, aber eigentlich weiß jeder, dass sie es nicht tun. Oder zumindest wird immer kritisch bemerkt, sie seien verantwortungslos, ›machten nur ihr Ding‹. Man sagt aber auch nicht, dann müssen wir selbst Verantwortung übernehmen. Nur manchmal: ›Wir sind doch die Bürger, wir müssen die Politik in die Hand nehmen‹. Aber das wird meiner Ansicht nach nicht durchgreifend sein, weil es entlastet, nicht verantwortlich zu sein. Verantwortung wird eine instabile Relation.

Das heißt, es wird weiterhin an den Staat delegiert, einen sicheren Rahmen zu schaffen?

Man kann es auch an eine Firma delegieren. Ich glaube, dass zum Beispiel Google und Amazon partiell solche Entlastungsfunktionen übernehmen: ›machen die doch toll‹, ohne darüber nachzudenken, welche Rechte dadurch beschnitten werden, welche negativen externen Effekte entstehen. In dem Sinne denkt Gesellschaft nicht mehr gesellschaftlich, also nicht mehr sozial. ›Das Leben ist kurz, ich will meine Freiheit‹. Da ändert sich etwas in der Gesellschaft. Allerdings bleibt das ambivalent, weil es viele gibt, die aufhören, so zu denken, und sagen: ›Wir gehen doch in die Verantwortung‹. Hier entsteht eine neue Freiheitsnutzung: die eigene Freiheit, die Freiheit der anderen mit zu ermöglichen (positive Konnektivität). Beide Trends existieren parallel.

Was wird in solch einer Gesellschaft aus Solidarität?

Solidarität ist ein älterer Begriff und wird wahrscheinlich mit der Gewerkschaft aussterben. Das soll nicht heißen, dass die Gewerkschaften aussterben – eine zivilisatorische Errungenschaft –, dass aber auch die Bindungen der Gewerkschaften sich neu sortieren und arrangieren werden, wie alle Institutionen sich wandeln und neu formieren.

Was kommt stattdessen?

Da entsteht ein erweiterter Begriff des Teilens, etwas Atmosphärisches, bestimmte Events und Projekte. ›Ich gehe mal rein, investiere Zeit und Geld für einen bestimmten Zusammenhang‹. Etwa: ›Wir bauen ein Kinderdorf auf oder wir helfen Arbeitslosen, Flüchtlingen etc., wollen uns aber nicht zu lange verpflichten‹. Social Entrepreneurship ist ein guter Begriff dafür, wie ein soziales Start-up, das von vornherein auf einen Exit bedacht ist. Die ›lange Dauer‹ verschwindet; es spielt sich alles in einer ›breiten Gegenwart‹ ab. Auch das Teilen, das Solidarische, das Soziale wird als Event angesehen.

Verlassen kann man sich darauf wohl nicht?

Genauso wie bei einem Start-up eben. ›Mal gucken, wie weit ich komme, wie viel Geld ich mache‹. Und wenn es gut geht, gehe ich nach fünf Jahren raus. Die meisten schaffen es ja gar nicht und müssen kapitulieren. Durch das Fremdkapital haben sie kaum Verantwortung. Viele Start-ups sind verantwortungslos finanziert, das geht wahrscheinlich nicht anders. Die kriegen eben mal so 100.000 Euro, versuchen ihr Ding und wenn es dann Schluss ist, ist Schluss. Die haben auch keine Scham. ›War doch so vereinbart, entweder es geht oder es geht nicht‹. Und das ist auch ein Zeichen. Früher hätte man gefragt: In welcher Form haftest du?

Wer ersetzt die fehlende Verantwortung, zum Beispiel für die Mitarbeiter?

Die hat keiner. Es wird anders verhandelt. In den Verträgen sagt man gleich: ›Ihr wisst, das ist ein Spiel. Ihr seid der Einsatz, ihr könnt gewinnen oder verlieren‹. Eigentlich wird erwartet, dass man sich nicht abhängig macht von der Firma. Wer früher einen Facharbeiterjob hatte, hatte einen Lebensjob. Heute muss im Grunde jeder auf einen Exit hin denken. Man muss sich fragen: Bin ich eigentlich genug ausgebildet? Für welche Dinge bin ich noch brauchbar? Welche Mobilität will ich zeigen? Will ich in der Stadt bleiben? Wenn in Bayern die Arbeitslosigkeit steigt und es in Oldenburg Arbeit gibt, muss man eben umziehen, auch wenn man Bayer ist. Dann darf man sich den Luxus dieser Folklore gar nicht mehr erlauben.

Wenn Sie die Industrie schon ansprechen, wo bleibt die?

Die kommt, aber in einer ganz anderen Dimension. Das liegt jetzt in den großen Makrothemen, die wir mitbedienen müssen: Klima, Ökologie, Ressourcen, Wasser und Energie, im weitesten Sinne. Und auch Krieg. Ein Großteil der neuen Wertschöpfungen wird aus der Digitalisierung kommen, die vornehmlich softwaregetrieben ist. Aber diese Prozesse basieren immer und weiter auf materiellen Elementen: Sensoren, Robotern, Leitungen, Energie, Metall, Chemie, Hardware etc. Wenn die Industrie 4.0 Maschinen vernetzt, müssen diese Maschinen ja weiter gebaut werden.

Nanu, wir fragen nach der Industrie und Sie sind in drei Sätzen beim Krieg?

Das hören wir nicht gerne, das passt nicht in unsere politischen Landschaften, aber ich glaube, dass wir uns in einer Weise auch auf Krieg einrichten müssen. Eine Million Leute stehen in Nordafrika bereit und wollen zu uns herüber – und das ist nur die Vorhut derer, die noch kommen wollen. Wir werden die Fragen Wasser, Energie, Ressourcen haben – nicht bei uns, aber wir werden uns, in welcher Weise auch immer, daran beteiligen. Und wir werden deswegen auch angreifbarer, terroristisch angreifbarer. Und ich denke, dass man in einer unverantwortlichen Weise unvorbereitet ist. Wir werden eine ganz andere Kooperation mit Partnern haben müssen, mit denen wir jetzt in Spannung stehen. Und Krieg bedeutet immer Desinvestition, also Zerstörung, Umschichtung der Budgets in ganz andere Bereiche. Die Flüchtlingsfrage wird zur Völkerwanderung. Die Kosten der Sozialen Marktwirtschaft werden sich erhöhen.

Sozialstaat als lose Vereinbarung auf Abruf, gesellschaftliches Engagement im Start-up-Modus, Jobs mit Schleudersitz, Desinvestition durch Krieg – mit Verlaub, nach besonders viel sozialer Sicherheit klingt Ihre Interpretation einer neuen Sozialen Marktwirtschaft nicht.

Dieses Moment, diese Reflexion, ›eigentlich habe ich keine Sicherheit, sondern ich muss mit der Unsicherheit umgehen‹, werden wir alle lernen. Die Leute sind aber mental noch zu regional, sie denken noch provinziell. Deswegen interpretieren sie Soziale Marktwirtschaft auch anders, nämlich als Versicherungszusammenhang: Wir garantieren die Arbeitsplätze, wir garantieren Wachstum, ordentlichen Wettbewerb und damit Arbeitsplätze – genau das geht nicht mehr! Selbst wenn Gesellschaft und Politik meinen, Wachstum über eine gewisse Zeit garantieren zu können, können sie die Verteilung der Ressourcen und der Produktivität nicht mehr garantieren. Bestimmte Branchen werden abschmieren, andere werden hochkommen. Das Bildungssystem ist im Grunde die einzige Steuerungsvariable, die die Politik hat. Deswegen ist die Bildungsinvestition eigentlich das Entscheidendste in Deutschland.

Sie lehren an der Universität, was läuft denn da falsch?

Die Universität muss Leute generalistischer ausbilden, sodass sie sich in verschiedenen Unsicherheitslagen bewegen können. Absolventen müssen in der Lage sein zu sagen, ›na gut, jetzt habe ich drei Jahre das gemacht, jetzt gehe ich in einen anderen Bereich und ich bin noch anschlussfähig. Ich habe eine Grunddisposition und weiß, wie man lernt, wie man Lernen lernt‹. Wir können nicht vorhersagen, welche Märkte überleben und welche nicht, und welche Qualifikationen gebraucht werden. Wir müssen umgehen mit Unsicherheit und wir machen immer noch zu viele Sicherheitsversprechen. Die Digital Markets werden uns eine andere Welt lehren.

Welche Institutionen brauchen wir, die in solchen Situationen einspringen?

Vor allem brauchen wir kein durchgehendes Ausbildungsprofil, mit dem es dann ab geht in die Welt und nie wieder zurück. Eine Möglichkeit wäre ein Gutschein für Absolventen, mit denen sie an der Uni – aber auch für andere Ausbildungsinstitutionen – dreimal zur Fortbildung aufdocken können: Wir sind ein Flugzeugträger, du bist der Flieger, du kannst zum Tanken zurückkommen. Man muss auch mit 50 Jahren noch einmal aufladen können. Wir werden sowieso bis 70 arbeiten. Die Frührente mit 63 ist das falsche Signal, weil sie hoch qualifizierte Arbeitskräfte abzieht, die noch nicht ersetzt werden können. Die Politik ist strategisch noch nicht auf diese Themen ausgerichtet. Sie nimmt nur Notoperationen vor.

Und neben den Universitäten, was wären andere Flugzeugträger?

Ich bin antireligiös, aber ich glaube, dass wir den Kirchen und den Religionsgemeinschaften eine institutionelle Plattform erhalten müssen. Ich würde sie ermuntern, soziale Auffangstationen aufzubauen, in denen man einfach ins Gespräch kommen kann, ohne gleich zum Psychotherapeuten zu gehen. Sozusagen entlastende Arenen, in denen man seine Stressphänomene abarbeiten kann, in welcher Form auch immer. Da gibt es sonst nichts. Die Familien sind ja selber gestresst und keine therapeutischen Arenen. So eine Arena finde ich interessant und bisher sind die Religiösen die einzigen, die Personal dafür haben. Aber es werden auch andere neue Vergemeinschaftungsformen entstehen, in denen wir uns – verteilt – neue Gesellschaftlichkeiten erfinden. Wir sind letztlich Menschen: Social Animals.

Was können Gewerkschaften tun?

Ich bin überzeugt, dass es Gewerkschaften geben muss. Wir erleben ja gerade in bestimmten Nicht-Tarifbereichen, dass Leute ausgebeutet werden und viel zu wenig verdienen. Das finde ich in einer so reichen Gesellschaft wie unserer unerhört. Ich finde aber auch, dass es modernisierte Gewerkschaften geben muss. Ich würde vorschlagen, die Gewerkschaften müssen einen Bildungsauftrag wahrnehmen, damit sie die Beschäftigungsfähigkeit, die Employability auf dem Arbeitsmarkt erhöhen. Die Gewerkschaften sollten nicht mit einer Schutzklausel ganze Gruppen schützen. Die Gewerkschaften müssten ihre Mitglieder ausbilden, damit sie wettbewerbsfähig werden, gerade im Hinblick auf die neue Unsicherheit. Meiner Ansicht nach ist das die optimale Interessenvertretung einer hypermodernen Gesellschaft.

Die Gewerkschaft passt also ihre Mitglieder nur noch an die Bedürfnisse des Marktes an, kämpft aber nicht mehr für ihre Interessen?

Ich finde schon, notfalls mit einem Pakt mit dem Staat. Bestimmte Mindestlohnregelungen finde ich sehr vernünftig. Arbeit darf nicht in die Armut führen. Was kann eine Gewerkschaft für ein anderes Interesse haben, als ihre Mitglieder einkommensfähig zu erhalten?

Ist Gerechtigkeit noch eine Tugend heute?

Das ist ein Problem, weil der Sozialstaat das Thema verwässert hat. Gerechtigkeit war ja im Tarifbereich erst einmal gar kein Staatsthema. Unter Tarifpartnern hat der Staat eigentlich gar nichts zu melden. Dass der Staat jetzt Mindestlöhne einführt, ist schon bedenklich, weil das heißt: Die Institution Tarifpartnerschaft funktioniert schon nicht mehr. Wir haben seit den 1950er-Jahren einen Sozialstaat aufgebaut, bestimmten Gruppen etwas gegeben und dadurch hat sich eine Wohlfahrtskaskade aufgebaut. Alle beobachten das: ›Wieso kriegen die was und wir nicht?‹ Dann wurden über verschiedene wahltaktische Manöver überall kleine Dinge in das Steuer-, in das Sozial- und in das Subventionssystem eingebaut. Gerechtigkeit ist inzwischen ein gegeneinander sich aufrechnen wollender Anspruch. Es gibt aber keine Reflexion darüber, was angemessen für wen ist. Das ginge eigentlich nur in einer budgetären Notsituation. Die aber gibt es nicht, weil wir uns jederzeit verschulden können. Das Verschuldungsthema verbaut uns gewissermaßen jede Grenze. Ich traue der Demokratie nicht zu, dass sie maßhalten kann.

Sehen Sie das Potenzial für eine Systemkrise?

Nein, ich glaube nicht, dass wir große Systemkrisen haben. Wir reden natürlich gerne davon, interpretieren manchmal auch Zusammenhänge als große Krise, selbst Lehman war keine solche. Menschen haben Geld verloren, Firmen haben Geld verloren, jeder dachte, da bricht wirklich was zusammen, aber der Kapitalismus ist ein hochelastisches System, natürlich mit gravierenden Spuren, also hohen Vermögensverlusten. Wenn ein Rentner zum Beispiel bei Lehman seine Hunderttausend gespart hat und nichts mehr hat, ist das ein harter Eingriff ins Leben. Da sind echte negative Umverteilungen. Wir müssen mit den Risiken anders umgehen. Deswegen wird der Staat eine wichtige Rolle spielen. Bei aller Freundschaft eines Ökonomen zu der Effizienz der Märkte: Diese Dinge regelt der Markt nicht.

Und was soll der Staat tun?

Die Rolle des Staates ist erst mal die der Gesetzgebung. Die Verwaltung ist ja nur die Ausführung der Gesetzgebung, sie so wenig korruptiv wie möglich durchzusetzen. Neu wird sein, dass Staat, Verwaltungen, Bürger und Unternehmen viel stärker zusammenarbeiten. Anstelle hierarchischer Parallelitäten horizontale, an Problemlösungen orientierte Kooperation.

Jetzt kommen Sie von der Rolle des Staates wieder ganz schnell zur Aufgabe von Bürgern und Unternehmen.

Warum soll das alles der Staat machen? Warum fragt man nicht: ›Wollt ihr die Straße in einem solchen Zustand oder solchen Zustand haben?‹ Und wenn, dann kostet das noch mal einen Tausender für jeden, der einen Hausbesitz hat. Das wird aber eine echte Beteiligung, nämlich ein Mitreden der Bürger. Oder dass man zum Beispiel die Ausbildung mit den Unternehmen einer Region abstimmt. Bürger müssen erleben, wie schwierig es ist, unter diesen Bedingungen Politik zu machen (statt nur leichthin zu ›fordern‹). Verantwortung heißt, anderen Rede und Antwort zu stehen für das, was man macht und was sie und einen selbst betrifft. Und nicht nur zu delegieren. Politik ist mehr, als an den Staat zu glauben.

Entwerfen Sie mal das Bild eines sozial verträglichen Gesellschafts- und Wirtschaftssystems!

So weit bin ich noch nicht. Wir werden den Sozialstaat nicht aufgeben. Wir brauchen unter der Bedingung der sich verschiebenden Märkte ein anderes System der Arbeitsvergabe oder Arbeitsvermittlung. Wie bilden wir die Leute dafür aus und wie bringen wir Qualifikation und Jobs zusammen? Das kann man nicht dem Markt überlassen, das wird eine Staats-Markt-Kooperation, eine gesellschaftliche Aufgabe. Wir brauchen eine Agentur, die uns das Verhältnis von Bildung und Arbeit vermittelt, unter der Bedingung hypermoderner Qualifikationsanforderungen. Das neue Modell Sozialer Marktwirtschaft ist Vermittlung. Und Kooperation. Über das Grundeinkommen brauchen wir nicht zu streiten: Mit Hartz IV haben wir es bereits für die, die sonst nichts verdienen.

Was passiert, wenn Arbeit weniger wird und aus Deutschland abwandert?

Die Automation der Digital Economy, der Industrie 4.0 wird die Arbeitsmärkte massiv verändern. Wir werden viele Qualifizierte brauchen, vor allem aber: anders und breiter Qualifizierte. Für die neuen Geschäftsmodelle reichen einfache Informatiker nicht aus; sie müssen auch in Business-Kategorien denken und arbeiten können. Wieder sind wir bei den Bildungsinvestitionen: Wir brauchen breit ausgebildete Menschen, die querdenken können. Die Arbeit wird bei High-Level-Kräften in Deutschland attraktiver, sodass sie nicht auswandern müssen. Für niedrigere Anforderungen wird es schwieriger. Woher die Arbeit nehmen, wenn die Automatisierung massiv wird – zum Beispiel in den Banken und Versicherungen? Aber auch in der Industrie? Werden wir das Grundeinkommen als Automatisierungskonsequenz einführen? Oder die Einkommen halten, bei starker Reduktion der Arbeitszeit – 15 Stunden die Woche, wie Keynes 1929 prognostizierte? Und wie Andrew McAfee vorschlägt, als Automatisierungsprämie? Ich meine, dass wir eine dritte Ebene brauchen, also Staat, Gesellschaft und eine dritte bürgerschaftliche oder zivilgesellschaftliche Ebene der Vermittlung. Wir haben doch durch Big Data statistische Basen, wo wir schauen können, welche Trends sich entwickeln. Das sollten wir zivilgesellschaftlich nutzen. Und man darf das nicht dem Staat überlassen. Es geht nicht um Lenkung, sondern um Koordination. Und es geht um ein stärkeres volkswirtschaftliches Denken: Alle fair an der Wohlfahrt teilhaben lassen, das heißt, die Wirtschaft nicht dem Business überlassen.

Das Gespräch mit Birger Priddat führten Benjamin Dierks und Armando García Schmidt im April 2015 in Witten.

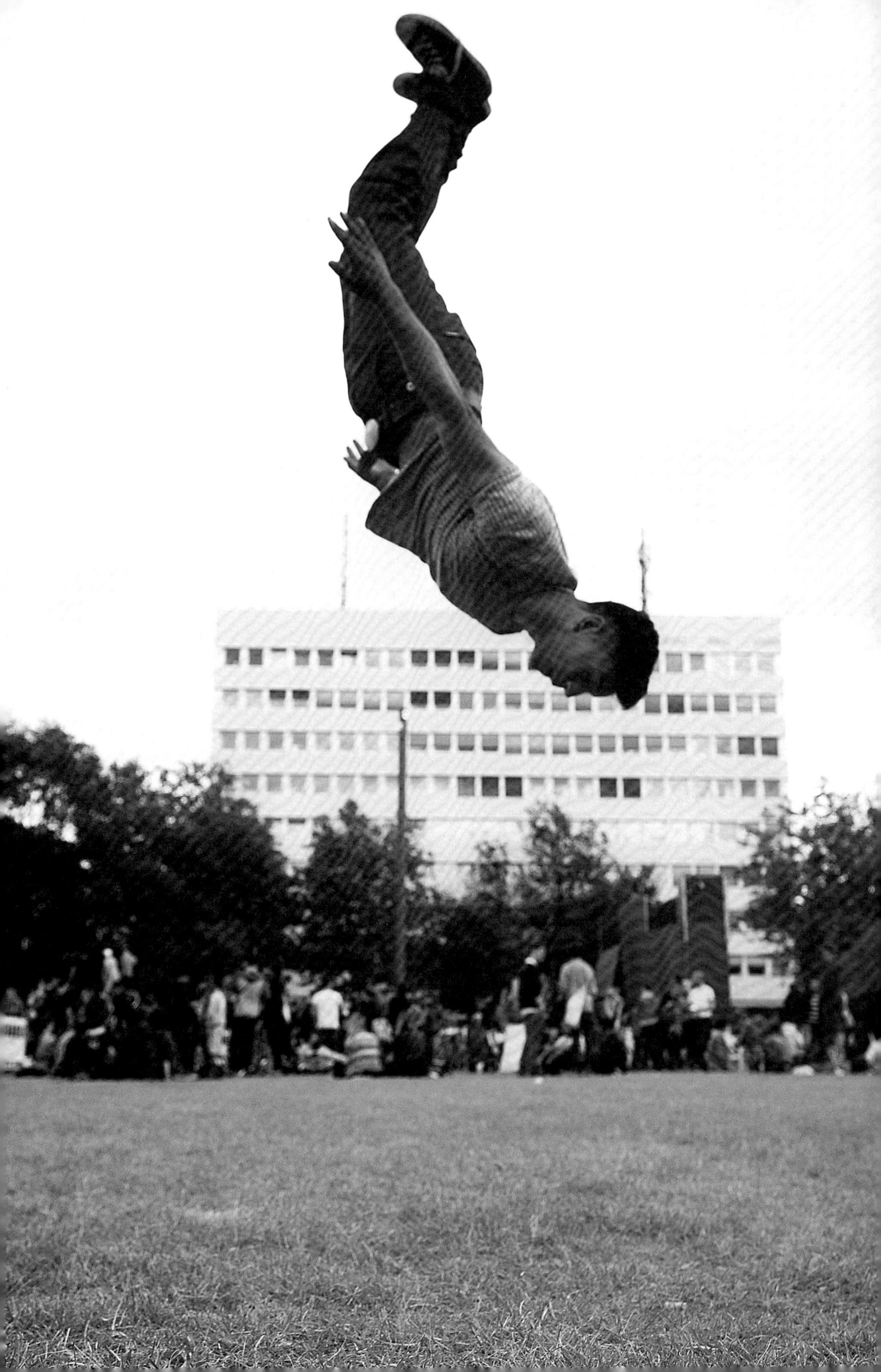

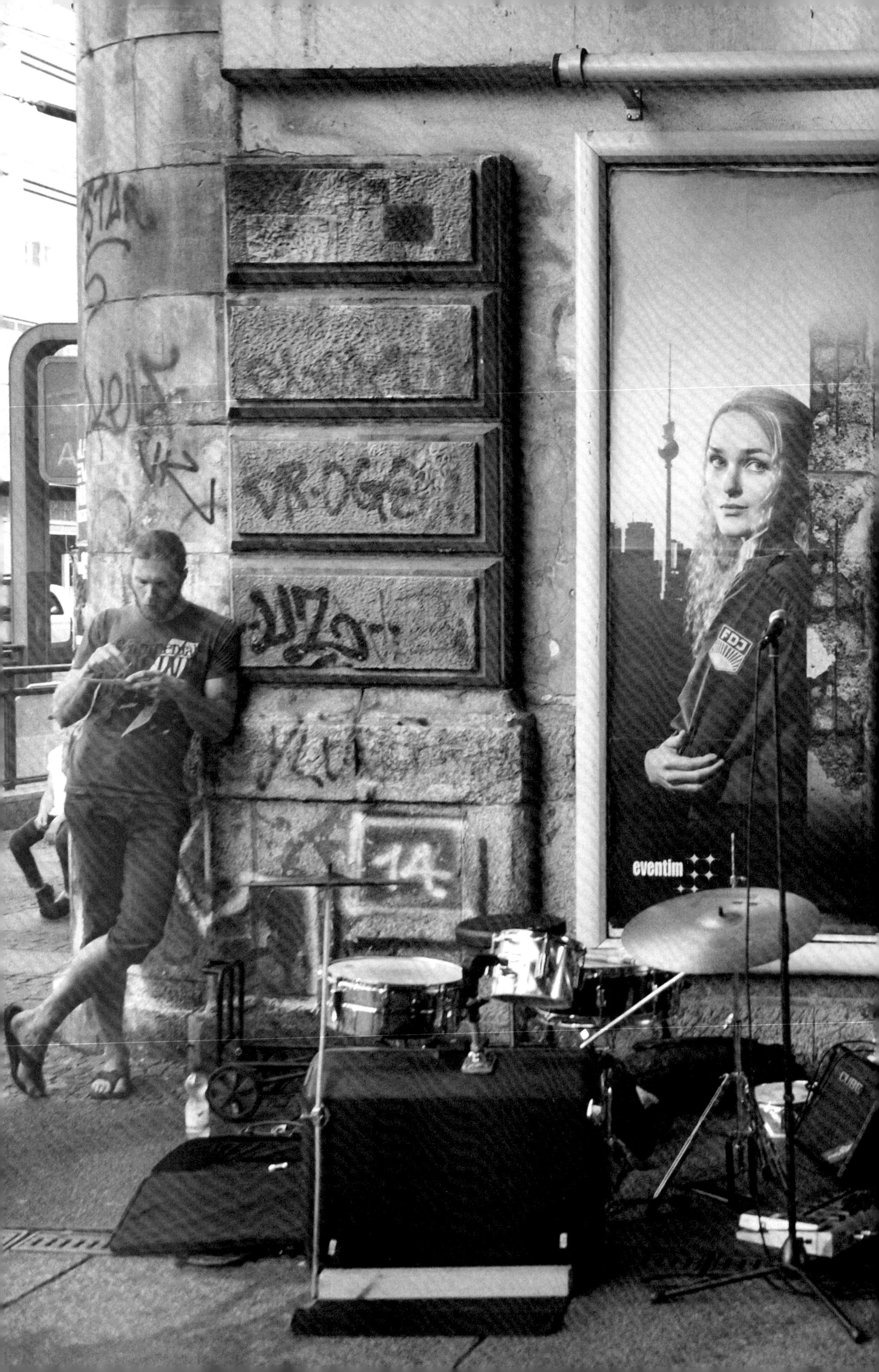
FDJ
eventim

STAGE ENTERTAINMENT IN ZUSAMMENARBEIT MIT DEM ST. PAULI THEATER PRÄSENTIERT

HIER ROCKT ZUSAMMEN, WAS ZUSAMMEN-GEHÖRT.

WITH ENGLISH SUBTITLES

HINTER HORIZO

DAS BERLIN-
MIT DEN HITS VON

Stage Theater

musicals. 0 18 05/44 44*

*14 Ct./Min. aus dem ... 42 Ct./Min. aus dem Mobilfunknetz.

Stage
ENTERTAINMENT

Von neuen Freiheiten und wiederzuentdeckenden Ressourcen
Ein Gespräch mit Wolf Lotter

Herr Lotter, gehört den Selbstständigen die Zukunft?

Wolf Lotter: Ich glaube, dass Selbstständigkeit und ein hohes Maß an ökonomischer Autonomie ein Zukunftskonzept sind – so wie Subsidiarität für die Gesellschaft viel wichtiger wird. Das heißt, so unabhängig wie möglich, so frei wie möglich von ökonomischen Zwängen zu sein. In der deutschen Arbeitswelt gibt es aber ein sehr enges Korsett an Abhängigkeiten, das hat sich in den letzten zehn Jahren sogar noch verschärft. Wir reden zwar über flache Hierarchien, über mehr Mitbestimmung in Unternehmen. Die Praxis aber ist von Abstiegsängsten des Mittelstands und der Angestellten gekennzeichnet. In manchen Branchen bilden freie Mitarbeiter, also Selbstständige, das neue Proletariat der Wissensgesellschaft. Darüber hat sich eine Schicht von Leuten etabliert, die die kreative Arbeit dieser Selbstständigen verwaltet.

Sagen Sie mal, in was für einer Welt leben wir denn?

In einer Welt, die Probleme verwaltet, statt sie zu lösen. Wir beschäftigen uns zu sehr damit, das System am Laufen zu halten, genauer: den Apparat drumherum, statt die persönlichen Bedürfnisse zu fördern, zur Entfaltung der Talente beizutragen. Die Wertschätzung für kreative Arbeit, für Kopfarbeit, ist jetzt, zu Beginn der Wissensgesellschaft, nach wie vor nicht sehr ausgeprägt. Wir gehen mit den geistigen Rohstoffen schlecht um. Da wäre übrigens auch viel Nachhaltigkeitsdenken gefragt: Denn wer mit seinen Wissensarbeitern schlecht umgeht, der schadet der Zukunft massiv. Das Problem ist eben, dass Wissensarbeit Veränderungen bereitstellt, Innovationen schafft, und das mögen Leute, die auf Sicherheit und auf Verwaltung geschult wurden, nicht so gerne, denn es bedeutet Mehrarbeit. Diese Kategorie finden sie heute bis weit ins Management hinein, so haben früher Verwaltungsbeamte gedacht: Nur nichts Neues! Das ist mir zu anstrengend! Lieber mehr auf Nummer sicher! Diese Leute werden vom aktuellen Karrieresystem gefördert. Das ist ein kulturelles Problem.

Ist es nicht verständlich, dass Menschen Sicherheit wollen?

Ich glaube ja nicht, dass wir Sicherheit abschaffen sollten. Sicherheit ist ein elementares menschliches Bedürfnis. Menschen wollen ihre Miete bezahlen können, sie wollen essen, sie wollen mit der U-Bahn fahren. Und dann haben sie weitere Bedürfnisse, über die kann man immer diskutieren. Es geht nicht darum, den Sozialstaat ad acta zu legen. Es geht darum, ohne Existenzangst neue Leistungen vollbringen zu können, neue Ziele zu erreichen. Es geht darum, dass wir verstehen, womit wir heute unser Geld verdienen. Dann verstehen wir auch, welches Sozialsystem wir brauchen. Beides hat sich verändert. Wir brauchen keine Menschen, die nur funktionieren und nach Schema F arbeiten, sondern wir haben es mit Wissen zu tun. Das Wort Wissensgesellschaft heißt nichts anderes, als dass es eine Vielzahl von Problemen gibt, die gelöst werden können – das ist am besten dann der Fall, wenn es viele individuelle Ansatzpunkte dazu gibt. Das heißt, »Wissen« als Grundstoff und »Können« als Umsetzungselement sorgen dafür, dass Ökonomie funktioniert.

Und wie beseitigen wir den ökonomischen Druck für so viel Freiheit?

In so einer Gesellschaft brauchen wir eine Grundsicherung. Deshalb bin ich für das bedingungslose Grundeinkommen, ein Bürgergeld, das die Vielheit der Sozialhilfen heute ersetzt – und auch die damit verbundene Bürokratie. Ich will, dass Menschen selbst darüber entscheiden, wie sie ihre Grundsicherung verwenden. So viel Freiraum muss sein. Das ist ja kein Taschengeld und wir reden hier mit Erwachsenen. Wenn ich also möchte, dass die selbstständig werden und denken und entscheiden, muss ich ihnen diese Verantwortung auch zumuten. Das ist Subsidiarität für die Zivilgesellschaft. Dagegen sprechen weniger ökonomische Bedenken als das alte Vorurteil: Wer nicht arbeitet, soll auch nicht essen. Aber die Zeit der Vollbeschäftigung neigt sich dem Ende zu. Das muss man aber erst mal einem Mittelständler erklären. Aber ich erlebe es schon so, dass Unternehmer, wenn sie das Grundeinkommen nicht als »mehr Knete vom Staat« erfahren, sondern als »Lerne, mit Deinem Budget auszukommen«, sehr viel aufgeschlossener reagieren. Das sind ja alles kluge Leute, die wissensbasiert arbeiten, die können das schon nachvollziehen. Die verstehen auch, wenn man sagt: Leute müssen das, was sie tun, gern tun. Denn mit solchen Leuten arbeiten die ja auch. Die tüfteln an Speziallösungen, versuchen, die immer besser zu machen, bis ins kleinste Detail. Und dazu brauchen sie Leute, die das, was sie tun, gern tun. Man kann niemanden dazu zwingen, gute Arbeit zu machen – erst recht nicht kreativ zu sein auf Befehl.

Wenn der schwäbische Unternehmer seit jeher wissensbasiert arbeitet, worin unterscheidet sich dann die Wissensgesellschaft?

Sie müssen die kreative Arbeit aller Mitarbeiter nutzen, eine Wissensstruktur errichten, oder einfach gesagt: die Selbstständigkeit der Leute herausfordern, fördern und schließlich zur Grundlage aller Tätigkeit machen. Das bedeutet, die Krankenschwester macht nicht nur stur das, was der Chefpfleger und der Chefarzt sagen, sondern ihre Erfahrungen werden ganz elementar in den Prozess eingespeist. Wissensarbeit heißt, wissen, wie es geht. Und dazu gibt es, wie alle wissen, die das schon mal gemacht haben, so viele Wege, wie es Menschen gibt.

Und an wem scheitert es: am Chefarzt oder an der Krankenschwester?

Nehmen wir an, da ist jemand, der in einem Konzern sitzt und den Freiraum hat, so zu handeln, wie er es für richtig hält. Der muss nicht Nine to Five ins Büro kommen. Das Problem ist, dass das gegen eine bestimmte Form von Alltagskultur und gegen das gelernte Verhalten der meisten Leute geht, die dort in den Strukturen sind. Die Kollegen sagen dann, das geht aber nicht, der kommt heute wieder nicht ins Büro. Dem Vorstandsvorsitzenden ist es egal, ob jemand Nine to Five arbeitet oder nicht, der fragt nach dem Ergebnis. Die eigentliche Bedrohung geht nicht von der Hierarchie aus, sondern von der Fläche, von den Kollegen, vom unmittelbaren Vorgesetzten, dem, was mal als »Lähmschicht« bezeichnet wurde: dem mittleren Management. Ich behaupte, kein Vorstand der Welt ist mächtig genug, sich dagegen heute noch langfristig erfolgreich durchzusetzen.

Freiheit schaffen, Leute freischaufeln, keine Ökonomie, die sich kümmert. Reicht das für eine sozial gerechte Wirtschaft, die bestenfalls noch ökologisch nachhaltig ist?

Ich glaube, in einer Gesellschaft, die wohlständig und vielfältig ist, ist es nicht leicht, wenn nicht unmöglich, so große Zukunftsziele zu definieren. Man könnte sagen, wir wollen bis 2050 keine fossilen Brennstoffe mehr nutzen. Das wäre aus vielerlei Gründen sehr vernünftig, nicht nur der Umwelt wegen. Erdöl ist ein toller Rohstoff, damit können Sie Medikamente machen, hervorragende Kunststoffe – alles besser, als es in Verbrennungsmotoren zu verbraten. Aber es wäre klug, in einigen Punkten auch die menschlichen Konstanten mitzuberücksichtigen. Nehmen sie den Individualverkehr, der ist eine Belastung, sorgt für Staus, stiehlt uns Zeit. Aber Menschen wollen offensichtlich in ihren Autos sitzen. Da kommt Erziehungsarbeit nicht dagegen an.

So etwas wie Klimaziele können wir uns also schon mal schenken?

Die Frage ist, ob es überhaupt ein politisches Ziel gibt, das man auf 30, 40 Jahre definieren kann. Das halte ich für verwegen und ich kenne genug Politiker, die das – natürlich »off the record« – auch so sehen. Politische Gestaltbarkeit kann nicht alles und den großen Utopien ist die Luft ausgegangen. Ist ja auch logisch. Wenn man schon viel hat, konzentriert man sich eher auf die Gegenwart. Es gibt nicht mehr so viel zu gewinnen, das ist ein Wohlstandsphänomen. Warum soll man also heute auf etwas verzichten, um in einem halben Jahrhundert möglicherweise einen Nutzen daraus zu haben? Das ist einfach falsch gedacht. Die Menschen haben heute etwas zu verlieren – und nicht übermorgen. Und wenn politische Konzepte das ignorieren, ganz gleich, ob sie den Klimawandel im Fokus haben oder die wirtschaftliche und soziale Entwicklung, produzieren sie eben nur Absichtserklärungen. Gut gemeint, schlecht gedacht.

Bleibt uns nichts als Resignation?

Da verstehen sie mich ganz falsch: Gegenwartsakzeptanz würde ich vorschlagen für Dinge, die im Hier und Jetzt stattfinden und damit nachvollziehbar sind. Für eine Entspannung und eine optimistische, nüchterne Zuversicht. Wir haben fast nur negative Ziele, die Zukunft steckt voller negativer Utopien, Dystopien. Auch das Klimaziel leidet darunter, dass es negativ definiert ist. Wenn du das und das nicht tust, wirst du sterben. Das war auch immer der Denkfehler der Umweltbewegung: Erst einmal ein Bedrohungspotenzial aufbauen; sonst hören die nicht zu. Angst machen, um Aufmerksamkeit zu gewinnen. Das Problem ist nur, das schlägt irgendwann zurück. Wenn Leute gefragt werden, was sie bereit sind für die Umwelt zu tun, sagen die: ›Na alles, ist ja klar.‹ Dann stellen Sie bitte die nächste Frage: ›Würden Sie 20 Euro Umweltsteuer zahlen?‹ Dann sagen die Leute: ›Nein, kann ich mir nicht leisten.‹ Da finde ich, ehrlich gesagt, tolle Elektroautokonzepte wie von Tesla besser – die will man sehen und die machen Lust auf eine andere Zukunft.

Wer übernimmt denn Verantwortung in der Wissensgesellschaft?

Wir haben im Grundgesetz und in der Definition dessen, was die Europäische Union ausmacht, ein wichtiges, unterschätztes Wort: Subsidiarität – Hilfe zur Selbsthilfe, Eigenverantwortlichkeit. Was nicht bedeutet, dass ich sämtliche Hilfemaßnahmen und Unterstützungsmaßnahmen auf das Individuum abschiebe, insbesondere auf das bereits kranke, leidende, arme, wehrlose Individuum. Im Gegenteil: Ziel ist eine Struktur, in der die Fähigkeit, selbst zu entscheiden, so lange wie möglich aufrechterhalten werden soll. Die Grundvorstellung, dass ich mir selber helfen kann und dafür auch die Mittel habe, würde die Struktur eines paternalistischen Sozialstaates grundlegend verändern. Im Moment zahlen Sie, vereinfacht gesagt, relativ hohe Abgaben dafür, dass Ihnen jemand unter Nutzung einer teuren Verwaltungsstruktur und unter der Auferlegung strenger Regeln wieder Geld zurückgibt, wenn Sie es brauchen. Der Klassiker ist Hartz IV. Eine Vielzahl der Sozialleistungen, die wir in diesem Land bezahlen, ernähren vor allen Dingen die Leute, die sie organisieren. Das ist unmoralisch.

Und was wäre moralisch?

Dass das Maximum der Mittel zu den Leuten kommt, die es brauchen. Und dass diese Mittel nicht nur zur Erhaltung des Status quo dienen, sondern Veränderung bringen. Das wird nicht mit den klassischen Mitteln passieren. Wenn jemand arbeitslos wird, steht er schon außerhalb der Gesellschaft. Dann versuchen wir, ihn irgendwie umzuschulen und noch mal umzuschulen. Ich vertraue den Menschen mehr, als die Sozialpolitik es tut, ich glaube, dass man den Leuten ein Einkommen geben sollte, das man Grundeinkommen nennen kann, und zwar bedingungslos, auf Verantwortung des Empfängers. Der kriegt Geld und damit soll er auskommen. Wir wären in der Lage, den Markt dafür sorgen zu lassen, dass die Menschen ihren Weg finden und ihre Entwicklung nehmen können.

Spielt die Soziale Marktwirtschaft noch eine Rolle?

Ja, als eine Marktwirtschaft, die den Menschen dient, die Gewinne reinvestiert in Unternehmen. Wenn Geld in Umlauf gebracht wird, funktioniert die Marktwirtschaft sozial. Aber wir haben besonders in Europa eine Kultur, die sagt: Wenn du Geld hast, nehmen wir es dir ab, weil wir besser wissen, was damit zu tun ist. In der Krise gab es sofort die Reich-Arm-Debatte. Man sagt unentwegt, es gibt mehr Arme, es gibt mehr Reiche, also her mit der Reichensteuer. Jetzt kann man über viele Dinge reden: über Erbschaftsteuer, über Immobiliensteuer, über Kapitalsteuer. Nur habe ich noch keinen vernünftigen Vorschlag darüber gelesen, was mit all der Knete passieren soll, wenn sie mal im Besitz des Staates ist. Das macht mich misstrauisch. Das klingt nach Populismus.

Ein Grundeinkommen oder Bürgergeld, das Sie vorschlagen, würde auch vom Staat eingesammelt und wieder ausgezahlt.

Wenn wir den Staat grundsätzlich als eigene Instanz von oben definieren, die sich um uns kümmert, dann ist ein Grundeinkommen ein Almosen vom Staat, da haben sie recht. Wenn wir den Staat aber als Bestandteil der Zivilgesellschaft denken, dann nicht. Es ist nicht nur, aber vor allen Dingen eine Bewusstseinsfrage. Wer gibt den Auftrag dazu, eine solche Sozialstruktur zu errichten? Sind das Politiker, die in eine Regierung, in ein Amt gewählt sind? Oder sind es Bürger, die das einfordern? Sie kennen die Antwort. Eine Zivilgesellschaft kann nicht parallel zum Staat existieren, sondern muss ihn für die Bürger, also für sich selbst beanspruchen.

Bisher ist die Beschäftigungsquote doch ganz gut in Deutschland, das viel auf seine traditionelle Industrie hält. Wird sich das so radikal ändern?

Es gibt qua Automation in der vierten industriellen Revolution die Abschaffung physischer Arbeit in einem hohen Maßstab. Darin sind sich alle Experten heute einig und man kann geradezu das Abschmelzen ganzer Berufsfelder sehen. Das hat nicht nur Nachteile. Was die

Netzwerkökonomie hinkriegt, ist eine Erleichterung des Lebens durch die Abschaffung von Routinearbeit, Kopfarbeit gehört dazu. Wir haben gar keine andere Wahl, als uns eine Grundsicherung zu überlegen, alternative Finanzierungsmöglichkeiten für den Sozialstaat abseits der Arbeits- und Lohnsteuern. Die Frage ist nur: Habe ich vorher eine Kultur, die verhindert, dass ein großer Teil der Bevölkerung außerhalb der Entscheidungsträgergesellschaft steht, also eine Massenproletarisierung eintritt, ein Konsumproletariat, das sich von Tiefkühlpizzen ernährt? Oder lernen die Leute, eine Tätigkeit, die sie erfüllt, anzunehmen? Niemand weiß das wirklich.

Besteht nicht die Gefahr, dass wir mit einem Grundeinkommen einen – wenn auch niedrigschwelligen – Einstieg in Arbeit und damit in gesellschaftliche Teilhabe beseitigen?

Das ist ein gutes Argument. Schaffen wir damit auch die Motivation ab, etwas tun zu wollen? Das weiß ich nicht. Wir haben es bis jetzt nicht versucht. Vielleicht sollten wir da mal mit etwas mehr Zuversicht rangehen. Stellen wir die Frage: Was kannst du mit einem Grundeinkommen eigentlich machen? Musst du zwangsläufig nichts tun oder gibt es Dinge, die etwas wert sind? Es ist eine schöne Vorstellung, dass Leute sich dann um den Opa nebenan kümmern und das Sozialsystem entlasten. Das ist reichlich naiv. Vielleicht machen das einige, aber die meisten werden erst lange lernen müssen, mit sich selbst etwas anzufangen. Das hat ja niemand gelernt. Natürlich wäre es gut, wenn unsere Kultur vor allen Dingen dieses fördern würde: den Einzelnen entwickeln, aus sich selbst etwas zu machen. Das hatte der alte Humboldt mit seiner Bildungsreform im Sinn. Der moderne Staat hat das vergessen.

Ist die Politik in der Lage, Eigenständigkeit zu fördern?

Die Frage ist, ob man das will. Im Grunde genommen widerspricht das dem klassischen Geschäftsmodell der Politik. Politik will Menschen, die abhängig genug sind, um sich mit dem zufriedenzugeben, was sie haben. Ob das jedem Politiker in der Ausübung seines Amtes klar ist, lasse ich einmal dahingestellt. Aber im Großen und Ganzen geht es nicht darum, eine selbstständige Zivilgesellschaft zu haben. Wenn Politiker eine ernsthafte Zivilgesellschaft wollten, müsste ihnen klar sein, dass das die Abschaffung ihrer eigenen Kaste bedeutet. Die Zivilgesellschaft ist im Grunde das, was Politik in der Demokratie als Ziel hat, nämlich die Übergabe der Macht in die Hände der Bürger. Der Job, für den wir diese Leute bezahlen, ist, dass sie alle Bürger ermächtigen, in die Lage zu kommen, ein möglichst freies und selbstständiges Leben zu führen. Das ist der Zweck der Republik. Alles andere sind Details, die den Weg pflastern.

Wir zahlen die Politiker auch dafür, dass sie unsere Interessen vertreten und wir das nicht dauernd selbst tun müssen.

Auch. Wobei das eine, das ständige Abnehmen aller Entscheidungen, natürlich das andere, die Haltung ›macht ihr das mal‹, fördert.

Könnte es sein, dass die neue Freiheit auch auf der anderen Seite gar nicht so sehr herbeigesehnt wird, wie Sie hoffen? Wer sagt, dass Menschen nicht einfach ihre Ruhe und ein ordentliches Gehalt haben wollen?

Oh, daran zweifle ich nicht. Die Frage ist, ob das funktioniert. Sehen wir uns an, was gerade in der Digitalisierung, der Automatisierung geschieht: Es gibt Menschen, die davon profitieren. Es sind die, die gestalten, entwickeln, machen, tun. Es gibt aber auch welche, die, wenn sie zu viel Routinearbeitsanteil haben, Nachteile erfahren werden, und das sind gerade die aus dem Mittelstand, die Sachbearbeiter, Abteilungsleiter, durchaus schon akademisch geschultes Personal. Wer individuelle, wissensorientierte Arbeit macht, wird gut behandelt, sehr gut sogar. Wenn Sie heute einen Job haben, der stark nachgefragt und kreativ ist im Sinn von Systemanlagenbau, Automobilbau, Computer, IT-Entwicklung, dann können sie sich richtig was leisten. Und das führt dazu, dass die Leute auch anspruchsvoll gegenüber der Organisation ihrer Arbeit werden, kritisch gegen Hierarchien, feste Arbeitszeiten, enge Vorschriften, zu viele Regeln. Hier ist Sicherheit nicht so wichtig, Freiraum aber sehr. Freiheit ist ja kein Pathos, sondern heißt: Du sagst mir nicht, was ich tun soll, das weiß ich nämlich selbst. Das ändert die gesellschaftlichen Leitbilder. Dem muss man sich stellen.

Die Mehrheit der Gesellschaft muss dann ja gar nicht eigenständiger werden. Wir sprechen von Veränderungen für eine recht überschaubare Elite.

So überschaubar ist das nicht. Der alte Routinemittelstand löst sich auf, aber ein neuer Mittelstand etabliert sich genau aus dieser Schicht gut ausgebildeter Wissensarbeiter. An den Leitbildern dieser wertigen, gut bezahlten Arbeitswelt verändert sich die Struktur. Es ist nicht mehr relevant, dass Sie 30 Jahre lang im Betrieb arbeiten und da die Karriereleiter hochgehen. Relevant ist, ob Sie etwas können, was Sie auch dynamisch entwickeln müssen. Sie sind in hohem Maß eigenverantwortlich als Selbstunternehmer, egal ob angestellt oder nicht, um ein Leben lang anstellungsfähig zu bleiben. Diese Employability, die Fähigkeit, selbst zu erkennen, was man wert ist und was man kann. Das muss nicht in einer sozialen Kälte landen, wenn wir in der Lage sind, Absicherungssysteme zu ändern und vor allem die Prioritäten und die Wertigkeiten. Also nicht mehr zu sagen, Arbeit ist alles, denn das wird sie nicht mehr sein. Arbeit ist ein Privileg von denen, die sie können.

Ist es erstrebenswert, dass am Ende wesentlich weniger Menschen Arbeit in dieser beschriebenen Form finden werden?

Ich glaube schon. Es gab früher noch bessere Ziele. Bei Bertrand Russell können wir zum Beispiel lesen, dass das Ziel der menschlichen Entwicklung und der Moderne sein müsse, dass die Leute letztlich aufhören zu arbeiten und zwar generell. Wenn Sie das mit den Grundwerten unserer Gesellschaft vergleichen, sind die vollkommen inkompatibel. Industrie heißt wortwörtlich Fleiß; das ist ja schon ein verräterischer Hinweis darauf, was da läuft.

Es geht nicht darum, etwas besonders gut zu machen, sondern es besonders routiniert, angestrengt und mit großer Disziplin zu tun. Das passt nicht damit zusammen, dass es ein Ziel gibt, wo man sagt: Lass doch andere für uns arbeiten. Wir führen auch bis jetzt keine ernst zu nehmende Diskussion über die Frage, was Automation und Robotik, positiv gewendet, für uns tun können. Es gibt immer Angstszenarien: Die nehmen uns die Jobs weg. Ich habe mal mir den Spaß gemacht, aus dem »Spiegel«-Archiv alle Titelgeschichten suchen zu lassen zum Thema ›Die Roboter werden uns vernichten‹. Das ist genug Gruselmaterial für einen Sommerurlaub, ein Dutzend Titelgeschichten locker über die Jahre, alle schön spannend geschrieben. Norbert Wiener trat auf ...

... der amerikanische Begründer der Kybernetik. Der ist doch schon 1964 gestorben.

Ja, aber vorher, in den 1950er-Jahren, hat er noch was gesagt: Bald wird es keine Toilettenfrauen mehr geben. Und alle waren ganz schockiert damals. Und keiner hat gefragt, ob es denn wünschenswert ist, dass Frauen hauptberuflich Toiletten reinigen? Das ist, was mich stört. Oder: Es wird keine Taxifahrer mehr geben, wenn das autonome Fahren kommt. Kennen Sie viele Taxifahrer aus Leidenschaft? Und die, die fürs Taxifahren brennen, werden schon ihre Kunden finden. Natürlich muss man fragen, welche Wahlmöglichkeiten die Menschen haben, natürlich. Aber wir tun das fast immer in der Absicht zu konservieren. Das ist konservativ, auch wenn es sich für links hält. Ich frage: Ist es erstrebenswert, Toilettenfrau zu sein, Hilfsarbeiter, an der Supermarktkasse zu sitzen, in der Sommerhitze am Bau zu malochen? Oder wäre es nicht besser, Menschen, die das heute machen müssen, ein Grundeinkommen zu geben – und etwas Luft, darüber nachzudenken, was sie wirklich wollen? Und ich sage auch: Man muss mehr Faulheit wagen. Ich lege es darauf an, nicht mehr für meinen Lebensunterhalt arbeiten zu müssen. Daran arbeite ich.

Es klingt ehrenvoll zu sagen, wir schaffen den armen Leuten die Plackerei vom Hals. Aber ist es nicht schwierig, darüber zu urteilen, welche Jobs erhaltenswert sind und welche nicht? Es gibt womöglich Leute, die mehr Bestätigung auch aus ihrer einfachen Tätigkeit ziehen, als Sie erwarten würden.

Das ist nicht schwierig, wenn wir die Existenzfrage herausziehen aus dem Thema. Wenn wir die Tatsache ändern, dass Menschen Taxifahrer oder Verkäuferin werden müssen, um zu überleben. Das können wir nur ausprobieren, indem wir ein Grundeinkommen geben. Ich glaube, dass viele weiterhin Taxi fahren, weiterhin verkaufen, weiterhin putzen, weiterhin an die Kasse gehen werden, aber angstfreier. Und es wird Bereiche geben, wo es wirklich etwas bewirken kann, nämlich bei diesen alten Abhängigkeitsverhältnissen in schlecht bezahlten Jobs. Das kann sehr positive Aspekte haben für den Markt. Wenn ich als Unternehmer nicht mehr sicher sein kann, dass ich genug junge oder mittelalte Frauen für die Kasse kriege für 1.200 Euro im Monat oder weniger, entsteht dort ein Arbeitsmarkt.

Was entscheidet in der Wissensgesellschaft über gesellschaftliche Teilhabe?

Ich glaube, es sind immaterielle Fragen, Fähigkeiten, die man entwickeln kann. Es ist die Fähigkeit, das Arbeitsleben nicht mehr in einem Gesamtabschnitt zu denken, sondern zu wissen, dass man sich verändern und sich Situationen anpassen kann. Bildung ist nach wie vor ein messbares Instrument für die Frage, ob ich mehr verdiene oder nicht. Wenige versuchen, auf dem zweiten Bildungsweg mehr Bildung zu kriegen. Es gibt kein Land mit liberaleren Zugangsmöglichkeiten für Berufstätige als Deutschland. Das ist vorbildlich. Aber kaum jemand sagt: Jetzt stehe ich mal von der Werkbank auf und mache noch einen Ingenieurabschluss. Der zweite Aspekt von Teilhabe ist die Fähigkeit, Menschen zu verstehen oder verstehen zu wollen, mit denen man zu tun hat, ein Problemlöser zu sein. Empathie in einem normalen Marktsinn, Gesellschaftssinn, durch den ich erkenne, dass ich etwas davon habe, langfristige Beziehungen aufzubauen.

Wie viel Ungleichheit erwartet uns?

Wir müssen unser Verhältnis zur Ungleichheit überdenken und entspannen. Wir missverstehen Gerechtigkeit als Gleichheit. Das ist es aber nicht. Gerecht ist, wenn ich Unterschiede mache, wenn ich auf unterschiedliche Fähigkeiten und auf unterschiedliches Vermögen eingehe. Es ist die größte intellektuelle Herausforderung, Ungleichheit nicht nur zu verdammen, sondern sie auch positiv zu formulieren. Wir müssen materielle Ungleichheit dämpfen, Ungleichheit im Sinne einer Diversifizierung in der Gesellschaft aber zulassen. Die Schwäche des mechanistischen Denkens ist die Entweder-oder-Haltung, die wir zurzeit haben. Wenn jemand die gleiche Rente und die gleiche Sozialversicherung hat, bedeutet das noch lange nicht, dass der gesellschaftliche Status der gleiche ist. Der wird bei jemandem, der eine bedeutende Erfindung macht, ein anderer sein als bei jemandem, der das nicht tut.

Ungleichheit lässt sich leichter ertragen, wenn es hohe soziale Mobilität gibt. Wie kann der Staat die fördern?

Ich bin ein großer Freund einer hohen Erbschaftsteuer. Ich möchte, dass Privatvermögen tendenziell zu Unternehmensvermögen wird, zu Investivkapital. Dann schafft es was. Ich finde es nicht so toll, wenn Leute auf ihren Geldsäcken sitzen. Das fördert nicht die geistige Beweglichkeit, bringt niemandem etwas und entspricht nicht dem Elitebegriff, um den es mir geht. Es geht um eine Leistungselite – und das sind nicht die, die am meisten schaffen, sondern tun, was sie am besten können. Leute, die ihre eigene Leistung, ihr eigenes Talent optimieren. Das nützt allen am meisten.

Wenn man Menschen befähigen will, in Ihrem Ideal einer Wissensgesellschaft zu leben, müsste es dafür womöglich mehr geben als ein Grundeinkommen und die Freiheit, sich mal auszuprobieren?

Ja, Ermöglichungsinstitutionen gibt es zu wenig, die dazu da sind, dass die Leute sich selbst helfen können, dass sie selbst vorankommen, dass sie ihr Leben leben können. Das wäre übrigens auch der Job der Schule. Und viele Lehrer wollen den Job machen, scheitern aber an den Strukturen. Im Berufsleben wird der durchschnittliche Angestellte in seinem Karriereplan bestärkt, wenn er opportunistisch erledigt, was vorgegeben wird. Da sind wir bei der Frage von Führung. Führung muss erkennen, was nicht geschieht, und dann intervenieren. Der Job ist im Idealfall, optimale Bedingungen für selbstständige Leute zu schaffen, die wissen, was sie tun. Das ist der Übergang, die Transformation von heute. Am Ende steht so viel Selbstständigkeit wie möglich für alle. Dazu braucht man Chefs, die nicht den Allwissenden geben, sondern die wissen, dass ihre Leute deshalb für sie arbeiten, weil sie etwas besser können, als man es selbst kann. Das ist souverän. Solches Leadership brauchen wir die nächsten Jahre dringend.

Welche Rolle spielen Ältere beim Übergang in die Wissensgesellschaft?

Die Frage ist: Wie können wir Leute dazu bringen, ihr Können und ihre Erfahrungen einzubringen in die Gesellschaft? Wir haben bislang kaum ernst zu nehmende Initiativen dafür, wie Alt und Jung zusammenarbeiten und miteinander denken. In der Wissensgesellschaft wird das bedeutsamer, weil Erfahrung eine wichtige Ressource ist. Gesellschaften und Kulturen, die ein bisschen mehr Respekt haben vor ihrer Wissenstradition, haben bessere Karten.

Das Gespräch mit Wolf Lotter führten Benjamin Dierks und Armando García Schmidt im April 2015 in Köngen.

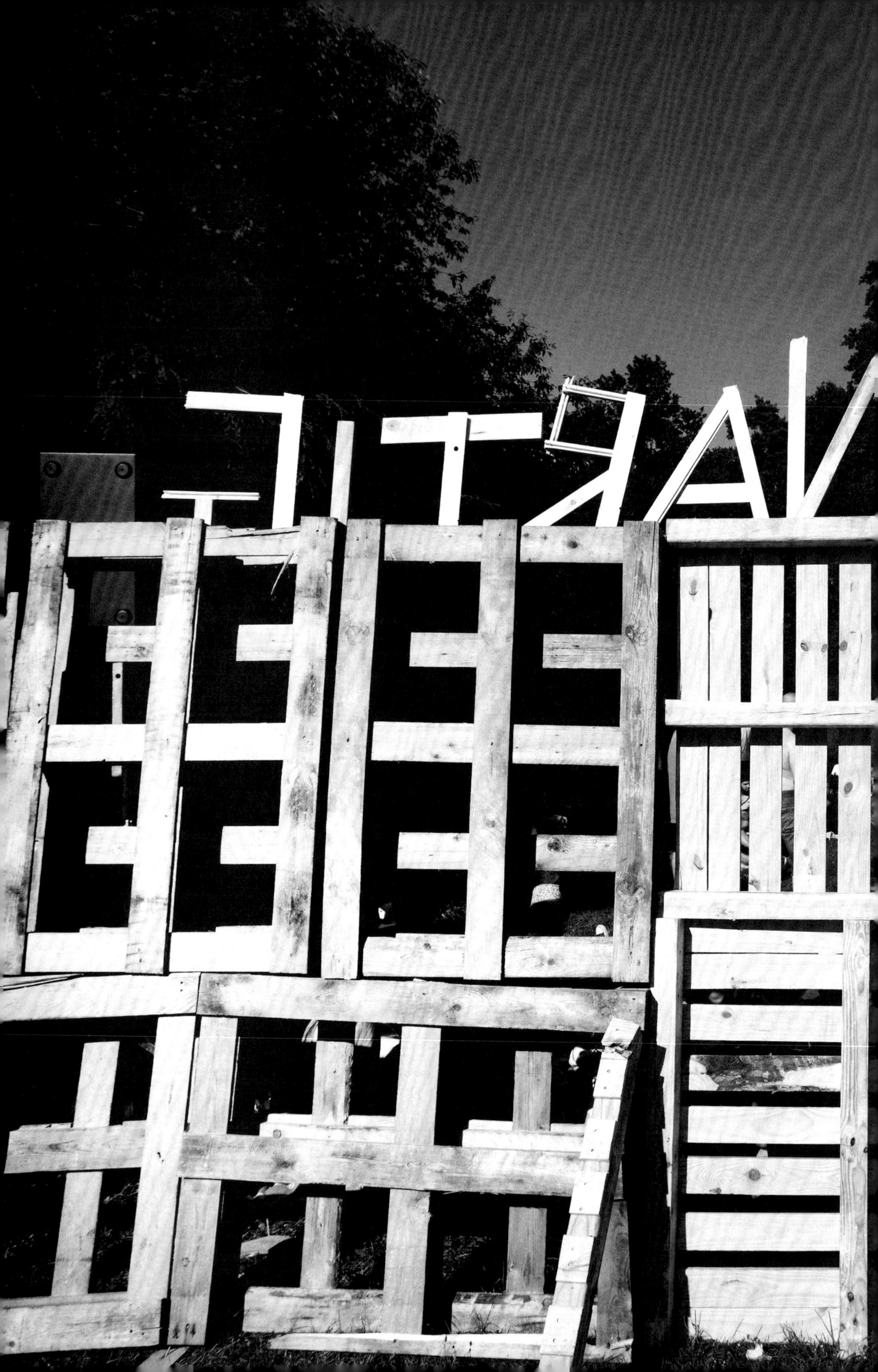

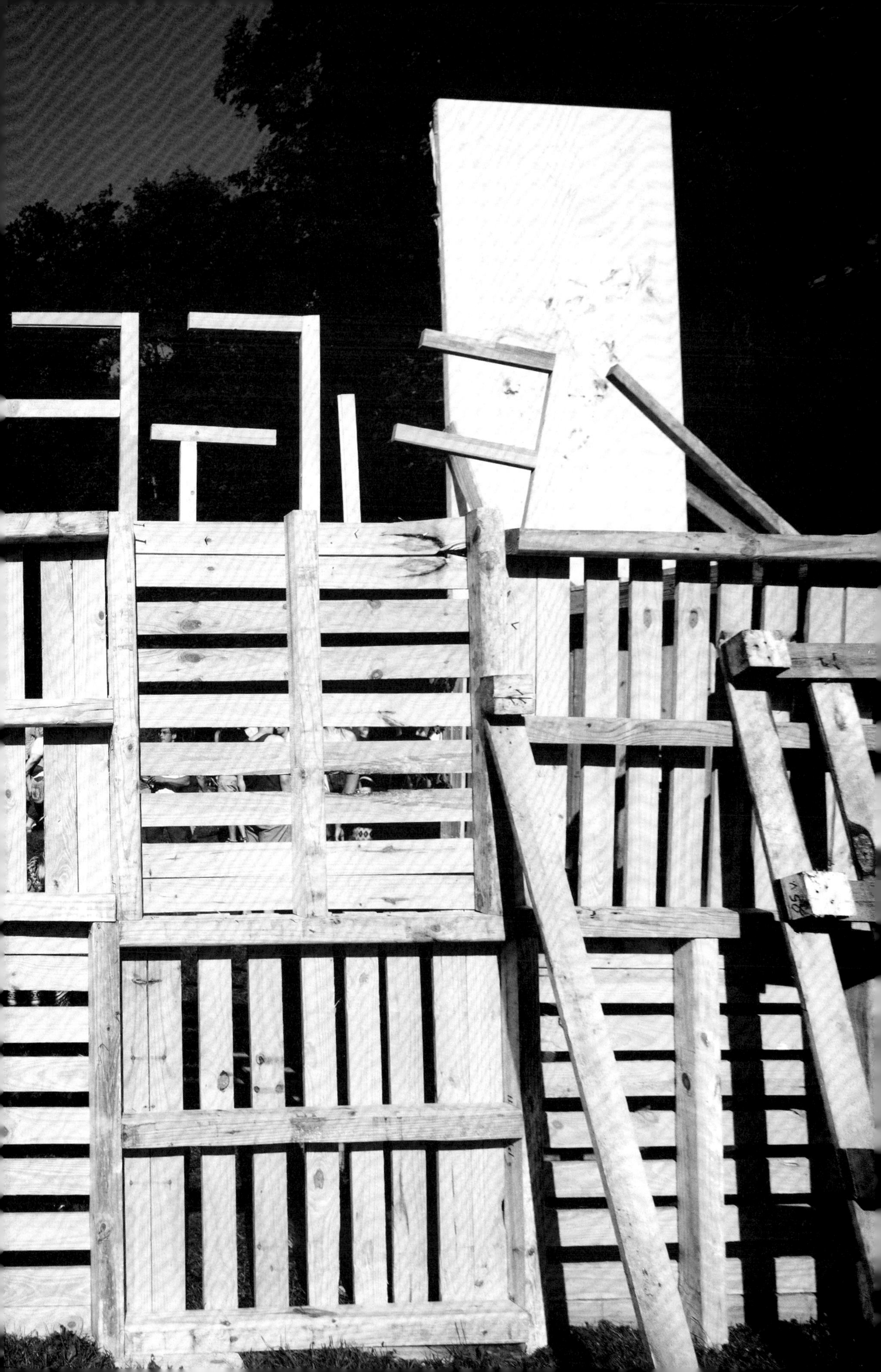

Der Computer muss sich am Menschen messen lassen
Ein Gespräch mit Katharina Zweig

Frau Zweig, Sie forschen an der Schnittstelle von Informatik und Gesellschaft. Kann Informatik soziales Verhalten erklären?

Katharina Zweig: Ich suche nach Mustern in komplexen Daten, unabhängig davon, ob es da um die Struktur sozialer Netzwerke, die Verknüpfung von Informationen oder interagierende, biologische Moleküle geht. Die Informatik stellt im Bereich Big Data Methoden bereit, mit denen man verschiedenste Arten von Daten untersuchen kann. Es geht darum, wer mit wem auf eine bestimmte Weise verbunden ist, wer interagiert mit jemandem? Diese Information stelle ich als Netzwerk dar, mathematisch gesehen als einen Graphen. An dieser Stelle ist die Darstellung der Daten so abstrakt, dass sich die Methode um die Semantik dahinter gar nicht mehr kümmern muss. Das hat gute und schlechte Auswirkungen auf die Resultate.

Dabei haben Sie bestimmt ganz gut im Blick, wie heute mit unseren Daten umgegangen wird?

Waren Sie heute schon auf einer Nachrichtenseite oder einem sozialen Netzwerk wie Facebook oder Spiegel Online? Ich habe früher gern meine Freunde auf interessante Artikel aufmerksam gemacht, indem ich über solche Plattformen Artikel an sie verschickt habe. Wenn Sie mich vor fünf Jahren gefragt hätten, ob die Tatsache, dass ich die E-Mail-Adresse einer Bekannten auf so einer Plattform eingebe, irgendeine Art von Information birgt, hätte ich gesagt: Nein, das ist ja nur eine E-Mail-Adresse. Eine soziale Netzwerkplattform wie Facebook weiß aber nicht nur, wer sich innerhalb der Plattform kennt, sondern auch, wen die Leute außerhalb der Plattform kennen. Man wird ja dazu gedrängt, sein E-Mail-Adressbuch hochzuladen, mit der Begründung, das wäre doch viel bequemer. In einem Forschungsprojekt konnten wir zeigen, dass man mit Basismethoden der künstlichen Intelligenz und mit nur sechs kleinen Rechnern innerhalb weniger Tage herauskriegen kann, welche Nichtmitglieder sich wahrscheinlich untereinander kennen. Noch mal: Für je zwei Nichtmitglieder haben wir eine gute Chance zu bestimmen, ob diese sich kennen! Ich ziehe daraus den Schluss, dass es unzulässig ist, wenn Firmen Beziehungsdaten nutzen, die nur von einer Seite aus freigegeben wurden und nicht von beiden Seiten. Das wäre eine Sache, wo ich mir eine Gesetzesänderung wünsche, eine Datenschutzänderung.

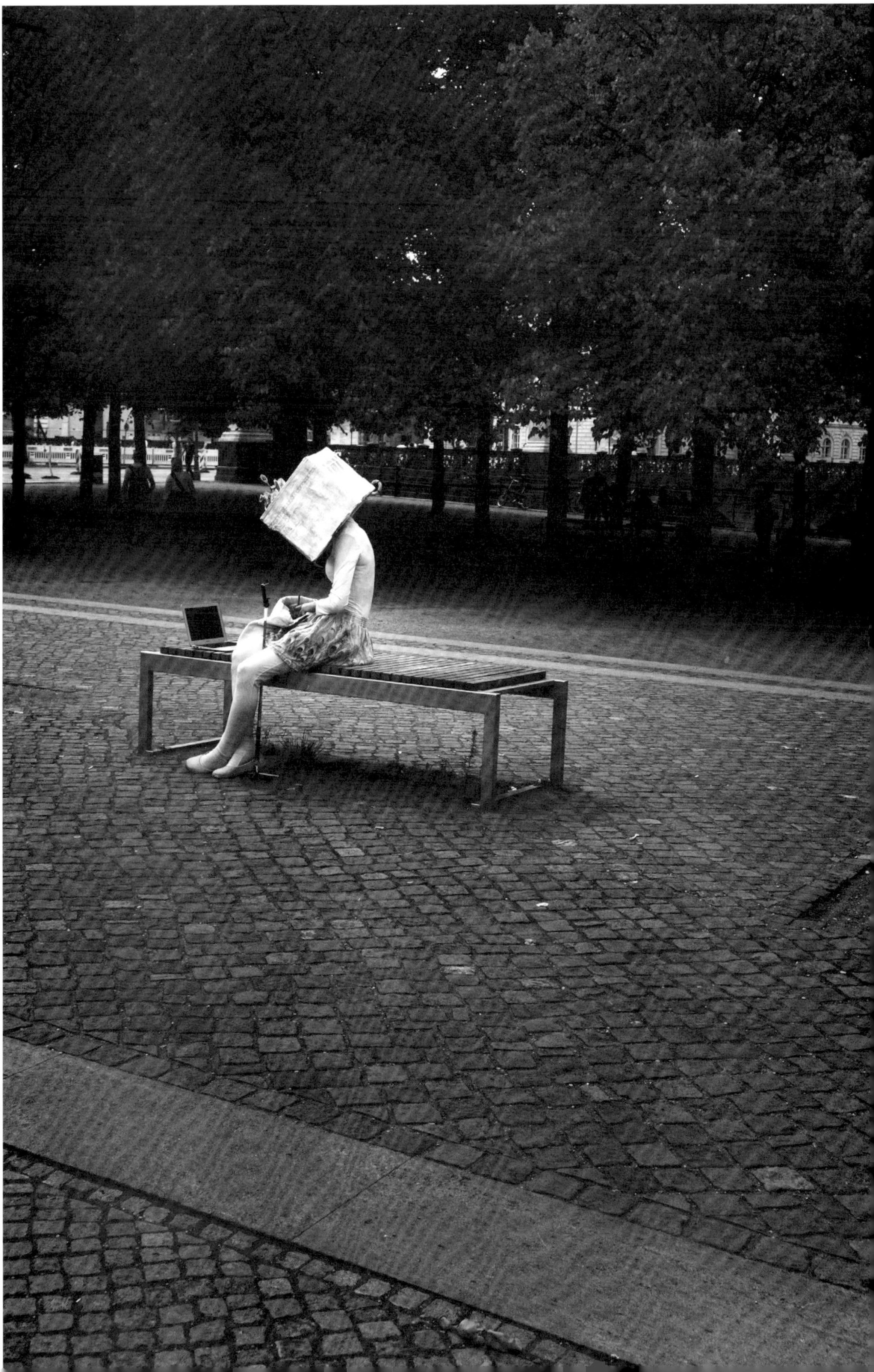

Welche Möglichkeiten hat der Staat, einen Rahmen zu setzen?

Wir werden unsere Datenschutzgesetze wohl international nicht vollständig durchsetzen können, nicht auf die nächsten 30 Jahre und vermutlich auch nicht darüber hinaus. Aber ein Gesetz ist ja auch eine Norm, die aus dem sozialen Handeln heraus entsteht und auf das Handeln der Bürger wirkt. Wenn man weiß, dass das etwas ist, was wir alle für so schützenswert halten, dass es gesetzlich reguliert wird, dann prägt das beispielsweise künftige Generationen. Ich glaube, dass ein Gesetz auch über seine Durchsetzbarkeit hinaus eine Wirkung hat und natürlich immerhin innerhalb Deutschlands, innerhalb der EU, vielleicht auch an Grenzen mit anderen befreundeten Staaten eine gewisse Durchsetzbarkeit möglich macht.

Können wir uns der Datensammelei eigentlich entziehen?

Es gibt diese Möglichkeit, aber dann ist die Teilhabe nicht mehr gesichert. Natürlich kann ich mich fernhalten vom Internet. Wir könnten auf Google verzichten, wir könnten auf Yahoo verzichten und keine Suchanfragen mehr stellen, aber ist es das wert? Könnten wir noch teilhaben, wenn alle anderen davon ausgehen, dass einem diese Instrumente zur Verfügung stehen? Meine Oma hat eine tolle Privatsphäre, die ist 96 Jahre alt, lebt im Altersheim und hat das Internet nicht mehr kennengelernt. Privatsphäre ist heutzutage immer noch möglich, aber nicht, ohne einen hohen Preis an Teilhabe zu zahlen.

Also sind wir aufgeschmissen?

Es gibt auch Kollegen von mir, die sagen, Privatsphäre brauche ich nicht. Das ist diese Haltung: ›Mich kann man gerne überwachen, ich bin doch unschuldig.‹ Abgesehen davon, dass das Wissen, beobachtet zu werden, einen psychologisch schon zu einem anderen Menschen macht, ist diese Aussage aus statistischen Gründen nicht korrekt. Wenn es zum Beispiel einen Algorithmus gibt, der meine ganzen Daten und E-Mails durchliest, um herauszukriegen, ob ich Drogen schmuggele: Wie gut sind diese Algorithmen, um Unschuldige für unschuldig zu halten? In Deutschland leben 80 Millionen Menschen, von denen wahrscheinlich die Hälfte jeden Tag per Internet kommuniziert. Sagen wir, von denen wird nur jeder Hunderttausendste fälschlicherweise verdächtigt. Das sind dann 400 unschuldig Verdächtigte. Ist das angemessen für die Anzahl aufgespürter Drogenschmuggler? Allein ein Polizeiauto vorm Familienhaus sorgt ja bei den Nachbarn ziemlich lange für Gesprächsstoff. Ich glaube, dass wir vorsichtig damit sein sollten, Algorithmen zu erlauben, über uns zu urteilen.

Wie verändert die Digitalisierung unsere Möglichkeit, an der Gesellschaft teilzuhaben?

Aus meiner Sicht hat sich die soziale Teilhabe in den letzten Jahren unglaublich verstärkt. Die Möglichkeit, mit wenig Geld auf Informationen zuzugreifen, hat die Machtkonzentration eher verringert. Es gibt aus meiner Sicht weniger Geheimwissen. Das ist großartig und schafft viele Möglichkeiten. Das wird sicherlich auch an vielen Stellen so weitergehen, zum Beispiel durch die Vielzahl von Produkten, die heutzutage von Bürgern selbst hergestellt werden können ohne großes Equipment. Auch die Möglichkeiten, sich selbstständig zu machen, haben enorm zugenommen. Unter diesem Aspekt ist soziale Teilhabe größer geworden und gleichmäßiger verteilt. Es werden sich beispielsweise viele Services entwickeln, die früher nur sehr reichen Leuten zur Verfügung standen. Maßgeschneiderte Kleidung wird fast so günstig werden wie Kleidung von der Stange, noch günstiger wird Zahnersatz – alles, was mit digitalen Schöpfungsprozessen zu tun hat, wird günstiger werden. Auf der anderen Seite haben wir ganze Branchen, die als Berufsgeber verloren gehen werden. Fahrerloses Fahren ist da nur eines der Beispiele. Keine Busfahrer mehr, keine Taxifahrer, keine Lkw-Fahrer. Für diese Menschen bedeutet das natürlich erst einmal weniger soziale Teilhabe.

Heute geht es ja nicht nur darum, ob du online bist oder nicht, sondern wie du den Zugang nutzt. Wie wird sich das Verhältnis verschieben von denen, die privilegiert sind, und denen, die möglicherweise nicht privilegiert sind?

Kinder oder auch junge Erwachsene verwenden Computer häufig nur zum Spielen oder um Bekanntschaften zu pflegen. Sie nutzen den Computer nicht als Rechner, sondern nur als Kommunikationsmedium. Wer aber nicht versteht, was der Computer kann, wer ihn nicht nutzen kann, um aus Daten einen ökonomischen Gewinn zu ziehen, der wird womöglich abgehängt werden und nur Datenlieferant sein, um anderen ihren Gewinn zu ermöglichen. Um das zu vermeiden, müssen wir ihnen beibringen, wie sie psychologisch funktionieren. Wir hatten zum Beispiel lange in der Wirtschaft das Bild des Homo oeconomicus, des rational denkenden Menschen, der nur seinen Gewinn optimiert. Wir wissen natürlich inzwischen, dass der Mensch sich nicht rational verhält oder dass wir nur eine gewisse Aufmerksamkeitsspanne haben, gewisse Grundbedürfnisse nach sozialer Anerkennung haben. Viele Plattformen wissen, wie wir zu triggern sind, damit wir zum Beispiel lange auf einer Plattform verweilen. Es gibt da ganz subtile Mechanismen.

Jetzt sind wir gespannt.

Menschen lieben es zum Beispiel, Auszeichnungen zu bekommen. In jedem Internetforum fängt man als Newbie an und steigt auf, wenn man dann die ersten Einträge gemacht hat. Einen solchen Expertenstatus kann man nicht mitnehmen auf andere Plattformen und er sinkt wieder, wenn man zu lange offline ist. Ein Kind sollte wissen, wie Süchte und Abhängigkeiten erzeugt werden. Es sollte wissen, dass wir höchstens fünf bis sieben Informationen gleichzeitig im Kopf halten können und deswegen eben im Sinne der Ökonomie nicht immer »rationale« Entscheidungen treffen. Sonst kann es vielem, was die Digitalisierung mit uns tut, nicht folgen. Ein anderes Beispiel: Wenn ich Ihnen hier und jetzt etwas Privates erzähle, gehe ich davon aus, dass das unter uns bleibt, ohne dass ich Ihnen das explizit sagen muss. Ich glaube, dass wir diese Erwartung oft unbewusst auf den Computer übertragen. Gerade die sozialen Netzwerkplattformen sind ganz großartig darin, uns Privatheit zu suggerieren, die nicht eingehalten wird. Sie bauen darauf, dass wir Menschen unseren menschlichen Gepflogenheiten folgen, aber der Computer kann soziale Kontexte nicht erkennen und es gibt immer einen Programmierer, der sich gezielt über soziale Konventionen hinwegsetzt.

Was technisch möglich ist, ...

... wird gemacht. Und das Schlimme ist, man braucht nur einen Einzelnen, der das macht.

Glauben Sie, dass es eine analoge Gegenbewegung geben wird?

Natürlich gibt es die. Ich bezweifle, dass das eine große Gegenbewegung werden wird. Denn man kann das Internet, die Digitalisierung wunderbar benutzen, um Ungleichheit zu verringern. Wir haben auf dem Campus noch ganz analog einen Schrank, in den man Lebensmittel stellen kann, die man nicht mehr benötigt. Es ist aber offensichtlich, dass die Verteilung von Gütern, die jemand nicht mehr braucht und zum Tausch anbieten oder vermieten möchte, viel einfacher über das Internet zu organisieren ist. Ich glaube, dass der Informatiker als Typus auch sehr dazu beigetragen hat, den Sharing-Gedanken in die Welt zu tragen. Ich kenne keine andere Gemeinschaft, in der so bereitwillig Dinge für alle anderen zur Verfügung gestellt werden. Ich profitiere davon, dass ich Codeschnipsel irgendwo finde, die mir erklären, wie ich eine Funktion benutzen soll. Viele Menschen beantworten stundenlang Fragen von anderen oder sind bereit, an Wikipedia mitzuarbeiten. Ich habe den Eindruck, dass Informatiker Vorreiter waren zu sagen, es kann lohnenswert sein, erarbeitetes Wissen digital mit allen zu teilen und darin Befriedigung zu finden. Das hat natürlich auch Nachteile, wenn etwa im Designberuf Wettbewerbe ins Leben gerufen werden, wo Leute gebeten werden, ein Problem zu lösen, und sich dann hundert Leute die Mühe machen, aber nur einer nachher bezahlt wird. Da kommt es schnell zur Selbstausbeutung.

Wir sind mit der Welt vernetzt. Und doch suchen wir oft die Information, kommen mit Menschen zusammen, die das spiegeln, was wir selbst glauben. Was bedeutet das?

Diese Gruppenbildung ist wahrscheinlich einer der Gleichgewichtszustände, die nach dem Phasenübergang der Digitalisierung eintreten. Erst ist man total überwältigt davon, dass man jetzt mit jedem Menschen auf der Welt bekannt sein könnte, aber tief in uns haben wir den Wunsch nach einer relativ homogenen Gruppe. Wo man nicht andauernd aufpassen muss, was man sagt, wo die anderen schon wissen, wie ich es meine. Vielleicht entspricht das einfach unserer menschlichen Natur.

Was müssten wir tun, damit wir dieses Nähebedürfnis befriedigen können, aber trotzdem noch mitbekommen, dass es auch andere gibt?

Ich glaube, dass Deutschland mit seiner allgemeinen Schulpflicht dafür sehr viel tut. Wir erlauben es Eltern nicht, ihre Kinder daheim zu halten und dort zu unterrichten, weil wir sagen, dass Kinder miteinander in Kontakt kommen sollen, eine Überzeugung im Diskurs mit anderen austragen sollen. Brauchen wir das auch noch für Erwachsene? Die Gefahr ist sicher, dass man sich in der Gruppe verliert und den anderen nicht mehr sieht und ihn nicht mehr für wert hält. Bei internetbasierten Meinungsgruppen hat man vielleicht das Gefühl, die eigene Gruppe sei viel größer, als sie in Wirklichkeit ist. Gerade über soziale Netzwerkplattformen kann man ja am Tag mehrere Hundert Nachrichten aus seinem Freundeskreis bekommen. Ich glaube, dass wir hier noch sehr evolutionär geprägt sind: Was viele Menschen sagen, muss die allgemeine Meinung sein. Das Gefährliche ist sicherlich, dass der Takt, mit dem man Nachrichten aus der eigenen Gruppe bekommt, einem suggeriert, es sei auch die vorherrschende Meinung außerhalb der eigenen Gruppe. Den Leuten sollte wenigstens klar sein, dass sie in dieser »Filter-Bubble« sind, die Eli Pariser in seinem gleichnamigen Buch beschrieben hat, und dass die verschiedenen Kanäle, die man sich selber gesucht hat und die sich zudem noch auf einen persönlich einstellen, nicht dem Gesamtkontext entsprechen. Um das Thema »Bildung« kommen wir hier überhaupt nicht herum.

Wer hat Macht in Zeiten des Internets?

Die Geschichten, die wir alle hören wollen, sind natürlich die, wo ein Einzelner etwas losgetreten und verändert hat. Die Narrative sind, dass das Internet den Arabischen Frühling ermöglicht hat. Das ist Macht. Heißt es, dass jeder von uns das kann? Das funktioniert manchmal und dann ist man überrascht; und manchmal funktioniert es überhaupt nicht bei Themen, die sehr wichtig wären. Macht hat in Zeiten des Internets, wer Daten hat. Man kann sich gar nicht vorstellen, was man aus sehr kleinen Vorgängen für Informationen ziehen kann. Diese Vorstellung ist vor allen Dingen deswegen schwierig, weil wir Menschen und keine Computer sind. Wir können nicht sehr gut statistisch denken, Informationen über lange Zeiträume hinweg korrekt bewerten und zudem beeinflussen unsere Emotionen unsere Erinnerung. Das alles macht es für uns sehr schwer zu beurteilen, was aus einem ganz kleinen Prozess wie dem Anklicken von Webseiten an Informationen gewonnen werden kann. Wenn Sie eine Suchanfrage stellen und dabei immer wieder denselben Anbieter nutzen, hat er extrem viele Informationen über Sie, aber Ihnen wird das nicht bewusst. Erstens hat er die ganze Historie – und wir denken, wie gesagt, nicht in Historien. Wann haben Sie eine Wohnung gesucht, wann nach Dating-Plattformen, wann Hochzeitsringe und wann einen Scheidungsanwalt? Zweitens gibt zum Beispiel der Zeitpunkt Auskunft darüber, wann Sie wach sind, und die Anzahl der Rechtschreibfehler korreliert mit Ihrer Bildung. Damit kann man eingrenzen, was für eine Art von Mensch Sie sind.

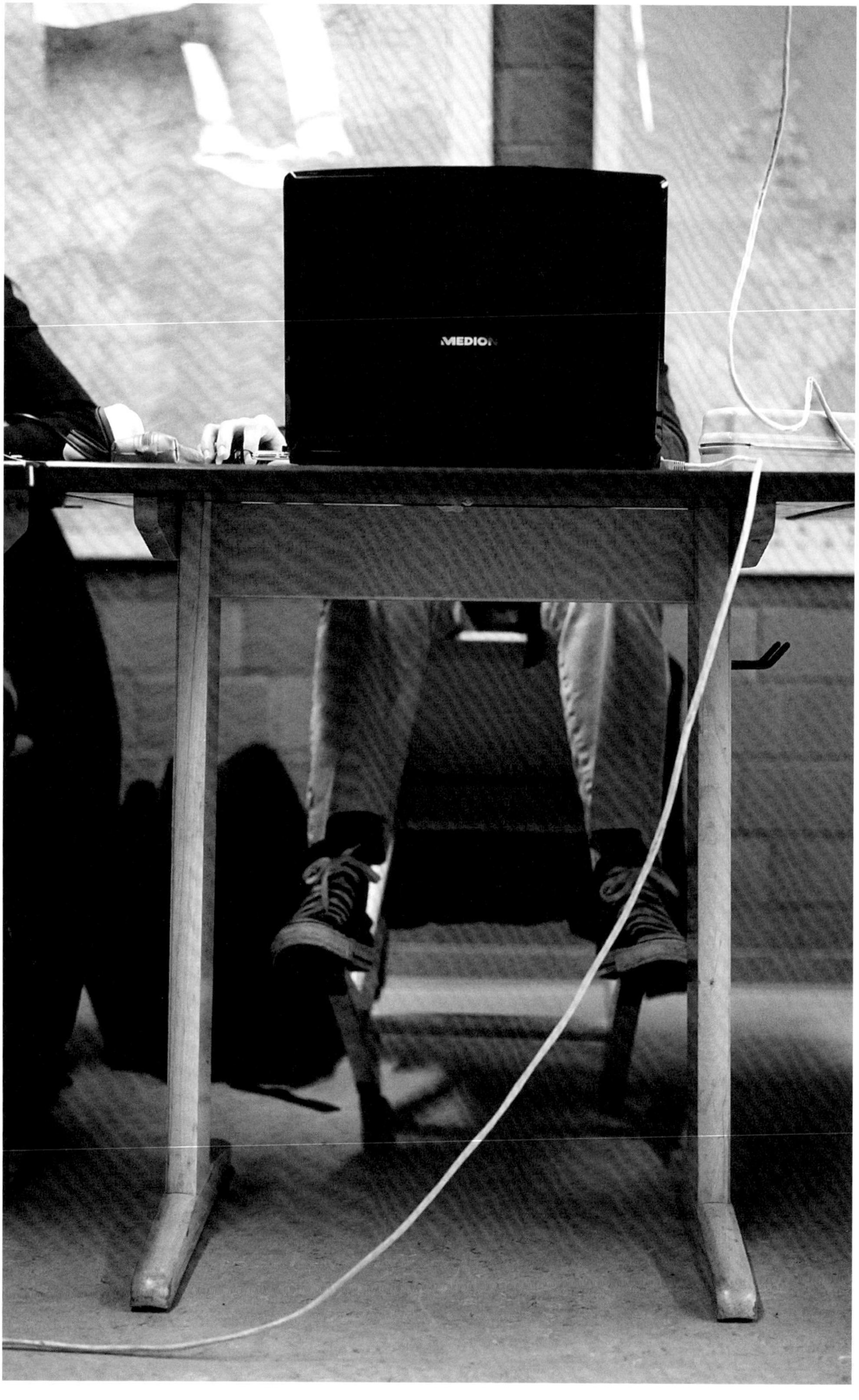
MEDION

Wie demokratisch ist die Digitalisierung? Oder wie demokratisierend?

Sie ist vordergründig extrem demokratisch. Jeder von uns hat die Möglichkeit, die Dienste zu nutzen. Nicht demokratisch ist, wenn man nicht versteht, wie man den Computer wirklich nutzen kann. Dann gibt es den Aspekt des Zugangs zu Daten und da ist Digitalisierung höchst undemokratisch. Es gibt Ecken, wo stärker demokratisiert wird. Open Government Data ist da so ein Stichwort, wo der Staat darüber nachdenkt, einige Daten deutlich leichter zur Verfügung zu stellen für Bürger.

Digitalisierung bietet viele Einsichten, aber für die meisten bleibt es ziemlich undurchsichtig, wie Informationen verarbeitet werden.

Das Schlimme ist, dass das auch für den Profi undurchsichtig ist. Das liegt daran, dass ein Code, den jemand anders geschrieben hat, sehr schwer zu lesen ist. Ich kann zwar per Hand nachrechnen, was der Computer tun wird bei einer bestimmten Eingabe von Daten. Das heißt aber nicht, dass ich verstanden habe, was der Code inhaltlich für alle möglichen Eingaben tut. Und dann gibt es noch Algorithmen, die ganz prinzipiell nicht wieder in die Semantik der Menschen übersetzen. Vieles von dem, was wir als künstliche Intelligenz bezeichnen, sucht Daten in sehr großen Datenmengen. Dann sagt sie Ihnen, dass etwa Ihre Kreditwürdigkeit sinkt oder steigt mit diesen oder jenen Eigenschaften. Ich kann Ihnen aber nicht erklären, wie es zu dieser Aussage kommt. Man kann dann einfach nur Korrelationen feststellen. Manchmal ist es noch verborgener: Das Gerät spuckt zwar nachher eine Einschätzung aus, ich kann aber nicht mehr fragen, warum es zu der Einschätzung kommt. Es bereitet mir Sorgen, dass wir uns als Gesellschaft durch Algorithmen unterstützen lassen, die wir selber nicht mehr verstehen oder deren Verhalten wir nicht vorhersagen können. Sinnvoll ist, dass Computer Dinge schneller tun und somit mehr in derselben Zeit. Wir haben aber Algorithmen, die irgendein Mensch einmal programmiert hat, mit irgendeinem Menschenbild, das sinnvoll oder auch nicht sinnvoll sein kann. In der Informatikausbildung wird über das Menschenbild nicht viel geredet. Wenn solche Algorithmen dazu benutzt werden, um Menschen zu beurteilen, müssen wir eine Grenze setzen. Vor allem wenn ein Mensch nicht mehr zu denselben Schlüssen kommen könnte wie das Programm. Der Computer muss sich am Menschen messen lassen.

Immerhin macht die neue Technik verschiedene Dienstleistungen transparenter, allein durch die Möglichkeit, sie im Internet zu vergleichen. Oder gibt es da auch einen Haken?

Das Internet ermöglicht ein sehr schnelles Matching von Angebot und Nachfrage über zeitliche und geografische Grenzen hinweg. Ein privater Fahrdienst wie Uber bietet hauptsächlich Mitfahrgelegenheiten an; so ein Dienst gibt aber natürlich auch einen Anreiz, Fahrten zu unternehmen, die man sonst nicht unternommen hätte, weil man damit ein Zubrot verdient. Wahrscheinlich lohnt es sich in keinem Land der Erde, mit Uber seinen Vollzeitjob zu ersetzen; dazu sind die Preise nicht hoch genug. Bei näherem Nachdenken über das System habe ich aber eine überraschende mögliche Auswirkung einer solchen App entdeckt: Der Anreiz für diese Privatfahrer ist am höchsten für die lukrativen Flughafen- und Bahnhofsfahrten. Die übrig bleibenden Fahrten lohnen sich für einen ökonomisch arbeitenden Taxibetrieb unter Umständen dann nicht mehr, denn diese Betriebe sind darauf angewiesen, die Mischung aus kurzen und langen Fahrten zu haben. Hier handelt es sich aber nicht einfach nur um einen Austausch des Anbieters eines Dienstes: Der Gesetzgeber hat dem Taximarkt die Mitnahmepflicht auferlegt. Die hat ein solcher Privater nicht mehr. Wenn wir also davon ausgehen, dass Taxibetriebe verschwinden, werden einige soziale Schichten oder einige Menschen mit Besonderheiten nicht mehr so einfach Mitfahrgelegenheiten finden. Wie zum Beispiel meine 96-jährige Oma mit ihrem Rollator, die nur zwei Häuser weiter zur Pediküre will, genauso wie der Rollstuhlfahrer, der etwas schwieriger mitzunehmen ist oder wo der Kofferraum nicht ausreicht, und der Blinde mit Blindenhund.

Wie lässt sich das verhindern?

Da muss entweder der Staat eingreifen und sagen, wir brauchen staatlich subventionierte Taxibetriebe, oder es gibt einen neuen Anreiz, einen besonderen Dienst anzubieten, zum Beispiel Privatfahrer mit größerem Kofferraum. Die werden dann aber für alle Leute, die etwas mitnehmen wollen, mehr Geld verlangen; also müssen Familien mit Kinderwagen und der Rollstuhlfahrer einen höheren Taxipreis bezahlen. Wir kommen zu einer Stratifizierung. So bezeichnet Christoph Kucklick in seinem Buch »Die digitale Gesellschaft« die kleinteilige Kategorisierung von Menschen, die wir vor der Digitalisierung nicht hatten und durch die wir alle individuell behandelt werden können. Klingt erst mal gut, aber durch die meisten Algorithmen werden die privilegiert, die genug Geld haben, hoch gebildet sind und sich fit halten. Wer nicht dazu zählt, wird auf ganz individuelle Weise nachteilig behandelt, was auch eine Lobbybildung verhindert. Eine andere Gefahr, die manche sehen: Wir können viel feingranularer Angebot und Nachfrage von Diensten matchen. Da gibt es den Begriff der Uberization, dass also Menschen ihre Tageszeit als Ressource über verschiedene Dienste anbieten und dann ein bisschen Taxifahrer sind, ein bisschen Babysitter, ein bisschen alles Mögliche, dadurch natürlich ebenfalls durch keine Lobby vertreten sind oder sehr schwierig rechtlich zu schützen sind. Es ist momentan auch schwierig nachzuverfolgen, wer über die Apps wie viel Geld macht. Das heißt, für den Staat ist es auch nicht ganz einfach, Steuern einzutreiben.

Wir hätten also prekär Beschäftigte, die ihre Kunden diskriminieren. Und die Nutznießer hinterziehen die Steuer. Ein ziemlich düsteres Szenario.

Wenn es denn so kommt. Man kann das aber auch positiv wenden. Eine App wie Uber ist gut für Leute, die aus dem ersten Arbeitsmarkt herausgefallen sind. Man kann einem Arbeitgeber nach drei Jahren beweisen, wie viel man gefahren ist, dass man immer im Dienst war, zuverlässig war, gute Kundenbewertungen bekommen hat. Man wird sein eigener Manager, muss seine eigene Zeitarbeitsfirma sein. Es kann auch eine Möglichkeit sein für Leute, sich zu beweisen, die auf dem ersten Arbeitsmarkt im Moment nicht so attraktiv aussehen. Es gibt sehr viele interessante Auswirkungen auf die Ökonomie, aber die wichtigste Frage ist: Wie wollen wir leben? Muss Arbeiten weiterhin der bestimmende Sinn des Lebens sein oder sind wir vielleicht so reich, dass wir Menschen für Aufgaben bezahlen können, für die sie momentan nicht bezahlt werden? Ich denke, Ehrenamt ist eine große Frage. Auf der einen Seite sinken die Anteile des Ehrenamts, die regelmäßig zum Beispiel in Kirchen oder Vereinen erbracht werden, auf der anderen Seite engagieren sich Leute ehrenamtlich online, arbeiten da aber in viel kleineren Zeiteinheiten und unregelmäßig mit. All dies kann die Wirtschaft verändern.

Wenn diese Wirtschaft Wachstum generieren soll – und das so, dass sie Menschen ein- und nicht ausschließt –, wie muss sie dann aussehen?

Ich bin positiv gestimmt, dass das prinzipiell möglich ist, aber weniger optimistisch über den Prozess dahin. Ich kann mir nicht vorstellen, dass wir momentan mit weiten Teilen der Bevölkerung eine Diskussion darüber anfangen können, wie wir unsere Gesellschaft in Zeiten der Digitalisierung haben wollen – es fehlt die dazu notwendige Bildung. Und wenn nur einige wenige überlegen, wie die weiteren Generationen leben sollen, ist das immer gefährlich. Aber was für mich das Internet gezeigt hat, ist, dass Menschen enorm hilfsbereit sind und auch bereit sind, Teile ihres Lebens zu widmen, um unentgeltlich Informationen bereitzustellen. Und das ist doch erst einmal erstaunlich. Man kann Menschen dazu motivieren, kleine Einheiten ihrer Zeit herzugeben, um zusammen an etwas Großem zu bauen. Das könnte man noch ausweiten. Ich kann mir sehr viele Möglichkeiten vorstellen, wie man eine solche Mitarbeit auch für den Staat nutzen kann. Im globalen Finanzcrash mussten Politiker in kurzer Zeit mithilfe von Experten Lösungen finden. Warum simulieren wir nicht Welten und fragen Bürger, ob sie bereit sind, die möglichen Auswirkungen der Gesetzgebung A, B oder C einmal durchzusimulieren? Das würde uns vielleicht eine sehr interessante Perspektive geben, welche Alternative wir wählen sollten. Wir könnten Leute dafür bezahlen, Bürger zu sein und für solche Fragen zur Verfügung zu stehen. Wie würdest du handeln, wenn wir diese Bank crashen lassen? Gehst du dann zur Sparkasse und holst dir da dein Geld ab? Müssen wir einen Bank Run befürchten oder bleibst du ruhig? Ich glaube, wir haben viele Möglichkeiten der Echtzeitabfrage, die auch die Demokratie völlig verändern könnten. Wird es noch Parteien geben in 30 Jahren oder wählen wir dann doch wieder einzelne Menschen?

Also könnte das Netzwerk an die Stelle der Repräsentation treten?

Denkbar ist das. Wir könnten jederzeit Umfragen über alles Mögliche machen. Wollen wir das immer? Auch da müssen wir die menschliche Psyche verstehen. Wir wissen, wie die Antwort ausfällt, wenn wir nach der Todesstrafe fragen, nachdem gerade ein Kind getötet wurde. Wer entscheidet dann, wann eine solche Umfrage gemacht wird? Der Zeitpunkt der Umfrage wird ihren Ausgang maßgeblich bestimmen.

Die individuellere Teilnahme an Entscheidungen, am Markt, ist das der große Trend für die gesellschaftliche Teilhabe?

Wir werden auf jeden Fall in den nächsten zehn Jahren individueller behandelt werden als jemals zuvor. Das ist aber nur der erste Schritt. Wir werden messbarer, wir werden uns sicherlich auch freiwillig mit allen möglichen Wearables ausstatten, also etwa Google Glasses oder Apple Watches. Für jeden von uns ist die Gefahr groß, dass wir unsere Daten verkaufen, um ziemlich kleine Vergünstigungen zu bekommen. Klar verrate ich der Krankenkasse, dass ich kein Übergewicht mehr habe. Ich kann das auch nachweisen und muss nun fünf Euro weniger im Monat zahlen. Die Leute, die nicht mitmachen, werden genauso bestraft werden wie die, die sich unvernünftig verhalten. Da muss man sich fragen, in was für einer Gesellschaft wir leben wollen, ob wir sozial bleiben wollen. Wie klein sollen die Schichten werden, für die wir einstehen? Sagen wir, ich bin solidarisch mit allen, die Bio essen, kein Übergewicht haben und drei Mal pro Woche joggen gehen, aber für alle, die sich aus meiner Sicht unvernünftig verhalten, will ich nicht zahlen? Möchte ich eine Versicherung haben, die nur meine Gruppe versichert? Es wird rechtliche Gegenreaktionen geben und auch eine Ächtung dieser Modelle. Das Problem ist, dass jeder Einzelne, der sich wohl verhält, erst einmal etwas davon hat, sich einer kleineren Versicherung anzuschließen. Aber man wettet gegen sich selbst, wenn man älter wird. Der größte Konflikt besteht zwischen dem, was wir kurzfristig wollen, und dem, was wir langfristig schaffen sollten.

Die Antwort darauf kann uns kein Algorithmus abnehmen.

Zusammenfassend brauchen wir mehr Bildung zu diesen Themen und mehr Forschung. Und interessanterweise müssen wir deutlich mehr über die Psychologie des Menschen verstehen, um die Folgen der Digitalisierung auf alle Lebensbereiche abschätzen zu können. Es könnte also auch das Jahrhundert der Humanwissenschaften werden und nicht nur das Jahrhundert der Digitalisierung.

Das Gespräch mit Katharina Zweig führten Henrik Brinkmann und Benjamin Dierks im April 2015 in Kaiserslautern.

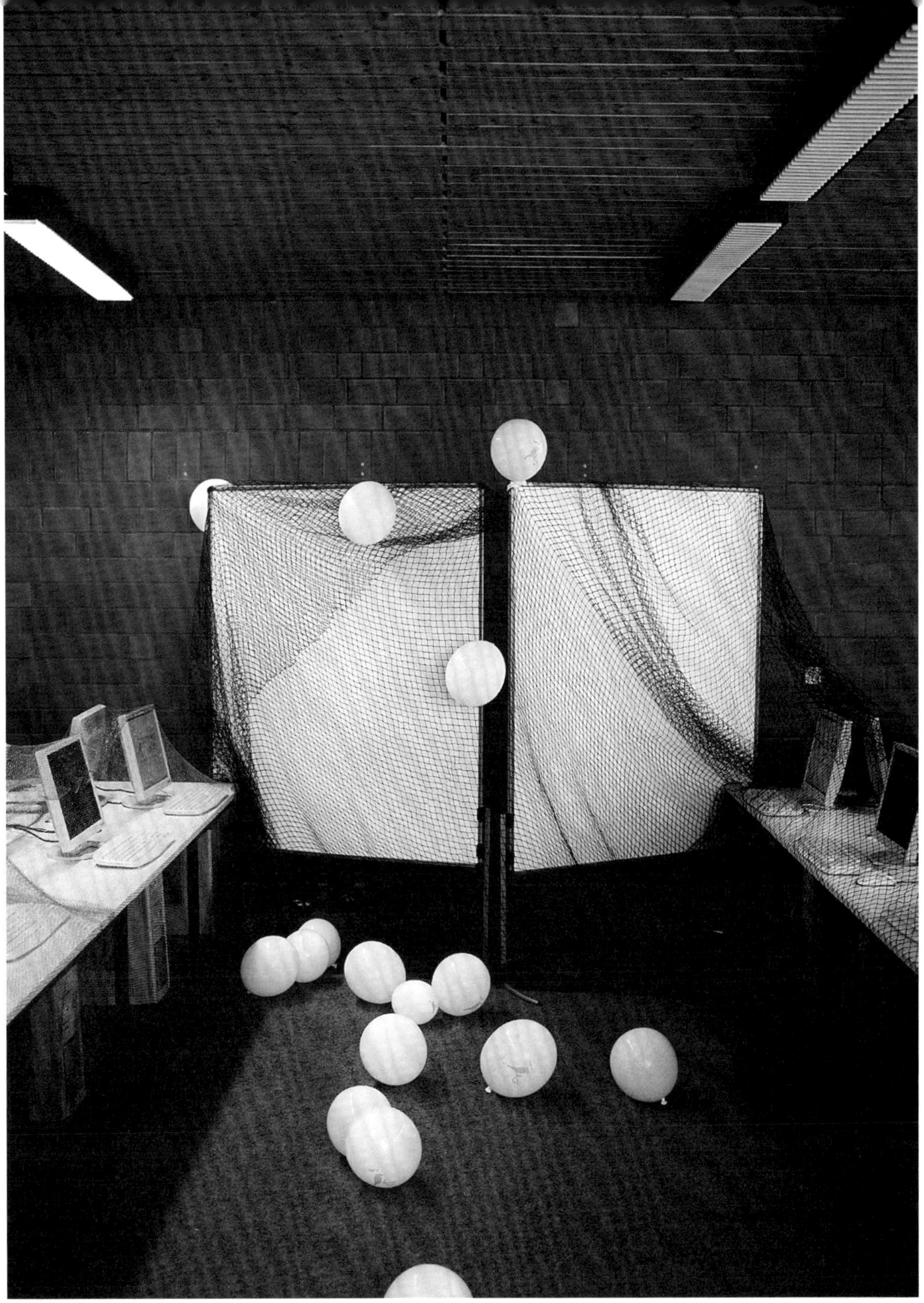

Müller gegen Meier
Der Kampf um die Mitte und die
Abwehrschlacht der Eliten

Heinz Bude

Paul Nolte

Anke Hassel

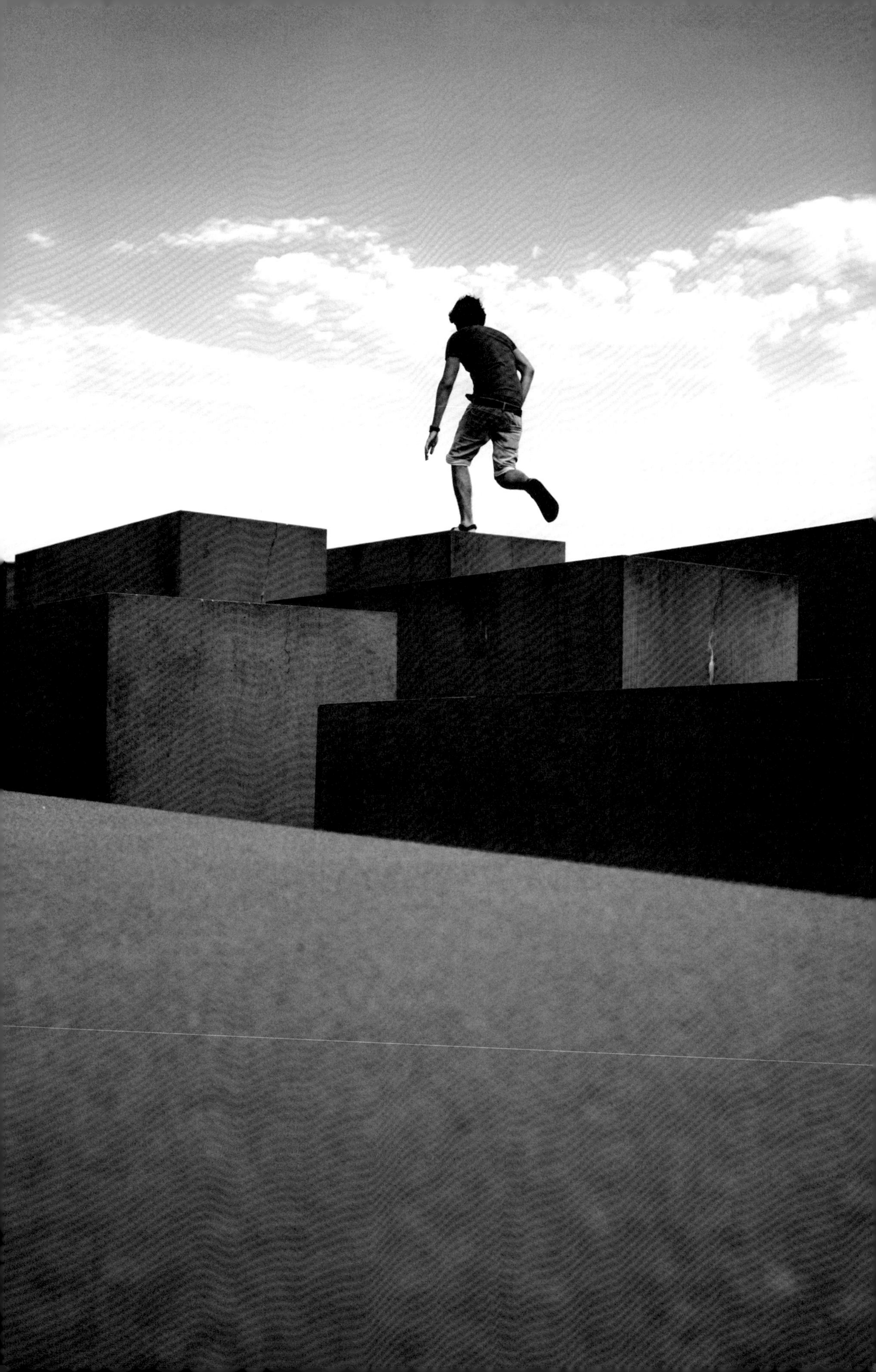

Gesellschaft orientierungslos?

Ein Gespräch mit Heinz Bude

Herr Bude, Sie haben den 35- bis 45-Jährigen vorgeworfen, dass sie sich nicht gern festlegen und sich nur Fragen gefallen lassen, die einfühlsam gestellt sind und nicht zu einem echten Urteil herausfordern. Jetzt sitzen wir vor Ihnen, Vertreter dieser Generation – wollen Sie vielleicht mit einer Frage an uns beginnen?

Heinz Bude: Mit Jahrgang 1954 bin ich noch jemand, der die Reste einer Nachkriegsstimmung kennt. Ein Element davon ist, dass ich bis heute glaube, dass das Ganze schiefgehen kann. Dass es eine Verkettung unglücklicher Umstände geben kann, die einen perversen Verstärkungseffekt in Gang setzen. Ich habe noch die Idee der Kontingenz sozialer Ordnung. Ich glaube, Sie in Ihrem Alter haben das nicht mehr. Sie sind eigentlich der Meinung, dass die Grundfeste steht. Und dass man nicht viel tun muss, um die Sache kontinuierlich zu halten. Es geht schon irgendwie von selbst. Stimmt das eigentlich, glauben Sie das?

Ein Grundvertrauen ist sicher da. Wobei wir ja durchaus ein Gesellschaftssystem haben zusammenbrechen sehen zum Ende des vergangenen Jahrhunderts. Und wir haben seit der Pleite von Lehman Brothers 2008 Krisen miterlebt, die, wenn nicht in unserem Land, dann doch in anderen europäischen Ländern, die Frage aufwerfen, wie lange das Ganze halten kann, wenn die ökonomische Grundlage zusammenbricht. Und wahrscheinlich haben wir größere Angst vorm persönlichen Scheitern als unsere Elterngeneration.

Ich habe 2008 als eine innere Herausforderung erlebt. Ich war zufällig an dem berühmten Septembertag in New York und merkte: Das kann hier alles zusammenfallen, wenn die Leute in der Politik, die in den Apparaten Verantwortung haben, nicht gescheit reagieren. Was mich persönlich und mein Leben betrifft, habe ich immer gedacht, das wird schon irgendwie klappen. Das denken Sie wiederum nicht mehr, glaube ich. Nein, es kann auch irgendwie nicht klappen und dann steht man doof da. Es gibt diese Angst, in einem schwarzen Loch zu verschwinden – und zwar sowohl bei Leuten, die zum Dienstleistungsproletariat gehören, als auch bei der besseren Mittelklasse. Es gibt immer mehr Leute, die irgendwie merkwürdig verstimmt sind, verbittert. Ich habe nie das bekommen, was mir versprochen worden ist – das ist ein großes Thema. Die Verbitterung verhärtet sich.

Ist die Verbitterung berechtigt?

Ja, die Platzierungsprozesse in unserer Gesellschaft verändern sich. Herkunft garantiert keine Karriere mehr. Wie andererseits auch negative Belastungen durch die Herkunft nicht bedeuten, dass man nichts erreichen kann. Es ist komplizierter geworden. Wir haben Bildungsverlierer aus bildungsreichen Familien. Und Leute mit Hochschulabschluss und Beruf, die in etwa ein Hartz-IV-Einkommen haben. Die sind nicht proletarisiert, aber sie arbeiten viel und kommen nicht auf den grünen Zweig. Sie haben ein gutes Juraexamen gemacht, sind aber nicht zu einer der großen Kanzleien gegangen. Die stecken dann plötzlich in der Sackgasse, wenn sie 42 Jahre alt sind. Natürlich spielt Herkunft nach wie vor eine entscheidende Rolle, aber negative Belastungen können ausgeglichen, Privilegierungen können verspielt werden. Karrieren haben immer wieder Schnittpunkte. Man weiß allerdings nicht ganz genau, an welcher Stelle sich was entscheidet. Klar ist nur, es entscheidet nicht das Zertifikat, das man in der Tasche hat. Immer wichtiger wird eine bestimmte situative Performanz. Man muss sich in Szene setzen können. Deshalb wächst das Coaching-Gewerbe. Die Botschaft, für die man dort bezahlt, ist freilich überall dieselbe: Im Zweifelsfall verhalte dich natürlich. Darauf kann man auch selbst kommen. Aber es stimmt. Stehe zu dem, was du denkst, tue das, was von selbst kommt.

Und die Bereitschaft gibt es nicht?

Nein, weil man im Grunde verstellt ist durch strategische Überlegungen: Ich vergleiche mich mit vergleichbaren anderen, ich greife zu Ratgebern auf der Suche nach Rat. Was haben die falsch gemacht, was kann ich richtig machen? Die Partnerwahl zum Beispiel wird plötzlich ein Thema für den Lebenserfolg. Man kann offenbar eine falsche Wahl treffen.

Ökonomisch gesehen die falsche Partnerwahl?

Nein, einfach von der wechselseitigen Bestärkung her. Das Nachkriegsmodell war Partnerschaft im Lebenskampf. Das klappt nicht mehr. Wir leben in Aushandlungsfamilien und dann können Sie an einen Aushandlungspartner geraten, der Ihnen alles kaputt macht. Dann stehen Sie da, haben zwei Kinder und einen Mann oder eine Frau, der oder die irgendwie überhaupt keinen Sinn dafür hat, was es heißt, voranzukommen oder Ruhe zu finden oder was auch immer. Und dann wird es hart und man sagt: Warum habe ich das bloß gemacht?

Das hat sich manch einer früher bestimmt auch schon gefragt.

Aber jetzt wird es zu einem Thema der Lebensführung. Können wir gemeinsam gewisse Resilienzen ausbilden? Das ist gerade das Modewort für innere Widerstandskraft, innere

Stärke. Resilienz ist entscheidend, nicht Herkunft. Die Art und Weise von Entscheidungen, die nicht unbedingt in dem Moment strategisch ist, sich aber im Nachhinein als strategische Entscheidung entpuppt, als Lebensaufgabe. Platzierung geht über den gesamten Lebenslauf. Entwicklung als lebenslanger Prozess ist ja eine schöne Geschichte, aber es ist auch eine Drohung: Es gibt nie ein Ende.

Gibt es Hoffnung in der Angst?

Das Hoffnungselement der Angst ist, dass die Angst nicht das letzte Wort sein kann. Die Angst hat insofern etwas Positives, dass sie sagt, ich will mich nicht damit zufriedengeben, dass es so sein muss, wie es ist. Alle Leute, die Ihnen erzählen, sie könnten Ihnen die Angst nehmen, haben immer eine Botschaft, mehr oder minder geschickt verpackt. Die heißt Vollendung der Resignation. Dann hast du keine Angst mehr. Erwarte nichts, dann hast du keine Angst. Das kann man buddhistisch interpretieren, in irgendwelchen New-Age-Techniken oder auch im Sinne eines ironischen Zynismus.

Man nimmt dem Menschen einfach die Erwartungen?

Ja, oder sagen wir mal, man temperiert sie. Zuversicht ist ein großes Problem. Wie kann man Zuversicht erzeugen in Gesellschaften? Wir kennen das aus der Migrationsdebatte. Wenn Sie stets sagen, wir müssen Migranten helfen, hauen die irgendwann auf den Tisch und sagen, wir wollen keine Hilfe. Wir leben in einer postmigrantischen Gesellschaft – ihr müsst euch endlich daran gewöhnen, dass wir es so machen, wie wir es denken. Wir brauchen weder eure Mahnungen noch eure Geduld. Gerade Leute, die vorankommen wollen, suchen Überholspuren. Die wollen nicht mehr hören, mach erst mal dies und dann jenes, und wenn du dann mittleren Schulabschluss oder studiert hast, dann reden wir mal weiter. Das ist nur etwas für Leute, die wissen, wie man in einem System mit solchen Leistungsabschnitten umgeht. Gesellschaften müssen akzeptieren, dass sie Leute brauchen, die Überholspuren finden, die Tricks herausfinden. Die Größenidee von Leuten, die einen Fuß in die Tür bekommen wollen, wird aber mit System unterdrückt.

Warum bietet unsere Gesellschaft solche Aufstiegschancen nicht?

Ich bin kein Radikalliberaler, aber der Markt ist das Entscheidende. Es gibt zwei Elemente der Positionsbestimmung in der modernen Gesellschaft: das Bildungssystem und den Markt. Das Bildungssystem prämiert Leistungsanstrengungen und zwar in einer bestimmten Sequenz. Wir haben immer wieder Leistungsprüfungen, die werden dir zertifiziert und dann hast du idealerweise einen Anspruch auf eine soziale Position. Der Markt macht etwas Verrücktes, der prämiert nicht Leistung, sondern Erfolg. Erfolg kann auch ohne Leistungszertifikate prämiert werden, das ist das Interessante am Markt. Da kommt ein Hauptschulabgänger mit einer

Idee und baut die größte Bäckerei Europas auf. Chancengleichheit in einer Gesellschaft heißt auch, dass es Freiräume geben muss und nicht nur Bedingungen, zu denen du überhaupt ins Feld treten darfst.

Also ist der Zugang zu Bildung gar nicht so entscheidend?

Natürlich funktionieren moderne Gesellschaften nicht ohne Bildungssystem. Aber wir haben die Neigung zu sagen, Förderung sozialen Aufstiegs heißt, den Erwerb von Bildungszertifikaten zu ermöglichen. Das ist falsch. Über Bildung können wir soziale Mobilität nicht stimulieren. Wir können Voraussetzungen erweitern, dürfen aber nicht daran verzweifeln, dass Leute mit komischen Ideen plötzlich viel Geld verdienen. Leute, die sagen: Wir zeigen euch mal, was wir können. Erfolg ist unser Thema, nicht Leistung. Diesen Raum muss es geben. Wir brauchen eine Art normative Großzügigkeit.

Und die ängstliche Mittelschicht versucht jetzt, die anderen fernzuhalten?

Die ängstliche Mittelschicht hat zwei Probleme. Zum einen die Frage, was wollen diese Emporkömmlinge? Das sind ja nicht nur Migranten, das sind auch Frauen. Und das Zweite ist: Sie merken immer mehr, dass aus ihren Reihen auch Leute sagen: Ich habe da jetzt mal eine Idee oder ein Konzept. Und die Ängstlichen denken, wieso kann der mit so einem Blödsinn so viel Geld verdienen? Ich habe immer alles richtig gemacht und der hat jetzt mit 37 Jahren schon fast ausgesorgt. Die Mittelschicht ist in Deutschland an sich relativ kompakt. Daran hat sich seit 40 Jahren nicht viel geändert. Aber die innere Komposition der Mittelklasse ist dabei, sich deutlich zu verändern: in einen oberen und einen unteren Teil. Der obere Teil hat mit dem unteren, was Einkommen und Lebensführungschancen betrifft, fast nichts mehr zu tun. Darauf sind wir in Deutschland nicht eingestellt. Nun muss man vorsichtig sein; Deutschland ist nach wie vor eine wahnsinnig dynamische Gesellschaft. Der berühmte Mittelstand ist natürlich eine Ansammlung von Tüftlern. Da gibt es Leute mit Realschulabschluss, die einfach eine Firma aufmachen. Und es gibt mehr und mehr Frauen, die die Unternehmen übernehmen und weiterführen. Da tut sich was in der deutschen Gesellschaft.

Zugleich wächst das Dienstleistungsproletariat, zum guten Teil auch weiblich geprägt.

Es sind ungefähr 38 Prozent Frauen, mit steigender Tendenz, das ist wahr. Das ist der Ort des Statusfatalismus. Weil es keine Aufstiegsmöglichkeiten gibt. Im Putzgewerbe können Sie nicht aufsteigen, Sie können im Transportgewerbe nicht aufsteigen, Sie können im Sicherungsgewerbe nicht aufsteigen. Das ist der Bereich der einfachen Dienstleistungen. Da finden wir durchgängig dieses Gefühl: Wir haben ja eh nichts. Nicht nur, dass unsere Stimme nicht zählt, sondern für uns ist auch nichts drin. Wir arbeiten 30 Jahre und gewinnen ein

Rentenniveau, das wir auch in der Grundsicherung kriegen würden. Und dann fragt man sich: Wieso sollen wir eigentlich 40 Jahre lang arbeiten? Das ist ein Problem, die andere Seite des deutschen Erfolgsmodells.

Lässt die Angst der Mittelschicht Raum für Empathie?

Ja, bei denjenigen, denen es relativ gut geht und die – das ist sehr wichtig – das Gefühl haben, eingebettet zu sein. Sie brauchen eine innere Stärke. Empathie ist ein Element der inneren Großzügigkeit. Wenn Sie das Gefühl haben, Sie haben das Nachsehen gehabt, Sie sind aus Winner-take-all-Märkten rausgeflogen, dann wird es schwer, Solidaritätskonzepte zu haben. Das haben wir in vielen Forschungsinterviews gesehen, gerade bei Ostdeutschen aus dem Umfeld der Pegida-Demonstrationen. Wir haben eine Gruppe identifiziert, die eine hohe subjektive Kompetenzüberzeugung hat. Diese Menschen glauben, dass sie durch Bedingungen, die sie nicht kontrollieren konnten, systematisch daran gehindert wurden zu zeigen, was in ihnen steckt. Da wird es schwer mit der Solidarität und der Empathie. Deshalb brauchen Gesellschaften diese netten, toleranten, relativ gut verdienenden, gut eingebetteten Leute, die manche auch verächtlich als Gutmenschen bezeichnen. Das ist das Milieu der moralischen Sensibilität.

Aber reicht es aus, auf die Großzügigkeit einer gehobenen Mittelschicht zu setzen? Brauchen wir kein größeres, neues Verständnis von Solidarität?

Das Problem ist, Sie brauchen jemanden, der diese Solidarität öffentlich repräsentiert. Die Sozialdemokraten fallen aus dafür – nach dem Erfolg, den sie mit Gerhard Schröder und seiner Reformagenda hatten. Die Christdemokraten sind eigentlich der Meinung, dass Solidarität heißt, dass sie ein paar Leute brauchen, die besser verdienen und anderen etwas abgeben. Das meine ich nicht mit Großzügigkeit, sondern die Bereitschaft, wirklich etwas herzugeben. Der Staat muss sich immer nach Kriterien sozialer Gerechtigkeit verhalten. Der kann nicht solidarisch sein. Solidarisch kann eigentlich nur die Zivilgesellschaft sein. Und es fehlen die traditionellen Wege dafür, wie die Zivilgesellschaft das Bewusstsein für ihre eigene Solidaritätsfähigkeit gewinnt. Früher lief das über die Volksparteien. Die sind im Augenblick versperrt für diese Frage.

Gibt es denn dann überhaupt eine Chance, irgendwann wieder zu einer ganzheitlichen Erzählung zu kommen?

Nein, das ist schwierig. Die ganzheitliche Erzählung der Bundesrepublik war eine Aufstiegsgeschichte nach einer Null-Stellung, und zwar moralisch wie ökonomisch. Und die können Sie nicht mehr erzählen. Helmut Kohl hat diese Meistererzählung der kollektiven Kriegsfolgebetroffenheit für die Bewerkstelligung der deutschen Einheit noch einmal beschworen. Gerhard Schröder kam mit einer anderen: mit der Steigerung der Konkurrenzfähigkeit. Schröder bot damit ein Inklusionsmodell an: Alle dürfen mitmachen, Migranten, Ostdeutsche – wenn sie der Steigerung der Konkurrenzfähigkeit dienen. Das hat funktioniert, nur die andere Seite dessen war, dass wir systematisch Leute produziert haben, die überflüssig sind. Die Last der Ära Schröder ist eine Population, die sich abgehängt vorkommt.

Ist eine Neugeburt der Sozialen Marktwirtschaft möglich – ein Angebot, das Wettbewerbsfähigkeit mit Wohlstand für alle verbindet?

Ich glaube, die Leute von der liberalen Fraktion müssen sich noch einmal ernsthaft überlegen, warum das eigentlich funktioniert hat. Die für mich plausibelste Interpretation von Ludwig Erhard stammt von Michel Foucault: dass der Markt den Staat braucht, damit er sich selbst bedienen kann. Das ist eine schlaue Idee. Eines hat Foucault aber nicht gesehen: Das Ganze basierte auf einem antitotalitären Impuls. Wohlstand für alle hieß: Wenn wir uns entfesseln zu uns selbst, haben wir totalitäre Regulation nicht mehr nötig. Ihr könnt eure eigenen Kräfte mobilisieren. Wir sitzen gemeinsam in einem Boot, weil es kollektive Kriegsfolgebetroffenheit gibt. Wohlstand für alle hieß: Wir haben alle verloren, wir haben alle den Völkermord begangen und jetzt mobilisieren wir uns. Und der Staat achtet darauf, dass der Markt diese Entfesselungschance erhält. Das geht nicht mehr. Ralf Dahrendorf hat das für die Liberalen durchdacht: Anrecht und Option. Man braucht ein gutes Optionssystem, die Marktwirtschaft, und man braucht ein Anrechtssystem, den Wohlfahrtsstaat, garantierte Anrechte. Und der späte Dahrendorf sagt, das reicht nicht, wir brauchen Bindungen. Damit müssen sich die Liberalen beschäftigen. Die haben keine theoretische, keine normative Möglichkeit. Immer wieder sagen sie: Der Markt muss wiederhergestellt werden. Das ist nicht das Thema. Wir sind eine dynamische Gesellschaft. Das Thema ist Zusammenhalt, Lastenausgleich, die Leute dabei zu halten, den Gesellschaftsvertrag neu zu schreiben. Inklusivität hat auch immer eine rhetorische Seite: Wir wollen, dass ihr dabei seid, aber ihr müsst etwas dafür tun.

Ist alles nur eine Frage der richtigen Vermittlung?

Nein. Was muss man eigentlich dafür tun? Das ist die interessante Frage. Und das ist nicht ganz klar. Gerhard Schröder würde sagen, macht mit bei der Steigerung der Konkurrenzfähigkeit, dann läuft die Sache. Dann sagen die Leute: Haben wir ja gemacht, aber das Ergebnis ist das Dienstleistungsproletariat. Das kann es alleine nicht sein.

Haben die Gewerkschaften eine Antwort?

Es gibt ja eine große Organisation, die bei jungen Leuten Mitgliederzuwachs zu verzeichnen hat: die IG Metall. Vor zehn Jahren hat kein Mensch mehr etwas auf die IG Metall gegeben. Heute hat sie kontinuierlichen Mitgliederzuwachs bei jüngeren Leuten.

Wie kommt das?

Einem Teil der Menschen ist klar geworden, dass zur Krisenlösung von 2008 der damalige IG-Metall-Chef Berthold Huber mit der Abwrackprämie gehörte. Die ist nur unter Beteiligung der IG Metall möglich gewesen. Das heißt, sie hat Macht gezeigt. Macht macht attraktiv. Wenn eine große Organisation im Fall von Krisen Macht zeigen und ihre Karte spielen kann, dann ist sie attraktiv. Ich glaube, das ist die Erklärung dafür, dass auch junge Leute sagen: Wir sind Teil einer machtvollen Organisation, die etwas bewirken kann. Das ist anders als etwa in Frankreich. Da ist der Kapitalist der Patron und man tut nichts für den Patron. Bei uns hat es geklappt, dass der Patron den Leuten klargemacht hat, ohne euch läuft das Unternehmen nicht. Ihr müsst die Idee des Marktes akzeptieren. Warum akzeptieren sie die? Sie kriegen etwas dafür. Sie kriegen Geld, sie kriegen Status und sie kriegen eine Machtprämie.

Was kann diese Macht ausrichten in den Konflikten, die uns ins Haus stehen?

Ein Konfliktfeld sind die politischen Preise für die existenziell wichtigen Dienstleistungen, Pflege zum Beispiel. Der Wohlfahrtsstaat hat in seiner Entwicklung drei große Themen: Am Anfang waren Arbeit, Lohnfortzahlung im Krankheitsfall, dann kamen Bildung, Errichtung der Fachhochschulen und jetzt kommen Gesundheit und würdevolles Sterben bei einer alternden Bevölkerung. Das kann der Wohlfahrtsstaat nicht mehr in eigener Regie machen. Und da wird jetzt eine interessante Frage sein, wie Unterstützung mit anerkennungsfähigen politischen Preisen zustande kommen kann. Die müssen von der Gesamtheit entrichtet werden, entweder über Steuern oder über private Zusätze. Die USA lösen das durch private Initiative. Das wird bei uns nicht gehen. Das andere Problem ist die Frage der Inklusion der beruflichen Position. Verlieren die, die uns die Amazon-Pakete bringen; und die Krankenschwestern? Das wird nicht gehen auf Dauer. Es kann sein, dass Berufsstrukturen politisiert werden. Das betrifft auch die Positionen von Frauen.

Was müssen Entscheidungsträger tun, um die Probleme in Angriff zu nehmen?

Wir müssen an einer Veränderung des semantischen Raums arbeiten, zum Beispiel diese alte Idee der Solidarität intellektuell und sozialmoralisch interessant machen. Das hört sich komisch an, aber darüber müssen wir ernsthaft reden. Zum Beispiel wäre eine Frage: Können Liberale solidarisch sein? Schon schreien die Liberalen und sagen: Natürlich! Dann sollen sie mal sagen, wie. So schaffen wir Inklusivität, durch gezielte Konflikte. Sie können den semantischen Raum nur durch gezielte Anstachelung von konflikthaften rhetorischen Konstellationen verändern. Nicht von oben herab, wenn der Parteivorstand tagt und sagt, jetzt machen wir das. Sie müssen aber eine Idee haben. Mit den Parteien habe ich ein Problem, weil die sich überhaupt nicht darum kümmern. SPD-Chef Sigmar Gabriel hat vor ein paar Jahren einen Riesenfehler gemacht und gesagt, wir ersetzen Solidarität durch Fairness. Solidarität hat aber nichts mit Fairness zu tun, das ist etwas anderes. Fairness ist nichts,

Fairness sollen die Liberalen sagen, aber Sozialdemokraten dürfen das nicht sagen. Das ist ein Ausverkauf des bisschen Kapitals, das sie noch haben.

Soziologen geben ihrer Zeit gerne einen Namen. Schießen Sie los: Wo stehen wir und wo steuern wir hin?

Weltgesellschaftlich gesehen ist das Megathema der nächsten 30 Jahre Ungleichheit, nicht mehr Ökologie und nicht mehr nachhaltige Entwicklung. Weil Ungleichheit alles kreuzt. Bei der Klimawende zum Beispiel ist der entscheidende Punkt Ungleichheit. Wenn man im öffentlichen Wohnungsbau Wohnungen umrüstet, werden sie ein bisschen teurer. Wer wenig verdient, sieht das als Herrschaftsgestus. Oder nehmen wir die Relation der einfachen Arbeit in einem unterentwickelten und einem entwickelten, einem armen und einem reichen Land. Vor 100 Jahren hat man in Holland als Bauarbeiter viermal so viel verdient wie in China. Heute verdient ein Bauarbeiter in Dänemark hundertmal so viel wie ein Bauarbeiter in Mali. Der Unterschied ist zudem: Der Bauarbeiter in Mali weiß das. Er kann es über das Internet erfahren. Die Vergleichbarkeit von Lebenslagen weltweit wird das Thema »Ungleichheit« für viele, viele Jahre befeuern.

Welche Dynamiken wird das in Gang setzen?

Die eine Dynamik ist, dass der Unterprivilegierte der Zukunft nicht mehr der Proletarier, sondern der Migrant ist. Die Klassenfrage reformuliert sich als Migrationsfrage. Auch beim Dienstleistungsproletariat – immer wieder kommen Neue herein, die ins Transportgewerbe gehen, in die Gastronomie, in die Pflege. Damit verbunden ist die Frage des nicht mehr nationalstaatlich gedachten Profitierungsmodells. Der Nationalstaat hatte diese wahnsinnige Vorstellung: Es gibt avantgardistische Gruppen, denen geht es jetzt besser, aber mit der Zeit haben alle etwas davon. Das war ja auch lange so. Das kann man weltgesellschaftlich nicht wiederholen. Zum Beispiel zwischen Europa und den BRIC-Ländern ist das nicht mehr so einfach, denn wir haben eine Umkehrung der Wachstumsrelation. Die haben jetzt mehr Wachstum als der OECD-Durchschnitt. Was heißt es dann, gegenseitig zu profitieren? Und wenn das große weltgesellschaftliche Thema Ungleichheit ist, stehen uns militärisch relevante Konflikte ins Haus. Sehr unangenehme Themen; darüber will in Deutschland kein Mensch reden – müssen wir aber.

Die Großzügigen sind eingebettet, sagen Sie. Wäre das Gegenteil davon heimatlos? Liegt eine Gefahr darin, wenn Menschen sich in diesem Staat, in diesem Wirtschaftssystem heimatlos fühlen?

Wir haben einen heimatlosen Antikapitalismus in Deutschland. Den finden Sie an Stellen, wo Sie das nicht vermuten, und der bringt Leute zusammen, die sonst gar nichts miteinander zu tun haben. Nehmen Sie die AfD: Die schafft es als prokapitalistische Partei, antikapitalistische Ressentiments zu schüren. Dann trifft sich die Linke Sahra Wagenknecht mit dem AfD-Rechten Alexander Gauland und die verstehen sich gar nicht so schlecht.

Ist es denn neu, dass sich Links und Rechts dort treffen?

Es ist anders. Vor einiger Zeit hat mich ein Kreis von Leuten, die sich wichtig fühlen, in Berlin eingeladen. Der Tenor war, wir bekommen die drängenden Probleme gar nicht in den Griff. Es gebe zu viele Vetopositionen in der Demokratie. Das waren nette, reiche, einflussreiche Leute, die wollten ernsthaft mit mir über das Modell einer autoritären Demokratie sprechen. Das Beispiel China fiel; es würde bei uns unterschätzt, was die Führung dort leistet, die würde doch sehr effektiv ökologische Politik machen, alles ganz vorbildlich, die haben eine geregelte Dynamik in der Gesellschaft. Ein merkwürdiger antisystemischer Geist.

Diese Herrschaften klingen vor allem antidemokratisch.

So ist es. Ihr Thema war die Vervielfältigung von Vetopositionen. Wie soll denn das auch gehen, wenn bei der Energiewende jeder Hausbesitzer sagen kann, durch meinen Garten kommt keine Stromtrasse?

Dann kommen wir zu Ihrer Ausgangsfrage zurück: Kann unsere Ordnung noch einmal zusammenstürzen?

Die Systemskepsis grassiert: Im Grunde sei doch alles morsch. Und man verfällt dann auf den technokratischen Glauben, dass es eine Lösung jenseits von politischen Kontroversen geben könne. Die gibt es aber nicht. Interessant ist, dass viele Unternehmer Angela Merkel Visionslosigkeit vorwerfen. Also herrscht Visionsbedürftigkeit bei der unternehmerischen Klasse. Das ist merkwürdig: eine Unsicherheit über die eigene Position. Wenn die herrschende Klasse nach Orientierung sucht, stimmt was nicht.

Das Gespräch mit Heinz Bude führten Benjamin Dierks und Armando García Schmidt im April 2015 in Berlin.

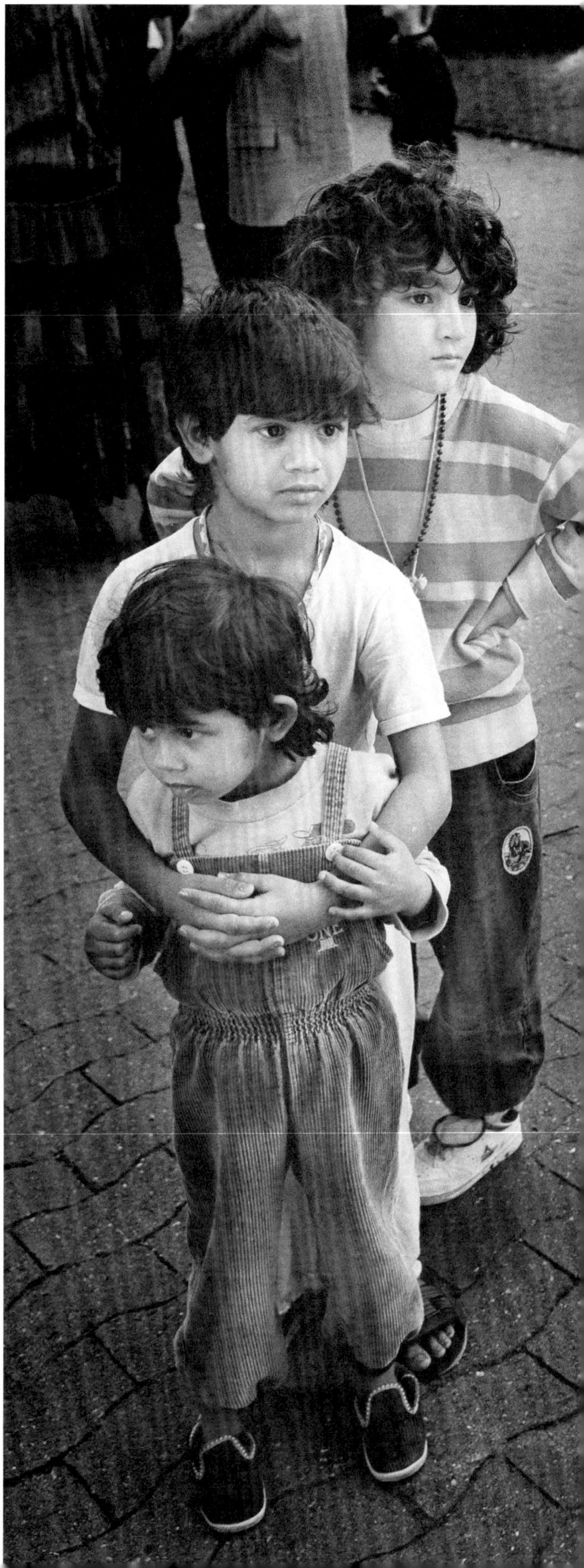

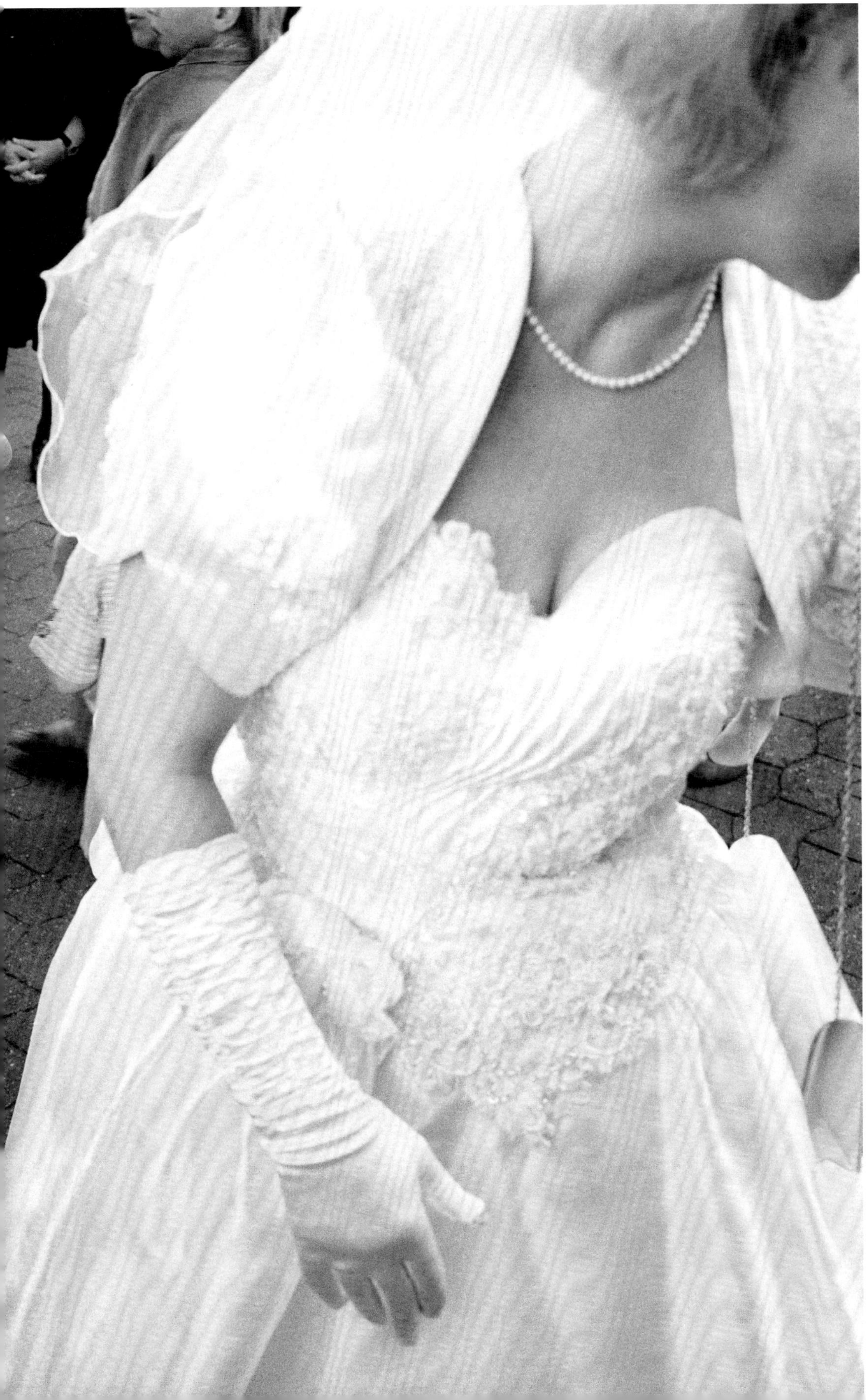

Vom Verteilungskampf zur investiven Bürgergesellschaft

Ein Gespräch mit Paul Nolte

Herr Nolte, wir hören immer wieder, dass die soziale Schere sich weiter öffnet in Deutschland. Wie ungleich ist unser Land?

Paul Nolte: Unser Land ist ungleicher geworden. Wir haben lange gebraucht, um das zu verstehen. Die Debatte über zunehmende Ungleichheit läuft in den angelsächsischen Ländern schon seit den 1980er-Jahren und ist mit Verspätung auch in Deutschland angekommen. Manche der Indikatoren sind nach meinem Eindruck immer noch nicht ganz eindeutig und wir haben keine Entwicklung, die vom Umfang her mit der amerikanischen und teilweise mit der englischen vergleichbar ist. Aber unsere Gesellschaft ist von den materiellen Verteilungsstrukturen her ungleicher geworden. Ein Grund dafür ist, dass bestimmte Expansionsmöglichkeiten sich wieder geschlossen haben, an die wir uns seit den 1950er- und 1960er-Jahren gewöhnt hatten. Insofern ist diese zunehmende neue Ungleichheit auch eine Rückkehr alter Ungleichheitsmuster.

Unsere neue Ungleichheit ist ein altes Problem?

Diejenigen, die früher schon privilegiert waren, setzen sich weiterhin durch. Das erleben wir gerade im akademischen Bereich, mehr noch in den wirtschaftlichen Eliten, aber auch an anderen Stellen der beruflichen Qualifizierung und Positionierung. Aufsteiger haben es schwer. Insofern ist es wichtig, dass wir dieses Problem auch als ein gesellschaftsdynamisches betrachten. Was bewegt sich im Generationswechsel bei den Aufstiegs- und Mobilitätschancen? Und da hat sich ganz unabhängig von globalen Entwicklungen ein Fenster wieder geschlossen, das sich in der Bundesrepublik, aber auch in anderen westlichen Gesellschaften für einige Jahrzehnte in der Nachkriegszeit geöffnet hatte. In einem singulären Strukturwandel war der Anteil der höher qualifizierten und besonders der akademischen Berufe gestiegen. Viele soziale Berufe waren darunter, auch da wurden akademische Positionen geschaffen. Diese Expansion ist zu Ende gegangen; wir befinden uns in einer Plateauphase. Das bedeutet, dass erst mal die Bessergestellten und ihre Kinder diese Positionen unter sich ausmachen. Der Verteilungskampf um solche Positionen ist härter geworden.

Aber es erhalten nicht weniger Menschen eine akademische Ausbildung.

Im Gegenteil – und das führt zu einer Inflationierung von Zugangsberechtigungen und Aufstiegschancen. In ironischer Übertreibung ist das der Chinesischkurs für Dreijährige. Oder es genügt nicht mehr, überhaupt einen Studienabschluss zu haben, sondern es muss möglichst einer aus England, von Oxford oder Cambridge sein oder irgendeine Art von Bonus dazukommen. Sozialstrukturell betrachtet, ziehen häufig Kinder aus denjenigen sozialen Schichten den Kürzeren, die nicht über die kulturellen, zum Teil auch nicht die materiellen Ressourcen verfügen, um den Zugang zu diesem Mehrwert zu ermöglichen. Deren Eltern denken: Das ist doch toll, dass mein Kind Abitur hat und studiert, jetzt stehen ihm alle Wege offen. Aber die Bildungsinflation verhindert, dass damit noch dieselben Karrieren gemacht werden können wie eine Generation zuvor.

Der Verteilungskampf tobt vor allem in der Mitte?

Ja, ich würde den Scheinwerfer tatsächlich in besonderer Weise dorthin richten statt nach ganz oben, weil dieser Verteilungskampf in der Mitte für mich die wichtigere – und das heißt: die in der sozialen Praxis wesentlich folgenreichere – Konfliktzone ist. Beachtet wird sonst ja vor allem die Schere zwischen dem Einkommen und Vermögen einer kleinen Minderheit, umgangssprachlich der Superreichen oder, in der Occupy-Terminologie, dem einen Prozent gegenüber den 99 Prozent. Ich glaube, dass die wirklich entscheidenden Positionskämpfe sich im Mittelfeld der Gesellschaft vollziehen, wo Leute wie Sie und ich auf der Sonnenseite stehen. Menschen aus der unteren Mittelschicht, die trotz Bildungsinflation kein Abitur haben, möglicherweise keine abgeschlossene Berufsausbildung oder einen Migrationshintergrund, geraten auf eine Spur prekärer oder geringer entlohnter Beschäftigung, geringerer Chancen. Die Lebensunsicherheit bleibt größer, beruflich wie privat; zwischen 30 und 45 wird kein Immobilieneigentum erworben, und so perpetuiert sich Ungleichheit auch im Lebenslauf.

Aber es gibt durchaus so eine superreiche Oberschicht, die sich absetzt?

Das ist unbestreitbar – eine Entwicklung, die vor allem in globalen Zusammenhängen steht, im globalen Wettbewerb um Führungspersonal und in der Kompensation bestimmter Unternehmer- und Managerpositionen, in der Finanzialisierung des Kapitalismus. Die Ursachen und Erscheinungsformen sind komplex, bis hin zu den exorbitant gestiegenen Gehältern von Profisportlern. Persönlich würde ich auch sagen: Ein Jahreseinkommen von 30 Millionen oder mehr, wofür soll das gut sein? Aber eine Höchstgrenze ist in der globalisierten Gesellschaft kaum durchsetzbar, vielleicht auch gar nicht wünschenswert. Wichtiger sind andere Punkte. Erstens: Setzt die Oberschicht der Superreichen sich auch gesellschaftlich und kulturell ab? Lebt sie in einer Sonderwelt, entzieht sie sich der Verantwortung? Dazu gehört selbstverständlich auch die steuerliche Verantwortung! Zweitens: Verbindet sich Geld mit politischer Macht, vor allem in der Demokratie? Dafür gibt es in den USA gefährliche Anzeichen, viel weniger aber in Europa und in Deutschland. Und drittens: Der Abstand der Superreichen ist gewachsen, aber ob sich als Folge davon die Lebensverhältnisse der Mittel- oder Unterschicht verschlechtert haben, ist eine schwierige Frage – ich würde sagen: eher nein.

Ist es nicht problematisch, wenn es eine so starke Spreizung gibt?

Zunächst ist es gar nicht ein Prozent, das ist ja nur eine symbolische Zahl. Bei den Superreichen reden wir von weniger als 0,1 Prozent. Das bedeutet zugleich: Die obersten ein, zwei, drei Prozent der Einkommen beginnen viel weiter unten, als man oft glaubt, dort, wo die Menschen sich üblicherweise zur gut situierten Mittelschicht zählen – und von ihrem praktischen Lebensvollzug her ist das auch gar nicht falsch. Übrigens ist darunter ein Gutteil der intellektuellen Eliten, die gerne »die Reichen« kritisieren, gewiss Thomas Piketty, ebenso Paul Krugman. Die Gesellschaft schaut sehnsüchtig nach einer einfachen Erklärung: Da sind ein paar Leute, die sich alles unter den Nagel reißen und die Mehrheit betrügen. Es ist bequem und entlastend, selber zu den »99 Prozent« zu gehören. Dass man selber, zum Beispiel als global herumjettender Professor, zur Oberschicht, zu einer unglaublich privilegierten Elite zählt, davon spricht man nicht so gerne. Also: Statt über die Superreichen zu klagen, sollten wir lieber sehen, wie wir mit Hauptschulabsolventen und Migranten umgehen. Oder mehr tun, um Frauen aus Minijobs herauszubekommen. Entscheidend sind die Absicherung nach unten und der Zusammenhalt in der Mitte, nicht der Abstand einer absoluten Spitze.

Wir halten viel auf unsere Soziale Marktwirtschaft in Deutschland. Wie verändert der Abgrenzungskampf in der Mitte unser Verständnis davon?

Die Frage ist, was wir überhaupt unter Sozialer Marktwirtschaft verstehen wollen. Der Begriff ist uns in Deutschland heilig, aber er ist in den letzten zwei, drei Jahrzehnten, in mancher Hinsicht schon in der Post-Erhard-Zeit, problematisch geworden. Insgesamt gibt es einen Vertrauensverlust, auch einen Verstehensverlust, was eigentlich an einer Marktwirtschaft sozial sein soll, die solche Ungleichheit zulässt und besonders den extremen Reichtum weniger. Aber es gibt kein Zurück zu Ludwig Erhard oder zu irgendwelchen romantisch verklärten Zuständen des »rheinischen Kapitalismus« vor den 1980er-Jahren. Das haben sich die politischen Parteien noch nicht entschieden genug klargemacht, wenn sie fordern, wir müssten die Soziale Marktwirtschaft erneuern oder uns auf ihre Ursprünge besinnen. Den ökonomisch-sozial-politischen Komplex, der in der Mitte des 20. Jahrhunderts mit Sozialer Marktwirtschaft umschrieben war, müsste man heute anders definieren. »Sozial« war im Ordoliberalismus nicht zuletzt ein Euphemismus für eine staatsbeaufsichtigte, für eine regulierte Marktwirtschaft, die wir uns heute nicht zurückwünschen. Oder wollen wir Ladenschluss um halb sieben, staatliches Telefonmonopol und Verbot von Fernbussen? In den 1960er- und 1970er-Jahren bereits ist die Soziale Marktwirtschaft auf den Sozialstaat als intervenierenden Faktor uminterpretiert worden und zugleich keynesianisch. Und spätestens seit den Hartz-Reformen heißt Soziale Marktwirtschaft in der deutschen Ausformung eine mehr als früher marktliberalisierte Wirtschaft mit einem gleichwohl sehr ausgeprägten regulatorischen Regiment des Staates, der nun aber andere Hebel ansetzt: einen Mindestlohn ebenso wie neue Formen der staatlichen Forschungs- und Wissenschaftsplanung. Und eigentlich bewegen sich alle politischen Parteien, jedenfalls von den Grünen bis zur CDU/CSU, innerhalb dieses neuen Konzepts und buchstabieren es nur in Nuancen unterschiedlich aus. Also: Wir haben eine neue Ordnung, für die uns jedoch der Begriff fehlt. Der »Neoliberalismus« ist ja leider zum platten Kampfbegriff geworden.

Ist das System denn adaptationsfähig genug? Oder war das eine wirtschaftliche Sonderphase bis in die 1980er-Jahre und danach ist alles nur noch Risiko?

Die Umbauten, wenn man so will, die permanenten Häutungen in Selbstverständnis und Praxis der Sozialen Marktwirtschaft zeigen ja gerade diese Anpassungsfähigkeit. Probleme haben heute eher die Länder, die diese Flexibilität nicht so leicht aufbringen – wie Frankreich. Und man kann vieles an dem neuen polit-ökonomischen Modell kritisieren, aber der Erfolg gibt ihm weithin recht. Zum Beispiel gefällt mir der regulatorisch-staatsplanerische Ansatz in der Wissenschaftspolitik gar nicht – aber er hat Deutschland auf den globalen Rankings nach oben gebracht. Oder ein ganz anderes Stichwort: Im Moment können wir Jugendlichen in der Ausbildung und am Arbeitsmarkt viel bessere Chancen bieten, als das in Italien oder Spanien der Fall ist.

Was entscheidet über soziale Teilhabe in unserem Land?

Was meinen wir mit Sozialer Teilhabe? Zunächst einmal eine bestimmte ökonomische Mindestausstattung einschließlich kultureller Teilhabe und Teilhabe an Freizeit und Bildung, aber auch Kleidung, Urlaub und so weiter. Darüber entscheidet nach wie vor in erster Linie die berufliche Position. Und an diesem Punkt wird es kompliziert. Einerseits ist Deutschland im internationalen Vergleich eine relativ offene Gesellschaft. Sie ist meritokratischer und weniger geprägt durch familienstrukturelle und vererbte Kanalisierung von Bildungs- und Aufstiegschancen, und daraus resultierend Einkommens- und Vermögenschancen. Bei uns gibt es nicht die Grandes Écoles wie in Frankreich, kein System von Public Schools wie in England oder von Ivy-League-Universitäten wie in den USA. Insofern haben wir in vielen Elitebereichen eine erstaunliche Durchlässigkeit. Auf der anderen Seite gibt es versteckte Muster der Vererbung von Status und Bildungstradition bei nur zähem Aufstiegsvermögen. Bildungsbürgerliche Akademikerfamilien sind relativ stark in der Selbstbehauptung und in der Vererbung ihrer Chancen. Nicht akademischen Familien fällt der Sprung über diese Schwelle weiterhin schwer. Vererbung im ökonomischen Sinne ist ebenfalls wichtig, aber meiner Meinung nach nicht entscheidend, weil es in erster Linie um den Zugang zu Berufspositionen und eigenen Einkommens- und Verdienstmöglichkeiten geht. Wir sind eine Arbeits- und Einkommensgesellschaft, bis weit in die Spitze der Gesellschaft hinauf. Der monatliche Gehaltsscheck, ob es 800 Euro sind oder 8.000 Euro, bestimmt in erster Linie die Position in der Gesellschaft.

Bleibt genug Arbeit, damit wir uns auch weiterhin darüber positionieren können?

Im Zusammenhang mit dem Stichwort Industrie 4.0 hört man zuletzt wieder öfter, sehr viele, auch hoch qualifizierte Arbeitsplätze würden ersatzlos verschwinden. Eine solche Diagnose ist so verblüffend kurzsichtig, dass man als Historiker nur den Kopf schütteln kann. Das erinnert an die Diagnosen der 1960er-Jahre, als zum ersten Mal roboterähnliche Maschinen in die Fabriken einzogen. Trotzdem ist der Beschäftigungsstand in der Automobilindustrie heute so hoch wie nie zuvor. Und auch insgesamt arbeiten wir dann eben woanders und vielleicht nicht mehr schraubend, sondern medizinisch versorgend. Es gibt ein Vielfaches an Physiotherapeuten gegenüber der Situation von 1960, auch wenn weniger Leute gebraucht werden, um ein Auto zusammenzusetzen. Noch vor zehn Jahren hatten wir eine intensive Debatte: Die Erwerbsarbeit gehe uns aus – das zielte dann häufig auf die Einführung eines »bedingungslosen Grundeinkommens«. Mit solchen Prognosen können Sie immer Aufmerksamkeit erregen, weil das hinterher schnell vergessen ist.

Heute lautet ein Argument, dass wir durch die fortschreitende Digitalisierung bald weniger Menschen brauchen werden, die die Autos fahren, dass gewisse Berufsgruppen wie Taxifahrer verschwinden. Diese Warnung ist Ihnen zu nervös?

Ja, die ist mir zu nervös. In den fundamentalen Umbrüchen, die wir in den letzten 100 bis 150 Jahren erlebt haben, hat es solche dramatischen Vorhersagen immer gegeben, aber sie sind nie Realität geworden. Seit Karl Marx' Prognose, der Mittelstand würde ins Lumpenproletariat absinken, unterschätzen wir die permanente Neuerfindung der modernen Berufsgesellschaft. Wir stehen ja schon mitten im digitalen Wandel und er hat zahlreiche neue Berufsfelder geschaffen – und fast alle existierenden verändert, aber weder den Sanitärhandwerker noch die Lehrerin überflüssig gemacht. Neulich zeigte mir jemand eine Prognose, wonach in 30 Jahren 70 Prozent aller Berufe verschwunden sein werden. Das ist in höchstem Maße unseriös. Nehmen wir das Beispiel der medizinischen Berufe und der Erwartung, dass medizinische Diagnosen stärker von Robotern gestellt werden. Auch das spricht gegen alle Erfahrungen. Im Gegenteil: Es gibt mehr Computer, mehr Technologie – und zugleich mehr Ärzte, mehr medizinisches Personal. Gewiss verschwinden einzelne Berufe; neue entstehen – auf mittlere Sicht hat sich das bisher mindestens ausgeglichen. Zum Teil ist das eine deutsche, vielleicht auch eine kontinentaleuropäische Debatte. Sie kommt mir ein bisschen physiokratisch vor, als ob Wachstum nur aus der Urproduktion kommen könne. In England ist es schon lange keine Frage mehr, dass eine Gesellschaft funktionieren kann, wenn sie auf 85 Prozent Dienstleistungstätigkeiten beruht. Demgegenüber haben wir in Deutschland die Vorstellung, Vermögen und Wohlstand könnten eigentlich nur aus der Aneignung und

Umwandlung von etwas Anfassbarem entstehen. Wir nehmen Erz und daraus machen wir Stahl und daraus machen wir ein Auto. Alles andere scheint uns irgendwie ökonomisch irreal.

Neue Berufsfelder entstehen, wo andere verschwinden. Und doch herrscht Sorge, dass Teile der Gesellschaft sich den neuen Herausforderungen der Wissensgesellschaft nicht anpassen können. Der womöglich verschwindende Beruf des Taxifahrers steht exemplarisch dafür.

Über viele Jahrzehnte ist der Anteil gering qualifizierter Positionen in der Gesellschaft eher zurückgegangen. Jedenfalls haben sich Berufe, auf denen sozusagen dasselbe draufsteht, höher qualifiziert. Oder der Hausmeister heißt jetzt Facility Manager, muss aber auch anders kommunizieren und mit komplexer Software umgehen. Daraus resultiert ein Dilemma. Einerseits brauchen wir weiterhin berufliche Positionen mit geringer Qualifikationshürde, um einen Teil der Bevölkerung nicht ganz vom Arbeitsmarkt auszuschließen. Andererseits sagen Firmen, die eine Lehrstelle anbieten: Bei uns heißt Automechaniker selbstverständlich, dass man Englisch sprechen und mit dem Computer umgehen kann. Da stehen wir vor dem uralten Streit: Können wir alle Menschen so bilden und ausbilden, dass sie diese Hürde nehmen, oder gibt es dafür Grenzen? Zunächst einmal bin ich da nicht so pessimistisch, wenn wir auf vergangene Erfolge schauen, zum Beispiel die kleine Minderheit, die früher Abitur gemacht hat – selbst wenn wir für die Inflationseffekte, wie vorhin diskutiert, wieder etwas abziehen.

Es könnten also alle den höheren Qualifikationsanforderungen gerecht werden?

Das hieße tatsächlich, Bildungsanstrengungen zu verstärken und richtig zu adressieren. Es darf deshalb nicht nur Exzellenzinitiativen für die Universitäten geben, sondern es muss mehr an den Schulen passieren, und zwar nicht nur an den Gymnasien. Ich bin schon vor längerer Zeit für die Verlängerung der Schulpflicht auf zwölf statt zehn Jahre eingetreten, die auch dem veränderten Lebenszyklus, dem späteren Erwachsenwerden besser entspräche. Nicht alle müssen das Abitur machen, aber auch die Hauptschüler haben ein Recht, zur Schule zu gehen, bis sie 18 sind, und nicht schon mit 16 in der Backstube oder im Friseursalon zu stehen. Das würde einen Qualifikationsgewinn für die Gesellschaft und für die jungen Menschen bedeuten und könnte das Bildungssystem und damit die Gesellschaft ein Stückchen durchlässiger machen.

Wer kümmert sich um die Geringqualifizierten?

… und die Geringverdienenden. Neben der Bildungspolitik bleibt das eine klassische Aufgabe gewerkschaftlicher Interessenvertretung. Wir brauchen starke Gewerkschaften, die sagen: Was ist mit den Frauen, die in der Altenpflege arbeiten? Was machen wir mit den

Menschen, die im Supermarkt Regale einräumen? Was verdienen sie, wie sicher ist ihr Job, haben sie Aufstiegs- und Qualifizierungschancen? Insofern ist die Frage weniger wichtig, ob in fünf Jahren Computer die Regale einräumen, sondern die entscheidende Frage ist, warum das früher die Angestellten von Rewe oder Edeka selber gemacht haben und das in Servicefirmen und Minijobs ausgelagert worden ist. Der Tarifstreit der Erzieherinnen und Erzieher hat eine exemplarische Bedeutung. Es geht nicht um die »normale« Lohnerhöhung oder den Inflationsausgleich, sondern darum: Welche Wertschätzung bringen wir diesem Beruf entgegen? Ist das ein prekärer Übergangsberuf vor allem für junge Frauen oder eine Lebensperspektive mit Anschluss an die Mittelschicht?

Es gibt also auf der einen Seite Menschen, die einen sicheren Arbeitsplatz haben, und andere, die in diesem Sinne unsicher sind. Und dafür haben wir keine Antwort, auch aus Perspektive der Sozialen Marktwirtschaft nicht?

Zum Teil, ja. Aber Sicherheit definiert sich nicht nur ökonomisch oder materiell. Nehmen Sie die Erzieherinnen oder andere gering entlohnte »Frauenberufe« im öffentlichen Dienst, wo die Arbeitsplatzsicherheit gar nicht das Problem ist. Zur Sicherheit gehören viele Faktoren: materielle, soziale und kulturelle. Und wieder ist wichtig: Statt einer Momentaufnahme müssen wir auf die Dynamik eines Lebensverlaufs blicken. Habe ich die Chance, Stabilität und Lebenssicherheit im Laufe eines Erwerbslebens zu gewinnen? In der Mittelschicht hat eine vorübergehende Erwerbslosigkeit möglicherweise nicht so gravierende Folgen wie bei geringerem kulturellem Kapital, geringerer Bildungsstufe oder materieller Ausstattung. Auch familiäre Strukturen spielen eine große Rolle. Der größte Teil der Hartz-IV-Fälle sind alleinerziehende Mütter. Man darf in den Debatten über Ungleichheit und neue Armutsphänomene nicht vergessen, dass das unser sozialpolitisches Hauptproblem ist, neben prekärer Rentenversorgung von Frauen und früher prekär Beschäftigten. Über die Millionengehälter von Managern kann man sich wohlfeil erregen – für die echten Armuts- und Ungleichheitsproblematiken ist das aber kaum die entscheidende Stellschraube.

Sie haben die Gewerkschaften angesprochen. Die sind teils noch traditionell ausgerichtet am Modell des Alleinverdieners, der Frau und Kinder versorgt. Werden Gewerkschaften dem gesellschaftlichen Wandel gerecht?

Da hängt noch einiges von den alten Strukturen nach, die nicht mehr die Strukturen der realen Wirtschaft und der veränderten sozialen Verhältnisse sind. Aber man kann den Gewerkschaften nicht pauschal den Schwarzen Peter zuschieben. Es gibt ja auch innergewerkschaftliche Interessenkonflikte, in denen etwa die IG Metall und ver.di ganz unterschiedliche Strategien, sozialpolitische Positionen und eben auch eine erkennbar unterschiedliche Klientel vertreten. Ein fundamentales Problem ist: Wie schaffen wir es, dass man bestimmte Positionen für Frauen öffnet, diese Positionen damit aber nicht in einen Abwärtssog der Verdienstmöglichkeiten oder des Sozialprestiges geraten? Nur noch ganz wenige Männer wollen inzwischen Grundschullehrer werden und wir müssen aufpassen, dass sich dieser Trend nicht im Sekundarbereich fortsetzt. Oder: Inzwischen sind es in der übergroßen Mehrheit Frauen, die hier an der Freien Universität Veterinärmedizin studieren. Die Feminisierung eines solchen Berufes ist ein großer Erfolg – Frauenakademisierung in einem klassischen Männerberuf. Das hat aber zu einer Abwertung des Berufsprestiges und der relativen Verdienstchancen geführt.

Blenden wir Einwanderer zu sehr aus in der Sozialdebatte?

Vielleicht gehen wir manchmal noch zu stark davon aus, dass wir so eine Art weiße, urdeutsche Normalgesellschaft sind. Migration, andere Hautfarben und Herkünfte kommen darin nicht vor, auch wenn sich das in bestimmten Bereichen des Arbeitsmarkts längst strukturell verfestigt hat. Wir sollten deshalb offensiver darüber sprechen, dass vor allem Märkte der prekären Erwerbsarbeit stark durch bestimmte Typen der Migrationsbeschäftigung gekennzeichnet sind – ob es Saisonarbeit in der Landwirtschaft ist oder die Alten- und Krankenpflege. Zuwanderer erwarten manchmal gar nichts anderes, als in einem neuen Land erst einmal unten anzufangen. Aber sie wollen eine Aufstiegschance haben, spätestens für die Kinder. Es ist noch schwer zu sagen, wo in den nächsten Jahren mehrere Hunderttausend Zuwanderer pro Jahr ihren Platz in unserer Gesellschaft finden werden, ob sie in die zweite Generation gehen und Familienbildung einsetzt. Holen sie ihre Kinder nach? Welche Bildungs- und Berufschancen werden sie dann haben? Bei der türkischen Migration hat der Aufstieg viel zu lange gedauert und ist immer noch zu eng begrenzt. Vielleicht können wir daraus für die neue Einwanderung aus Afrika, Syrien oder dem Balkan lernen. Das gilt nicht nur für Bildung und Arbeit: Eine Herausforderung wird sein, wie wir mit der Frage von Migration, Wahlrecht und politischer Partizipation umgehen. Wahrscheinlich brauchen wir auch hier mehr Öffnung und Flexibilität, um in einer von Migration geprägten Gesellschaft nicht großstädtische Räume zu haben, in denen ein erheblicher Teil der Bevölkerung nicht wahlberechtigt ist.

Alle Menschen am Wohlstand beteiligen, geht das auch ohne Wachstum?

Wenn tatsächlich die Bevölkerung in Deutschland schrumpft, kann das eine geringere Wachstumsrate bedeuten, individuell aber auch größere Chancen eröffnen. Auch eine Schrumpfungsrate von im Durchschnitt 0,5 Prozent des Bruttoinlandsprodukts in den nächsten zehn oder 30 Jahren kann individuell durchaus wachsende Chancen und wachsenden Wohlstand bedeuten in einem schrumpfenden Bestand der aktiven Erwerbsbevölkerung. Empirisch leben wir im Grunde schon seit Längerem in einer Realität, in der wir um ein »Nullwachstum« pendeln oder im Durchschnitt Wachstumsraten von 0,5 oder von einem Prozent haben. Wir werden nicht zurückkommen zu Raten zwischen drei oder fünf Prozent. Es ist wirklich verblüffend, dass manche Politiker noch daran zu glauben scheinen – als ob wir nur gerade in einer Krise seien, nach der sich die Wachstumsnormalität wiederherstellt. Die großen Fortschrittseuphorien vom späten 19. Jahrhundert bis in die späten 1970er-

Jahre, die sich eng mit Wachstumserwartungen verknüpften, kommen nicht mehr zurück. Wir leben inzwischen in einer eigentümlich zweigeteilten Diskurswelt. Sie können bei der Heinrich-Böll-Stiftung oder bei evangelischen Akademien jede Woche ein Seminar machen über Wohlstand und Lebensqualität jenseits des Wachstums. Es gab die Enquête-Kommission des Deutschen Bundestages »Wachstum, Wohlstand, Lebensqualität« über einen anderen Begriff von Wohlstand, jenseits des Bruttoinlandsprodukts. Im intellektuellen Raum hat sich eine Art von Konsens gebildet, dass wir uns von dem alten Wachstumsbegriff verabschieden sollten. Aber dann lesen wir in den Zeitungen wieder nur vom BIP und schlagen Alarm, wenn das Wachstum ausbleibt. Da fragt man sich, wie diese beiden Diskurswelten jemals zusammenkommen.

Könnte es sein, dass diese bipolare Diskussion eine Folge von Utopielosigkeit ist? Die einen haben keine große Erzählung über den Fortschritt mehr und klammern sich ans Wirtschaftswachstum. Auf der Gegenseite gibt es auch keine Utopie, aber Radikalkritik an diesem Rest von Fortschritt?

So ist es wohl – das beschreibt ja ganz allgemein unsere gegenwärtige Lage. Nehmen Sie die Situation der Demokratie: Für die einen ist es »business as usual«, für die anderen eine apokalyptische Krise und die Demokratie bloß noch Fassade. Intellektuelle Positionen dazwischen haben es schwer. Aber das galt im Grunde auch schon für Karl Poppers »piecemeal engineering« (Konzept erfahrungsweltlich und experimentell getriebener und dezidiert antidogmatischer Wissenschafts- und Politikgestaltung, Anm. d. Red.). Und es gibt durchaus ein Arbeiten an konkreten oder mittleren Utopien. Da geht es darum, wie wir mit diesen Spannungslinien des ethischen Konsums umgehen – ob es nun um das Verzehren von Tieren oder das Besteigen eines Flugzeugs geht. Unsere Soziale Marktwirtschaft ist in vieler Hinsicht eine moralische Marktwirtschaft geworden, eine Konsumentenökonomie im Sinne einer moralischen Mittelklasse, die ökonomisch saturiert ist. Sie kann sich nun entscheiden, ob sie für fairen Kaffee mehr bezahlt oder den Urlaubsflug CO_2-kompensiert. Die Umpolung von der Produktions- auf eine Konsumentenökonomie geht einher mit neuen moralischen Bewertungskriterien. Zu Ludwig Erhards Zeiten hieß Soziale Marktwirtschaft auch: ›Einen Kühlschrank in jeden Haushalt!‹ Heute soll Konsum ethischen Standards genügen – und die Besserverdienenden sind die Treiber dieser Entwicklung.

Da kommen wir vom Staat zur bewussten, moralischen Mittelschicht. Gibt es Chancen auf eine investive, gestaltende Bürgergesellschaft in Deutschland, die sich diesen Fragen widmet?

Also Fragen wie: Investieren wir genug in die Nachhaltigkeit materieller Strukturen? In Infrastruktur von Verkehr und Kommunikation, von Bildung und Gesundheit? Vor zehn Jahren wurde mit Recht an die Grenzen staatlicher Handlungsfähigkeit erinnert und an die Selbstverantwortung der Bürgergesellschaft. Und das ist übrigens etwas anderes als ein Plädoyer für Privatisierung und unbegrenzten Markt. Dennoch – inzwischen ist das Pendel etwas zurückgeschwungen; die Investitionsaufgaben der öffentlichen Hand sind unabweisbar. Häufig reicht es nicht aus, wenn die Bürger sich zusammentun. Es können noch so viele Eltern begeistert am Samstag ein Klassenzimmer streichen. Wenn die Wände bröckeln und die ganze Schule verfällt, ist erst einmal etwas anderes gefragt als Elterninitiative. Aber die beiden Ansätze lassen sich nicht gegeneinander ausspielen. Es geht nicht darum, den Ärmeren elementare staatliche Unterstützung zu entziehen. Es geht um die wohlhabenden Mittel- und Oberschichten, die ihr Leben nicht nur im hedonistischen Konsum und für sich selber führen sollten. Insofern bleibt die investive Bürgergesellschaft eine wichtige Leitvorstellung. Die Menschen dürfen sich nicht zurücklehnen und sagen: Das überlassen wir dem Staat.

Können wir nachhaltig investieren?

Darin steckt immer ein Vorgriff auf eine Zukunft, die wir noch gar nicht kennen. Die Orientierung dessen, was wir tun, nicht an unseren eigenen Interessen, sondern an denen späterer Generationen ist eine bemerkenswerte kulturelle Leistung. Dennoch liegt in dem, was wir heute so leichthin Nachhaltigkeit nennen, zugleich eine Anmaßung der Verfügung über das Leben anderer. Ein beliebter Vorwurf ist ja heute, die Politik sei kurzatmig geworden. In vielerlei Hinsicht ist das Gegenteil der Fall – und das Problem: die Selbstverständlichkeit, mit der wir über das Leben im Jahr 2050 sprechen und glauben, das durch heutige Entscheidungen prägen zu können. Man muss sich mal vorstellen, die Menschen hätten im Jahr 1914 gedacht: Wir müssen jetzt so planen, dass die Menschen 1960 noch gut leben können. Da merkt man, wie irreal, ja absurd diese Vorstellung in mancher Hinsicht ist. Denn sie rechnet nicht mit historischer Kontingenz, mit der Offenheit der Geschichte – und damit, dass spätere Zeiten andere Präferenzen haben könnten. Nehmen Sie die demographische Entwicklung in Deutschland: Vor 15 Jahren schienen wir uns unabweisbar auf Schrumpfung einstellen zu müssen: 80, 70, 60 Millionen. Jetzt haben wir massive Einwanderungswellen und viel spricht dafür, dass die Einwohnerzahl beinahe konstant bleiben wird. Wir können also nicht die beste Welt für unsere Enkel schaffen, sondern eigentlich immer nur das machen, was wir selber heute für eine sinnvolle Vorleistung für die Zukunft halten.

Das Gespräch mit Paul Nolte führten Benjamin Dierks und Armando García Schmidt im April 2015 in Berlin.

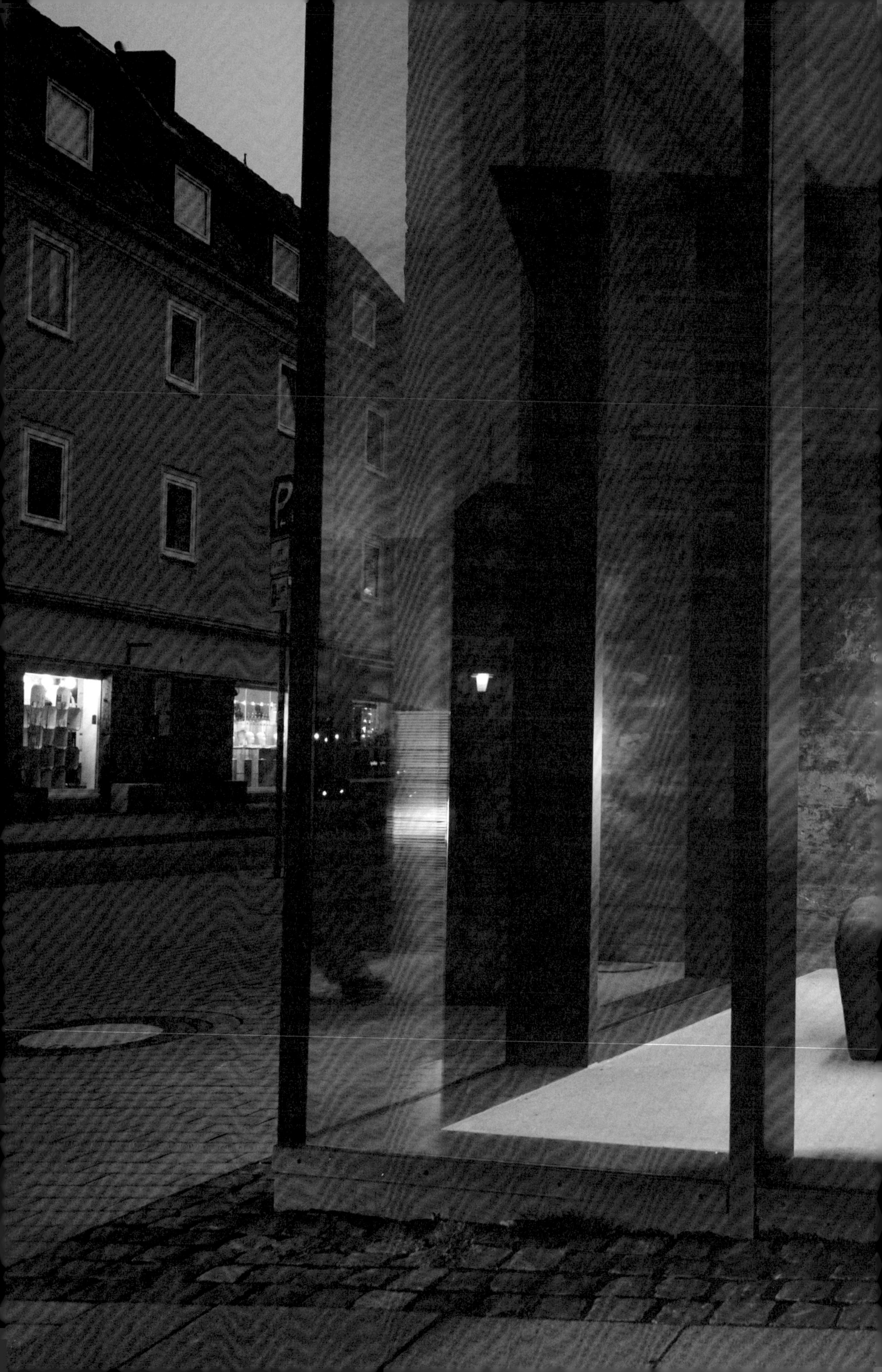
P

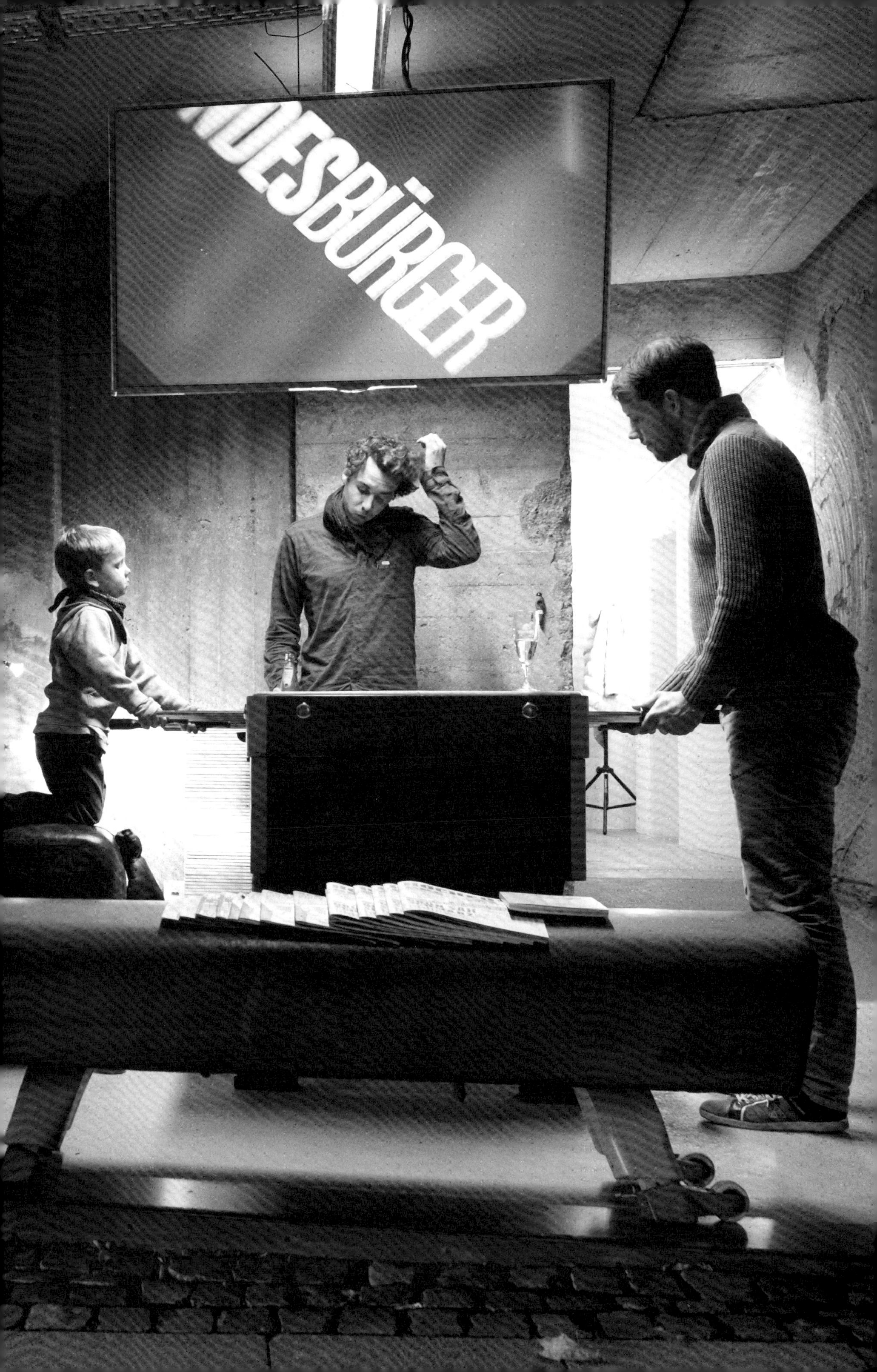
DESBÜRGER

Verschleppte Modernisierung
Ein Gespräch mit Anke Hassel

Frau Hassel, wie arm ist Deutschland?

Anke Hassel: Armut ist ja ein relativer Begriff; das heißt, es gibt immer Arme im Vergleich zu Wohlhabenden. Wenn man Armut absolut beschreibt, sieht es natürlich anders aus. Ich glaube, dass es materielle Armut nicht mehr geben sollte und in unserer Gesellschaft nicht geben müsste. Ich bin mir auch nicht sicher, ob es absolut noch viel materielle Armut gibt, wenn man von der Deckung der Grundbedürfnisse ausgeht, Nahrung, Unterkunft, Kleidung und so weiter. Aber wenn man Armut weiter fasst, als Teilhabe an der Gesellschaft, als Entwicklungsmöglichkeit, dann gibt es natürlich jede Menge immaterielle Armut, nicht nur relativ betrachtet zum Durchschnitt der Gesellschaft, sondern auch absolut.

Was macht denn die gesellschaftliche Teilhabe aus?

An erster Stelle natürlich Zugang zu Bildung und das im ganz umfassenden Maße. Bildung fängt nicht mit der Schule an, sondern mit der Möglichkeit der Familie, ihre Kinder zu fördern, auch sehr kleine Kinder. Das geht weiter in Krippen, Kindergärten und dann in der Schule – das ganz große Thema. Dort geht es in Deutschland leider selten darum, dass alle Schüler Fortschritte erzielen, sondern die Schule setzt sehr stark darauf, dass man frühzeitig die Leistungsträger identifiziert. Die werden gefördert, andere weniger. Das segmentiert die deutsche Gesellschaft. Wer mit 18 aus der Schule herauskommt, hat schon einen sehr klaren Stempel.

Und wer abgehängt wird, verpasst schon den Anschluss?

Es gibt auch danach immer wieder Weichenstellungen, die etwas ändern. Der Übergang von der Schule in den Arbeitsmarkt ist in Deutschland der große Inklusionsfaktor. Der macht viel von dem wieder wett, was die Schule nicht leistet. Im europäischen oder im OECD-Vergleich hat Deutschland eine paradoxe Stellung. Die Schule schafft sehr viel weniger Inklusion, als sie sollte. Dafür leistet unser Ausbildungssystem mehr als in anderen Ländern. Wenn Sie in Großbritannien im Alter von 18 aus der Schule kommen und nicht auf die Universität gehen, haben Sie es sehr schwer, eine Ausbildungsmöglichkeit zu bekommen, die Ihnen eine Facharbeiterqualifikation verschafft. In Deutschland geht die Mehrheit der Schulabgänger in ein betriebliches Ausbildungsverhältnis. Darüber werden Sie leichter in den Arbeitsmarkt integriert. Und wenn Sie in Deutschland eine betriebliche Ausbildung machen und dann noch einen Meisterbrief erwerben, sind Sie auf der Ebene eines Fachabiturs und einer Fachhochschulausbildung.

Können wir uns auf dieses Sicherheitsnetz verlassen? Eine DGB-Studie hat ergeben, dass die Mehrheit der Betriebe Hauptschulabsolventen gar keinen Ausbildungsplatz mehr gibt.

Es gibt auch bei der Ausbildung Probleme. Diese Betriebe gehen davon aus, dass Hauptschüler nicht die elementaren Kenntnisse von Rechtschreibung und Mathematik haben, die sie brauchen. Deswegen wollen sie sie nicht mehr. Auf der anderen Seite machen heute noch 20 Prozent eines Jahrgangs einen Hauptschulabschluss. Das ist eine relevante Kategorie, aber deswegen erodiert nicht das System.

Sagen Sie mal, in was für einem Land leben wir heute eigentlich?

Die deutsche Gesellschaft hat sich in den letzten 30 bis 40 Jahren stark modernisiert. Es hat einen großen Wertewandel gegeben und vieles, was früher gesellschaftlich normiert, reglementiert und mit Vorurteilen behaftet war, ist heute nicht mehr so. Das gilt zum Beispiel für die Gleichberechtigung von Frauen, von Schwulen und von religiösen Minderheiten. An den Institutionen, politischen Regelungen und vielen Verfahren hat sich hingegen nicht so viel geändert. Wir haben eine Kluft zwischen der gesellschaftlichen Modernisierung und allem, was ökonomisch und politisch reguliert ist. Jetzt geht es darum, die politische Gestaltung des Landes auf die gleiche Ebene zu hieven wie die gesellschaftliche Modernisierung. Familien wollen viel moderner leben, als es Politik, Ökonomie und Arbeitsmarkt ihnen erlauben. Außerdem haben wir seit 40 Jahren eine Einwanderungsgesellschaft. Und wir sind erst jetzt bereit, das anzuerkennen, aber ohne uns eine moderne Einwanderungspolitik, eine Inklusionspolitik zu geben. Einwanderer können sich nicht genug entfalten, um an der Gesellschaft teilzunehmen.

Es gibt auch Unbehagen über die Modernisierung.

Natürlich, zumal wir durch die Wiedervereinigung einen Sonderstatus haben. In Ostdeutschland war der Wandel dramatisch. Ich glaube, dass es in der älteren Bevölkerung viele Vorbehalte gibt. Und es gibt immer Verlierer im Wandel. Dass Gruppen dagegen protestieren, ist auch ein Phänomen der Modernisierung. Nationale Schutzräume gehen verloren, man fühlt sich in der Regel schutzloser und ist es auch. Der heutige Wohlfahrtsstaat ist nicht mehr der Wohlfahrtsstaat der 1970er-Jahre.

Bietet der Wohlfahrtsstaat denn keinen Schutz mehr?

Die Modernisierung hat vor allem die untere Mittelschicht aufgewühlt. Soziostrukturell gibt es einen ganz großen Umbruch: die Erwerbstätigkeit der Frauen. Der Grundpfeiler des Wohlfahrtsstaates war der männliche Industriearbeiter, der allein genug verdient hat, um seine Familie ernähren zu können. Die Frau war entweder gar nicht beschäftigt oder teilzeitbeschäftigt. Dieses Familien- und Arbeitsmarktmodell hat sich ausdifferenziert und es erodiert dadurch, dass Frauen massiv in den Arbeitsmarkt eingedrungen sind. Zudem gibt es weniger Beschäftigung in der Industrie. Die neuen Arbeitsplätze befinden sich im Dienstleistungssektor und werden geringer entlohnt. Heute braucht eine Familie oft ein Zweiverdienermodell. Damit ist das alte Wohlfahrtsstaatsmodell überholt. Das alte Modell sagt, unsere Arbeitnehmerschaft hat bestimmte Risiken: Krankheit, Arbeitslosigkeit, Alter ...

... Risiken, die ja nach wie vor bestehen.

Hier dreht sich aber alles um das Beschäftigungsverhältnis des Mannes, des Familienvaters. Die neuen Risiken liegen woanders, bei Kindern und Alleinerziehenden. Das Gros der Armen in Deutschland sind alleinerziehende Mütter und geschiedene Frauen mit Kindern. Das sind die wirklichen Armutsrisiken. Sie sind nicht mehr da, wo der alte Wohlfahrtsstaat noch Schutzmechanismen hatte. Für die neuen Risiken hat der alte Wohlfahrtsstaat wenige Antworten.

Warum haben eigentlich die Sozialdemokraten keinen Aufwind in solch einer Zeit?

Die SPD oder die Sozialdemokratie als Arbeitnehmerpartei sieht die alten Risiken und ihre alte Klientel auf der einen Seite. Auf der anderen Seite hat sich die Gesellschaft aber geändert, die sozialen Risiken sind andere. Für welche Gruppe setze ich mich denn jetzt eigentlich ein? Setze ich mich für den 50-jährigen Industriearbeiter ein, wie Arbeitsministerin Andrea Nahles mit ihrer Rente ab 63? Da hat die SPD ein ganz klares Zeichen gesetzt: Ja, wir interessieren uns nach wie vor für die alten Risiken und unsere alte Klientel. Oder setze ich mich für neue Risiken ein, wie es Familienministerin Manuela Schwesig macht und sagt, wir müssen Frauen in die Aufsichtsräte bringen, wir brauchen mehr Kinderbetreuung? Die Sozialdemokratie ist zerrieben zwischen diesen beiden Ansprüchen. Sie kann es nicht beiden Gruppen gleichermaßen recht machen. Die traditionelle Klientel der SPD ist empört und beleidigt über die Hartz-Reformen, die der alten Klientel etwas weggenommen haben – es waren ja die männlichen Langzeitarbeitslosen, die verloren haben. Die Frauen und die Alleinerziehenden haben durch die Hartz-IV-Reform gewonnen. Die SPD konnte aber die neue Klientel des Wohlfahrtsstaates nicht an sich binden, weil sie immer nur halbherzige Signale an die neuen Bedürftigen in der Gesellschaft sendet.

Was bedeutet es für den Zusammenhalt in der Gesellschaft, wenn die SPD bei Wahlen dauerhaft bei 25 Prozent Wählerzuspruch verharrt?

Die Ausdifferenzierung der sozialen Risiken ist eigentlich der Treiber für die Änderungen in der Parteienlandschaft. Die Parteien reagieren darauf und müssen sich orientieren. Alle sozialdemokratischen Parteien in Europa sind in dem gleichen Dilemma: Sollen sie sich nach vorne orientieren, wo die neuen Risiken liegen, oder sollen sie sich nach hinten orientieren, wo ihr altes Wählerpotenzial liegt? Sie machen den Spagat und dieser Spagat ist nicht besonders glaubwürdig. Die Wählerschaft kauft ihnen nicht ab, dass sie wirklich noch die Sozialstaatsparteien sind, die sie vorgeben zu sein. Keiner sieht ein neues progressives Modell. Und die Gruppe derjenigen, die noch vom alten Wohlfahrtsstaat profitieren, wird immer kleiner. Es ist sehr wahrscheinlich, dass die sozialdemokratischen Parteien nicht mehr zum Status von Volksparteien zurückfinden werden. Es ist auch wahrscheinlich, dass andere Parteien, die sich spezieller um bestimmte Gruppen in der Gesellschaft kümmern, einen Teil von dem übernehmen, was früher die Sozialdemokratie vertreten hat. Und die wird dann einfach eine von vielleicht sieben oder acht Parteien sein.

Wie verändern die neuen Risiken das deutsche Sozialstaatsmodell?

Langfristig bedeutet es den Umbau des deutschen Wohlfahrtsstaates und zwar weg von dem konservativen, versicherungsbasierten, bismarckschen Sozialversicherungsmodell hin zu einem Modell, das in viel stärkerem Maße universalistisch auf der einen Seite ist und leistungsorientiert auf der anderen Seite. Der deutsche Wohlfahrtsstaat war ja traditionell ein Versicherungswohlfahrtsstaat. Man muss erst einmal einzahlen; wenn das Versicherungsrisiko eintritt, bekommt man etwas ausbezahlt. Die Versicherungsleistung orientiert sich an dem, was man vorher eingezahlt hat. Das ist eine spezifisch deutsche Regelung, die dem deutschen männlichen Facharbeiter entgegenkommt. Der hatte die höchsten Löhne, wenn man von Universitätsabsolventen absieht, und die längste Erwerbstätigkeit. Das sind Voraussetzungen, die alleinerziehende Mütter nie erreichen können, weil sie viel zu oft ihre Beschäftigung unterbrechen und die Löhne nicht verdienen. Im Dienstleistungssektor werden sie nie die Gehälter haben, um hinterher eine ordentliche Rente herauszubekommen. Strukturell wird sich der Wohlfahrtsstaat

Stoff & Gar

fortschr

hin zu einem universalistischen System bewegen müssen, um die Ungleichbehandlung von Personengruppen, die neuen Risiken ausgesetzt sind, im Vergleich zu denen, die alten Risiken ausgesetzt sind, zu überwinden. Das wird das Thema der nächsten 20 Jahre sein.

Ein Weg, den die Politik aber noch nicht beschreiten will?

Die Rente mit 63 und die Mütterrente gehen noch in die andere Richtung. Die Familienpolitik ist wirklich ein Skandal, aber sie wird nicht skandalisiert, weil man sich nicht ständig darüber aufregen möchte. Das Ehegattensplitting zum Beispiel zementiert eine innerfamiliäre Arbeitsteilung, die von der Werteorientierung junger Generationen schon längst überholt ist. Durch finanzielle Anreize zwingt sie die Familien immer wieder in eine bestimmte Arbeitsteilung, die sie eigentlich gar nicht mehr haben wollen. Durch die Organisation der Schule und die immer noch fehlende Betreuungsleistung von Kindern zwängt die Familienpolitik sie immer wieder in alte Rollenmuster.

Wer ist festgefahrener, der Markt oder der Staat?

Ich glaube, dass der Markt eigentlich ein Modernisierungstreiber ist und dass die Unternehmen sich stärker auf die Seite der Modernisierung schlagen als die Politik, weil für viele Unternehmen durch den demographischen Wandel ein Arbeitskräfteproblem entsteht. Die haben Interesse an hoch qualifizierten Frauen, von denen immer noch viele den Arbeitsmarkt verlassen. Es ist wirklich die Politik, die sich sehr schwertut. Es gibt auch einen Lock-in-Effekt: Wenn sich Familien einmal entschieden haben, ein traditionelles Familienleben zu führen, und sie die ganzen Subventionierungen in Anspruch nehmen, werden sie politisch nicht mehr dafür stimmen, dass diese Subventionen abgeschafft werden. Das Ehegattensplitting ist politisches Gift. Die Grünen waren dafür, es abzuschaffen, und das ist ihnen auf die Füße gefallen.

Was heißt es für die Rolle des Staates, wenn er eher bremst als treibt?

Es führt zu viel Unzufriedenheit. Der Staat wird als nicht besonders kompetent erlebt, viele Regeln als nicht besonders effektiv oder als ungerecht – das ist ein Problem. Vertrauen in die Politik sinkt, weil man merkt, dass die Problemlösungskompetenz, die man dem Staat lange zugestanden hat, nicht da ist. Weil er sich nicht weiterentwickelt und die notwendigen Modernisierungsschritte nicht hinbekommt.

Verlangt die heutige Situation mehr Eigeninitiative?

Viele Menschen haben heute die Wahrnehmung, sie müssten mehr Eigeninitiative zeigen, mehr in die eigenen Kinder investieren oder sie privat unterrichten lassen. Tatsächlich fördert die Schule Kinder und Jugendliche nicht optimal. Wer aus der Mittelschicht kommt, Deutsch als Muttersprache hat und Akademiker als Eltern, kommt im deutschen Schulsystem in der Regel gut zurecht. Aber sobald man eines dieser Kriterien nicht erfüllt, wird das System schwieriger zu navigieren und dafür ist die Schule nicht gut gerüstet. Da fehlt es an den Investitionen, aber auch am Mindset und an Konzepten, wie man damit umgehen sollte. Viele Familien spüren das. Auf dem Arbeitsmarkt ist es weniger eindeutig. Auf der einen Seite ist es ganz klar, dass der Sozialstaat seine Leistungen abgebaut hat. Es werden heute nicht mehr alle sozialen Risiken abgedeckt und es kommen neue Risiken hinzu, die der Sozialstaat überhaupt nicht abdeckt. Insofern ist natürlich der Einzelne, die Einzelne heute schutzloser als noch vor 30 Jahren. Auf der anderen Seite sind heute viele junge Menschen viel besser ausgebildet als vor 30 Jahren.

Und deshalb müssen sie selbstständiger navigieren auf dem Markt?

Früher waren die Berufsverläufe übersichtlicher als heute. Es gibt einfach viel mehr neue Beschäftigungsfelder. Es gibt auch viele neue Berufsbilder. Früher gab es weniger Berufe, aber dafür waren die klarer organisiert. Heute ist die Berufswelt unübersichtlicher, aber nicht automatisch schlechter. Der Übergang vom Studium in den Beruf ist heute schwieriger, auch erst einmal befristet, aber über 90 Prozent machen irgendwann den Schritt und sind in einem festen Beschäftigungsverhältnis. Es ist nicht so, dass die Mehrheit der Arbeitnehmer noch im Alter von 40 Jahren in einem befristeten Beschäftigungsverhältnis steckt.

Risiken gibt es nicht nur für den Einzelnen. Welche Trends werden unsere Wirtschaft in den kommenden Jahren am stärksten beeinflussen?

Die globalen Risiken nehmen ja im Moment eher zu als ab und Deutschland macht sich durch seine sehr fokussierte Exportstrategie verletzlich – stärker, als es dies vor 20 Jahren war. Wir waren noch nie so abhängig vom Export wie heute. Durch Russland merkt man die Folge schon ein bisschen. Wenn China einmal richtig einbricht, wird die deutsche Wirtschaft das sehr schnell zu spüren bekommen. Das wird auch auf unser Wachstum zurückschlagen. Die derzeitige Vollbeschäftigungsphase hängt sehr von weltwirtschaftlichen Indikatoren ab, stärker als in vielen anderen Ländern. Die andere Frage ist die Digitalisierung.

Ist Deutschland dafür gewappnet?

Die großen Fragen sind: Woher kommen eigentlich Innovationen? Wer sind die Innovationstreiber? Wie funktioniert die Wissensgesellschaft? Es gibt Orte und Cluster, an denen Innovationen stattfinden, und natürlich hängt für ein Industrieland viel davon ab, ob es Innovationscluster besitzt. Deutschland hat über seine Maschinenbaustandorte in München und Stuttgart solche Innovationscluster, die aber sehr industrielastig sind. Und da ist die Frage, inwieweit

Digitalisierung diese Form von industriebasierter Innovation weiter unterstützt oder irgendwann erodiert. Ist Digitalisierung eine Gefahr oder ist es einfach der nächste große technologische Sprung? Im Moment ist die Diskussion eher positiv. Digitalisierung wird integriert in die Industrieproduktion und sie wird zu einem eigenen Innovationsfaktor in der deutschen Wissensproduktion.

Verändert das die Chancen auf soziale Teilhabe?

Ich sehe da schon einen Zusammenhang, weil wir ein sehr spezifisches Produktionsmodell haben, das nach eigenen Kriterien funktioniert – Maschinenbau, Automobile, Pharmazie. Auf der einen Seite hat es gute Auswirkungen, unser ganzes Ausbildungssystem ist damit verwoben und das deutsche Ausbildungssystem ist, wie gesagt, ein Inklusionsmotor. Auf der anderen Seite blendet das System die neuen sozialen Risiken komplett aus. Die politische Unterstützung für einen universalistischen Wohlfahrtsstaat mit den alten Akteuren aus Industrie, Wirtschaft und Gewerkschaften zu bekommen, ist sehr schwierig. Die ökonomischen Akteure sind auf unser Exportmodell fixiert und starren darauf, wie sich unser Exportmodell, unser Produktionsprozess verändert, wie unsere Großunternehmen mit der Digitalisierung umgehen. Und sie versuchen natürlich, die Wertschöpfung im Land zu halten, so gut es eben geht. Dabei tun sie nichts für die gesellschaftlichen Gruppen, die mit den neuen Risiken behaftet sind – eher im Gegenteil. Sie werden alles tun, damit der Wohlfahrtsstaat und die staatlichen Institutionen sich so organisieren, dass sie für dieses Produktionsmodell funktional sind. Erzieherinnen, die für ihre Gehälter streiken, die Angestellten, die Reinigungskräfte, alle, die im niedrig bezahlten Dienstleistungssektor arbeiten, haben überhaupt keine Chance, irgendeine Unterstützung von den Unternehmen und Gewerkschaften der Industrie zu bekommen. Dieses Produktionsmodell verhindert auch eine politische Modernisierung.

Was sind die größten Unsicherheiten für die Entscheidungsträger in diesem System?

Wo findet bei uns Wertschöpfung statt? Bei den Briten in der Londoner City, bei uns bei Daimler Benz in Stuttgart oder bei Siemens in München, also in der Industrie. Wie sich diese Sektoren entwickeln werden, ist die große Frage für ökonomische und politische Akteure. Wie bilde ich meine Bevölkerung aus, damit sie mit hochtechnischen Prozessen umgehen kann? Wie muss man die Bildungssysteme und die Finanzierungssysteme weiterentwickeln, damit diese Zentren der Wertschöpfung sich weiter entwickeln, weiter wettbewerbsfähig sind und weiter im Land bleiben? Das ist die Kernfrage und da ist Bildung zentral. Haben wir das richtige Bildungssystem für diese Herausforderung der Zukunft? Über 50 Prozent unserer Schulabsolventen landen in einer betrieblichen Ausbildung und nicht an der Hochschule. Sind die betrieblichen Qualifikationen zeitgemäß? Können die, die keinen Hochschulabschluss haben, überhaupt mit Digitalisierung umgehen? Das ist ein großer Unsicherheitsfaktor. Die andere Frage ist: Wie können wir sicherstellen, dass Technologieentwicklung bei uns noch stattfindet? Das ist wieder gekoppelt mit Bildung und Finanzierung. Technologieentwicklung braucht ein bestimmtes Risikokapital.

Was bedeutet das für unser herkömmliches Verständnis von der Sozialen Marktwirtschaft?

Der Wohlfahrtsstaat hat mit seiner Versicherungsleistung für das deutsche Produktionsregime traditionell eine große Rolle gespielt. Davon profitieren die Unternehmen auch weiterhin. Die können das sehr gut für sich nutzen, besser als Unternehmen in anderen Ländern. Was aber nicht so gut funktioniert, ist, mit diesem Modell den Trend zur Dienstleistungsgesellschaft zu organisieren. Die Realität der Sozialen Marktwirtschaft war immer eine Realität der Industriegesellschaft, mit diesen Komponenten: konservativer Wohlfahrtsstaat, sehr kooperatives Verhältnis von Gewerkschaften und Arbeitgebern sowie Fokus auf die verarbeitende Industrie. Das war die alte Soziale Marktwirtschaft. Die neue Soziale Marktwirtschaft muss anders aussehen. Obwohl wir Exportweltmeister sind, sinken die Beschäftigungszahlen in der verarbeitenden Industrie permanent. Die Mehrheit der Menschen arbeitet heute nicht mehr in der Industrie, sondern in Dienstleistungssektoren. Und da ist die Frage: Wie kann die neue Soziale Marktwirtschaft aussehen?

Wo wir schon bei der Sozialdemokratie waren, die wollte ja durch Liberalisierungen Zugang zu Märkten schaffen, Wachstum antreiben – in der Hoffnung, dass ihre Klientel profitiert.

Es gab diesen Aufbruch nicht nur in der deutschen Sozialdemokratie: Sie wollte nicht nur die Sozialstaatspartei sein, sondern sie wollte auch die wirtschaftlich soziale Mitte in ihrem Aufstieg unterstützen. Dafür sind Marktmechanismen ein effizientes Mittel, um Wirtschaftswachstum zu generieren. Das hat sie immer nur in bestimmten Facetten umgesetzt. Dann ist sie auf das Problem gestoßen, dass die Schutzmechanismen des alten Sozialstaates damit aufgeweicht werden, worauf dann ihre Kernklientel nicht gerade positiv reagiert hat. Und die neuen Marktmechanismen schaffen nicht unmittelbar dort Jobs, wo die Sozialdemokraten ihr Wählerpotenzial sehen. Wenn man sich den Prozess der vergangenen 20 Jahre ansieht, dann wird deutlich, dass die Modernisierungsstrategie der Sozialdemokraten nicht aufgegangen ist. Die alten Wählerschichten haben gesagt, das bedroht mich eher, als dass es mich fördert. Und die neuen haben nicht erkannt, dass es eine Politik für sie ist.

Sie haben liberalisiert, aber nicht modernisiert?

Die Sozialdemokraten haben sehr viel liberalisiert und es dann Modernisierung genannt. Bei Modernisierung geht es aber mehr um Umbau als um Abbau. Wenn man ein universalistisches Modell möchte, sowohl in der Bildungspolitik als auch in der Sozialpolitik, müssen ja bestimmte soziale Rechte für manche Personengruppen aufgebaut und für manche abgebaut werden. Es geht um eine Neuverteilung der Schutzmechanismen und das ist nicht unbedingt Liberalisierung. Als die sozialdemokratischen Regierungen in Westeuropa fest verankert waren, haben sie oft versucht, den öffentlichen Sektor durch Liberalisierung und neues Management effizienter zu machen. Das war der große Trend, auf den die Sozialdemokraten gesetzt haben. Aber Modernisierung und Liberalisierung sind nicht das Gleiche.

Hat die Bevölkerung Verständnis für Modernisierung?

Der Wohlfahrtsstaat an sich ist sehr beliebt, und zwar weltweit. Normativ hat der Wohlfahrtsstaat kein Problem. Der Wohlfahrtsstaat hat dann ein Problem, wenn es Umverteilungsmechanismen gibt, die zwischen gesellschaftlichen Gruppen als ungerecht empfunden werden. Dann kommt die Frage der Migration und wie es sein kann, dass Migranten bestimmte Leistungen in Anspruch nehmen können. Das wird als ungerecht empfunden. Das andere ist Ungleichbehandlung zwischen den Generationen. Jüngere wissen, dass sie zwar in ihrem Leben genauso viel arbeiten wie ihre Eltern, aber nie die gleiche Rente beziehen werden. Ich glaube, dass dieser Generationenkonflikt sich verstärken wird, weil es einfach immer offensichtlicher werden wird – spätestens wenn die Generation in Rente geht, die nach dem Mauerfall in den Arbeitsmarkt gekommen ist. In der Risikoabsicherung zwischen Alleinerziehenden und Familien ist die Kluft auch relativ groß. Ich bin mir nicht sicher, ob das Bewusstsein dafür da ist oder ob es der Mehrheit, die nicht alleinerziehend ist, relativ egal ist.

Der Wohlfahrtsstaat in Deutschland sieht anders aus als der vieler Nachbarn in der EU, mit der wir immer stärker zusammenwachsen. Welche Probleme bringt das mit sich?

Das ist natürlich sehr schwierig, am besten merkt man das am Beispiel Griechenland. Der griechische Wohlfahrtsstaat tut überhaupt nichts für Frauen, nichts für Kinder, nichts für Arbeitslose und tut sehr viel für Rentner. Die ganze griechische Demokratisierung war Klientelpolitik: Ich verschaffe deinen Wählern Zugang zum öffentlichen Dienst oder Jobs in Staatsunternehmen oder ich verschaffe bestimmten Berufsgruppen eine super Rentenversicherung. Mit 50 Jahren in Rente zu gehen, ist eigentlich absurd. Das kann man machen, solange man sich selbst finanzieren kann. Man kann aber nicht von Ländern, wo die Leute bis 70 arbeiten, um eine Rente von 50 Prozent ihres letzten Durchschnittsgehalts zu bekommen, erwarten, dass sie Hilfszahlungen leisten an Länder, wo solche Rentensysteme existieren. Das ist ein extremes Beispiel, es illustriert aber ganz schön, dass in der Europäischen Währungsunion irgendwann natürlich auch die wohlfahrtsstaatlichen Fragen auf den Tisch kommen. Da werden auch immer mehr Vergleiche gezogen werden. Was ist denn eigentlich das europäische Rentensystem? Die Südeuropäer hängen noch viel stärker an den alten Risiken, die nordischen Länder sind auf der anderen Seite viel weiter als wir. Wir werden uns stärker an den skandinavischen Ländern orientieren müssen und ich denke, dass das auch passieren wird. Von daher ist die europäische Dimension gut für uns.

Das Gespräch mit Anke Hassel führten Henrik Brinkmann und Benjamin Dierks im April 2015 in Berlin.

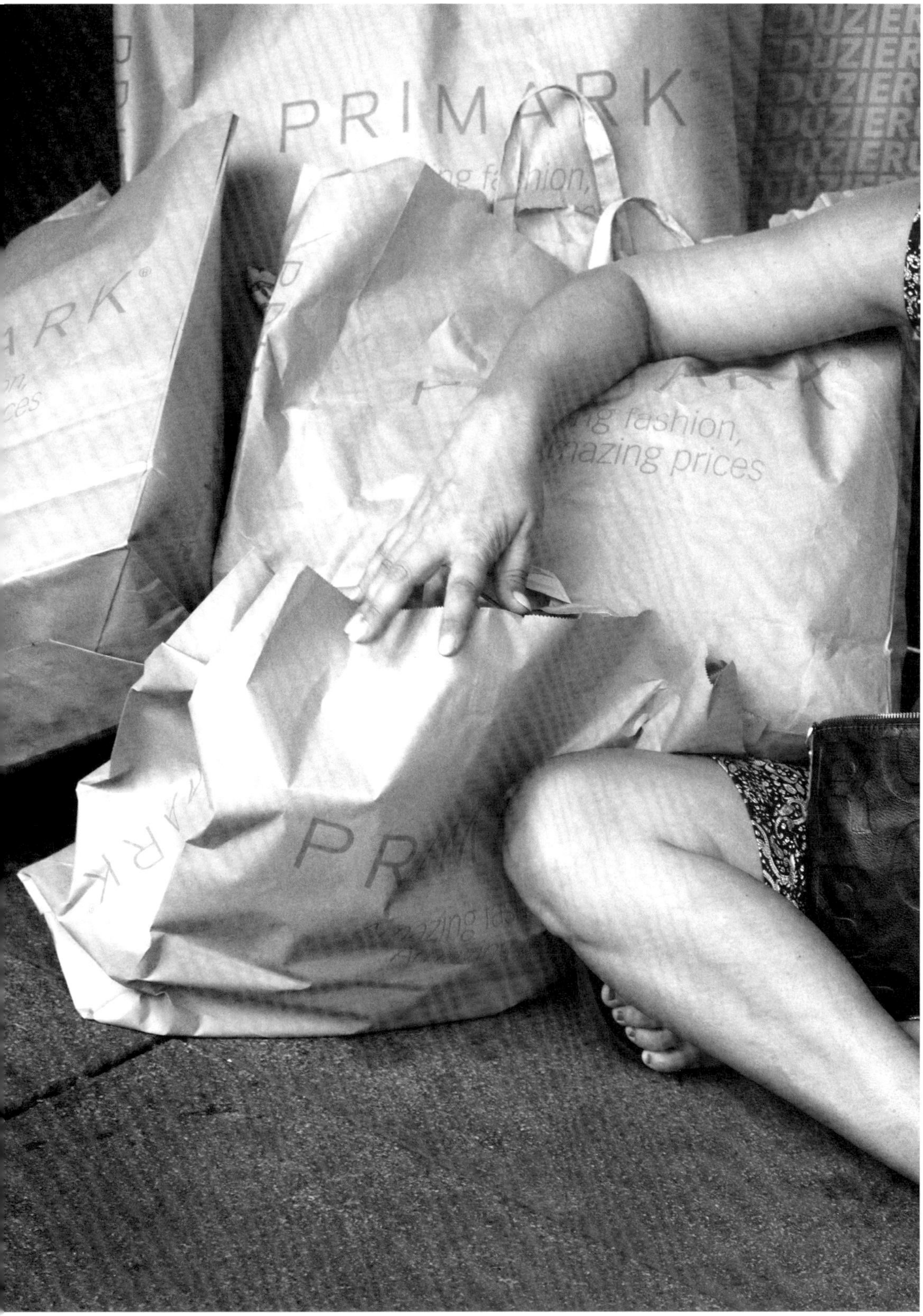
PRIMARK

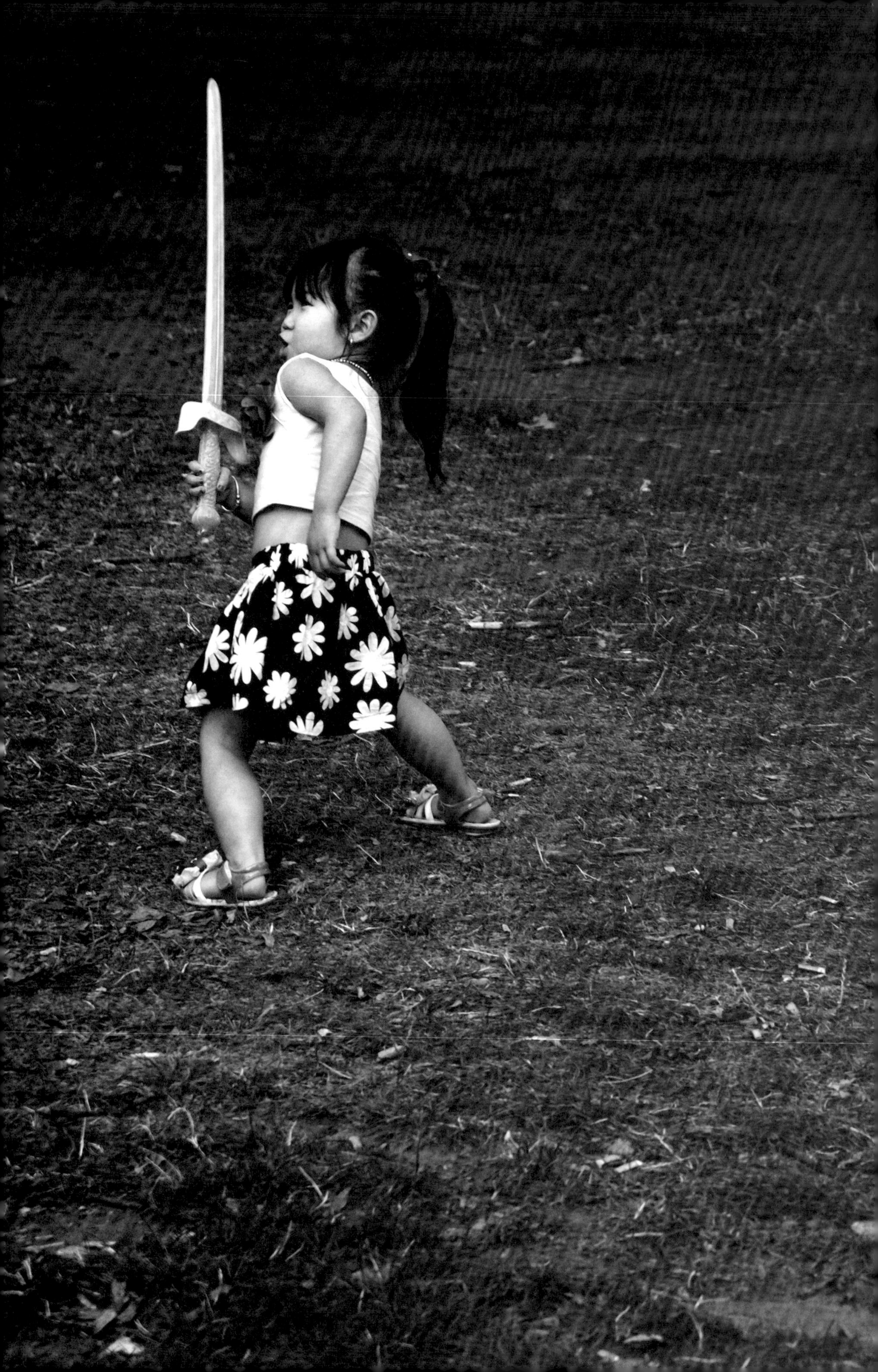

Gemeinsam sind wir schwach
Was uns zusammenhält und was die
Politik machen muss

Christina von Braun

Helge Ritter

Armin Nassehi

BIELEFELD BIELEFELD
Mitglied aus Leidenschaf
DSC Arminia Bielefeld
Bielefeld

Gemeinschaft ist Glaubenssache
Ein Gespräch mit Christina von Braun

Frau von Braun, Geld ist eine Glaubenssache. Was passiert, wenn wir den Glauben verlieren?

Christina von Braun: Wenn eine Gesellschaft den Glauben ans Geld verliert, wird zunächst einmal die Ökonomie nicht mehr funktionieren, weil keiner dem anderen vertraut. Die Banken werden keine Kredite vergeben, die Gläubiger eventuell nicht zurückzahlen und die Zirkulation von Waren wird ins Stocken geraten. Außerdem verliert die Gemeinschaft ihre Glaubwürdigkeit – das ist vielleicht noch wichtiger. Der Glaube an die Gemeinschaft und der Glaube an die Währung, die diese Gemeinschaft emittiert, hängen eng miteinander zusammen. Das erleben wir mit dem Euro. Wir sind eigentlich noch nicht richtige Europäer, wir sind eher Deutsche als Europäer oder eher Engländer, Franzosen. Unser Glaube an diese neue Gemeinschaftsidentität war noch nicht da, als die Währung geschaffen wurde. Das ist eines der Probleme, mit denen wir es in der Eurokrise zu tun haben. Wer sich in der Gemeinschaft aufgehoben fühlt, wird auch das Geld nicht infrage stellen, das in dieser Gemeinschaft zirkuliert. Historisch hat es immer mal wieder große Staatsbankrotte gegeben. Das sind sehr fragile Momente, nicht nur für die Herrschaft in diesen Gebieten, sondern auch für die Gemeinschaft.

Aber der Glaube kann immer wiederhergestellt werden?

Das hängt eng mit der Frage zusammen, wie das Geld beglaubigt wird. Historisch gibt es drei Arten: zum einen die materiellen Werte, die für Geld stehen. Das lateinische Wort für Geld, Pecunia, kommt von Pecus, das Vieh, ein Wertmesser in der Antike. Das heißt, Sie haben die materielle Beglaubigung des Geldes über Grund und Boden, über Viehbestände. Symbolisch für diese materiellen Werte gab es Gold, was schon eine sehr fiktive Art der materiellen Beglaubigung war, denn an sich gibt es keinen festgelegten Wert für Gold und Edelmetalle. Die zweite Art der Beglaubigung des Geldes ist der Souverän. Der Drachme in Griechenland wurde das Portrait der Athener Schutzgöttin Pallas Athene und ihrer Eule aufgeprägt und der Glaube an diese Gottheit beglaubigte das Geld, unabhängig vom Metallwert der Münze. Alexander der Große hat dann als Erster sein Portrait an die Stelle der Gottheit gesetzt. Die dritte Art der Geldbeglaubigung geht vom sakralen Opferkult aus. Die erste Münze Griechenlands, der Obolós, bezog sich auf einen Spieß, der ebenso hieß und mit dem die großen Opfermahlzeiten vollzogen wurden. Teile dieses Spießes zirkulierten als Geld. Dieses hatte seine Beglaubigung dadurch, dass es im sakralen Opferkult einen Wert bekommen hatte. Es war durch die Götter beglaubigt. Aus diesen Stücken Metall wurden Münzen, auf die das Abbild einer Gottheit geprägt wurde oder das geopferte Tier. Bei dieser Art der Beglaubigung spielt ein weiterer Aspekt eine wichtige Rolle: Ein Opfer hat nur dann einen Wert, wenn es den Gebenden selbst repräsentiert. Das heißt, in jedem Tieropfer war letztlich der Mensch selbst enthalten.

Und wie gewinnt die Gemeinschaft ihre Glaubwürdigkeit?

Der Glaube an die Gemeinschaft war sehr lange repräsentiert durch den Herrscher. Der Theorie von den zwei Körpern des Königs nach hat der Herrscher neben seinem leiblichen einen unsterblichen Körper, der das Reich repräsentiert. Das Aufkommen des Nationalismus im frühen 19. Jahrhundert ersetzte die aristokratische, feudale Beglaubigung der Gemeinschaft durch den König: An seine Stelle trat die Nation. Heute gibt es zwei konkurrierende Formen der Gemeinschaftsbeglaubigung: Der eine Faktor ist soziale Gerechtigkeit. Ich fühle mich von einer Gemeinschaft gut aufgenommen, wenn ich das Gefühl habe, dass diese Gemeinschaft versucht, immer wieder Gerechtigkeit herzustellen. Und die zweite Art der Beglaubigung ist Populismus, die emotionale Form der Gemeinschaft. Sie versucht, den Nationalgedanken aufzugreifen, vor allem durch die Entwicklung von Feindbildern, die das Selbstbild stärken. Das erleben wir momentan in vielen Fällen in Europa und anderswo. Diese neonationalistische Form der Beglaubigung konkurriert natürlich auch mit dem europäischen Gedanken.

Wenn der Glaube an die Gemeinschaft getragen wird durch soziale Gerechtigkeit, welche Rolle spielt diese heute, um unsere Gemeinschaft zu erhalten?

Das Deutsche Institut für Wirtschaftsforschung hat vor Jahren schon berichtet, dass die Einkommen immer weiter auseinandergegangen sind. Die, die viel Geld haben, verdienen demnach immer mehr. Wer ein geringes Einkommen hat, verdient weniger oder das Einkommen stagniert. Die Mittelschicht bricht weg durch diese zunehmende Polarisierung. Wenn die breite Mittelschicht verschwindet, dann ist das, was soziale Kohäsion herstellt, nicht mehr da. Es ist nicht nur wichtig, dass alle Menschen einigermaßen gut leben können von ihrer Arbeit. Ein gewisses Gleichgewicht ist auch wichtig für die Ökonomie selbst. Sie ist dort produktiver, wo das Einkommensgefälle nicht zu hoch ist. Ein Beispiel für die neue Schere: Ein Vorstandsvorsitzender verdient heute mindestens 400-mal so viel wie der am niedrigsten Bezahlte derselben Firma, oft auch mehr. Vor 20 Jahren war es 40-mal so viel. Und der Gründer von JP Morgan, John Pierpont Morgan, der hat noch Ende des 19. Jahrhunderts festgelegt, dass der Bestverdienende in seiner Firma nicht mehr als 20-mal so viel verdienen darf. Mit diesem Auseinanderdriften der Einkommensverhältnisse gehen wir auf eine neue feudale Sozialstruktur zu – und die ist mit der Demokratie nicht vereinbar. Die Vermehrung des Reichtums – die Multiplikation der Geldbestände auf einigen Konten – fällt zusammen mit der Aufkündigung des Goldstandards, dem allmählichen Verzicht auf jede materielle Beglaubigung des Geldes und dem Aufkommen des Finanzkapitalismus.

Ein Firmenchef in den USA hat jüngst einen unternehmensinternen Mindestlohn von 70.000 Dollar festgelegt. Reicht das schon aus oder geht es um das Gefälle? Geht es in erster Linie um die Grundlage oder müssen wir Ungleichheit abschaffen?

Ich würde sagen, beides, aber das wird sich auch von selbst ergeben. Wenn Sie 70.000 Dollar als Mindesteinkommen festlegen, dann wird nicht ohne Weiteres das 400-Fache für den CEO drin sein. Aber in der Tat geht es nicht nur darum, dass alle gleich viel verdienen, sondern darum, dass Menschen von ihrer Arbeit leben können und nicht vom Staat zusätzlich subventioniert werden müssen oder einen zweiten Job annehmen müssen, wie das in einigen europäischen Ländern ja der Fall ist.

Wer trägt denn Verantwortung in der Gesellschaft für den Zusammenhalt und dafür, dass keine zu große Kluft entsteht?

Die Politik sollte einigen Einfluss haben, aber man hat ja oft das Gefühl, dass die Politik wie gebannt auf die großen Banken und auf die gut verdienenden Unternehmer starrt und sich dort ihre Ratschläge holt. Politiker würden gern glauben, dass soziale Verantwortung vom Kapital selbst ausgeht. Das ist mehr als fragwürdig.

Was muss Politik tun, damit eine Gesellschaft ihr Wachstum sozial gerecht verteilt?

Der Energiekonzern Enron hat kurz vor seiner Pleite die ganzen Compliance-Regeln abgeschafft in der eigenen Firma. Der Staat kann durchaus verlangen, dass solche Regeln geschaffen und eingehalten werden. Ein anderer Aspekt ist so etwas wie Mindestlohn. Der Staat kann viel mehr Einfluss nehmen, wenn er den Mut dazu hat. Ich weiß, das führt dann immer zur Diskussion, ob solche Einflüsse von oben kommen können, von der Politik. Aber wie man zum Beispiel bei der Frauenquote sieht, gehen solche Entwicklungen in den wenigsten Fällen von den Unternehmen aus. Oder bei der Entscheidung gegen die Kernenergie. Manchmal kann die Politik schon eingreifen, wenn etwas von den Unternehmen nicht als ein Gewinn begriffen wird.

Kommen wir einmal auf den anderen Aspekt der Beglaubigung zu sprechen, den sie nannten: Populismus, Abgrenzung gegen andere. Welche Rolle spielt Gewalt im Zusammenhalt einer Gemeinschaft?

Einigermaßen darauf vertrauen zu können, dass ich nicht sofort überfallen werde, wenn ich auf die Straße gehe, oder dass bei einem kleinen Konflikt der andere nicht gleich ein Messer oder eine Pistole zückt, ist bei so gut wie jedem von uns ein starkes Bedürfnis. Dieses Gefühl von Sicherheit, das ja nicht nur darauf basiert, dass überall Kameras hängen und die Polizei schnell abrufbar ist, sondern dass Sie und ich domestizierte Körper haben, dass wir sozusagen einen gewissen Umgang mit Gewalt gelernt haben. Das ist noch viel, viel wichtiger als die Möglichkeiten des Staates, gegen Gewalt vorzugehen. Einfach dem einzelnen Körper ein psychisches Korsett, eine Art von Möglichkeit beizubringen, wie er oder sie mit möglichst wenig Gewalt im Umgang mit anderen Menschen lebt. Das ist gar nicht zu überschätzen. Dieser interiorisierte Verzicht auf physische Gewalt ist der wichtigste Faktor.

Wie erreichen wir Gewaltverzicht?

Das lernt man in der Schule, zu Hause. Das ist ein kulturelles Phänomen, das über Generationen allmählich angeeignet wird. Wahrscheinlich müssen wir die ganze Frage von Bildung noch einmal neu überdenken. Was ist Bildung eigentlich? Heute können Sie viel Wissen relativ schnell abrufen, aber was Sie nicht so leicht abrufen können, ist diese Zivilisierung des einzelnen Menschen, diese Vorstellung davon, dass er oder sie dem anderen nicht einfach über den Schädel hauen kann, sondern dass es Kompromissfähigkeit geben muss, dass man Dinge aushandelt, dass man nach Lösungen sucht, um Konflikte auf zivile Weise zu lösen.

Der Verzicht auf Gewalt ist zentral und dennoch benötigen wir im äußersten Fall das menschliche Opfer?

Auch das Geld verlangt nach einem domestizierten Körper. Das ist das symbolische Menschenopfer, das dem Geld seine Glaubwürdigkeit verleiht. Aber dieses Opfer kann man nicht an den anderen delegieren – meistens sind es die Schwächsten der Gesellschaft, die es trifft. Das ist dann in der Tat Gewalt. Vielmehr geht es darum, das Menschenopfer am eigenen Körper zu vollziehen – in Form von Domestizierung. Sie ist es, die dem Geld seine Glaubwürdigkeit verleiht. Max Weber hat das sehr schön am Kapitalismus der protestantischen Ethik beschrieben, bei der die Askese des Klosters in den öffentlichen Raum übertragen wird. Eben weil die beiden anderen Formen der Geldbeglaubigung, nämlich der Souverän und die materielle Deckung des Geldes, immer weniger wirksam sind, spielt diese Art der Beglaubigung eine umso wichtigere Rolle. Heute ist der größte Teil des Geldes Kreditgeld: ein Geld, das zunächst nur auf dem Papier besteht und dann seine eigene materielle Beglaubigung in Form von Waren hervorbringen soll, aber gar nicht mehr hervorbringen kann, weil es so viele materielle Güter gar nicht gibt, um das viele Geld zu decken. Der Souverän könnte noch eine gewisse Möglichkeit repräsentieren, zumindest die Glaubwürdigkeit des Staates oder der Gemeinschaft und damit auch des Geldes herzustellen. Die sakrale Beglaubigung des Geldes, bei der der menschliche Körper symbolisch oder auch direkt einstehen muss für die Glaubwürdigkeit des Geldes, spielt immer dann eine wichtige Rolle, wenn die beiden anderen Formen versagen. Dann kommt so etwas wie die Lehman-Pleite, wo plötzlich allein in Amerika sechs Millionen Menschen ihren Arbeitsplatz und ihre Behausung verlieren. Das war ein typisches Beispiel für die Delegation des Menschenopfers an den anderen. Die Agenten des Geldes hatten geglaubt, sie könnten das Geld vermehren, ohne den Preis des Geldes am eigenen Leib zu bezahlen. Darin bestand ihr Versagen.

Was heißt es für eine Gesellschaft, wenn sie derlei Opfer braucht?

Es bedeutet, dass es zwei Kategorien von Menschen gibt: auf der einen Seite die, die das Geld im eigenen Interesse agieren lassen, und auf der anderen Seite die, die für das Geld und seine Glaubwürdigkeit einzustehen haben. Dabei steht es keineswegs fest, wer auf welche Seite gehört. Es kann leicht passieren, dass ein Mensch vom Agenten zum Beglaubiger wird. Die eigentliche Frage liegt jedoch woanders. Dass das Geld für seine Beglaubigung nach einem symbolischen Menschenopfer – im Sinne von Domestizierung – verlangt, ist nicht das Problem, sondern die Tatsache, dass einige glauben, man könne die eigene Opferrolle an andere weitergeben.

Müssen wir Sorge haben um diese Art von Stabilität?

Ja, das glaube ich. Wenn Sie das Beispiel der Pegida-Demonstrationen nehmen, die haben nichts mit dem Islam zu tun, sondern mit dem verlorenen Gefühl, einer Gemeinschaft anzugehören. Insofern muss man sie ernst nehmen als Appell an das Gemeinschaftsgefühl. Wenn dieses Gemeinschaftsgefühl nicht erstellt wird, etwa durch soziale Gerechtigkeit, kommt diese populistische Art von Gemeinschaftsgefühl auf und es wird geschürt von denen, die sich auf diese Weise politische Macht erhoffen.

Gibt es in der Gesellschaft ein Bedürfnis nach Opfern?

Auf jeden Fall können Sie sehen, dass in Krisenzeiten immer Opfer, Sündenböcke, gewählt werden. Elias Canetti hat anhand der Inflation der 1920er-Jahre beschrieben, wie eng die Gefühle gegen Juden mit der Inflation zusammengehen. Das fiel zusammen mit dem nationalistischen Antijudaismus. Insofern gibt es mit jeder Instabilität, die ökonomisch sein kann, aber nicht sein muss, die große Gefahr, dass Sündenböcke gesucht werden und dass diese Suche zu Gewalttätigkeit führt.

Gibt es in unseren zivilisierten Gesellschaften auch ein Bedürfnis nach dem Ausbrechen, nach dem Emotionalen, nach Gewalt?

Ich fürchte, dass gerade in hochzivilisierten Gesellschaften direkt unter der Oberfläche eine große Sehnsucht nach dem Nichtdomestizierten vorhanden ist. Vom kleinsten Dorf bis zu staatlichen großen Gemeinschaften finden Sie das. Das spricht aber immer noch nicht dagegen, diese Art von Zivilisation und Domestizierung zu praktizieren und zu erringen. Man müsste höchstens fragen, wie sich das Positive des Zivilisierten betonen lässt – als etwas Positives, auch emotional Erstrebenswertes und nicht nur zur Abwendung von Gefahr.

Lässt sich die emotionale Sehnsucht der Gesellschaft kanalisieren?

Über Jahrhunderte, über Jahrtausende hat die Religion diese Funktion gehabt, Menschen zu verbinden und dieses Gefühl herzustellen: Nun haut euch nicht gegenseitig die Köpfe ein. Nun haben wir aber gerade im 20. und 21. Jahrhundert eine ausgesprochen gewalttätige Religionsausübung. In Deutschland ist Religion kein Gewaltfaktor, aber in anderen Gebieten der Welt und das schließt keineswegs nur den Islam ein. Die Religion im 20. und 21. Jahrhundert scheint zu einem Potenzial der Gewalt geworden zu sein. Und das lässt mich zögern, ob Religion wirklich unsere Antwort sein kann.

Welchen Ausweg gibt es dann?

Es gibt die Gesellschaft der Gabe, eine premonetäre und vor allen Dingen vorschriftliche Gesellschaft. Der Gabentausch impliziert, dass sich einzelne Menschen oder auch Gruppen miteinander vernetzen und dadurch in eine Art von gegenseitigem Schuldverhältnis treten. Das hat etwas sehr Domestizierendes, wenn es ein zwingendes Gesetz gibt, dass jeder, den ich beschenkt habe, mir etwas zurückgeben muss oder einen anderen beschenken muss. Diese Gaben, die zwischen den Menschen zirkulieren, enthalten auf symbolische Weise immer den Gebenden, wie bei der Opfergabe. Die Gaben tragen ein Stück von mir, von meinem Geist, meiner Psyche in sich. Wenn ich sie Ihnen gebe, tragen Sie etwas von mir in sich und Sie sind dafür verantwortlich. Das heißt, Sie können mir nicht den Kopf einhauen. Ein hochdifferenziertes soziales System, das in unterschiedlichen Formen und Ausprägungen weltweit vorkam und in einigen Regionen noch funktioniert. Es verschwand allmählich mit der Schrift und dem Geld, floss aber noch in die Gesetzestexte, auch in das römische Recht, ein. Wenn es gelänge, eine moderne Version von der Gesellschaft der Gabe zu erstellen, böte diese für das 21. Jahrhundert und die Zukunft vielleicht einen zivilisatorischen Effekt ohne das Violenzpotenzial der Religion. Heute zirkulieren Menschen weltweit – wegen der vielen Krisen- und Kriegsherde und aufgrund der Globalisierung. Wenn es gelingt, diese Zirkulation als einen Gabentausch zu denken – der Fremde nicht als Eindringling, sondern als Geschenk –, dann könnte dies eine neue Form sozialer Kohäsion entstehen lassen. Das ist weniger utopisch, als es klingt: Das Geld hat viele der Funktionen übernommen, die die Gabe einst erfüllte, und indem es zirkuliert, schafft es auch Netzwerke. Aber das Geld kann die Gabe nie ganz ersetzen: Es gilt zu begreifen, dass auch der Mensch selbst eine Gabe darstellt. Wir scheinen das vergessen zu haben.

In Deutschland huldigen wir der schwarzen Null und dem Export. Keine Religion, kein Nationalismus, keine Gewalt – glauben wir stattdessen an unsere ökonomische Überlegenheit?

Auf jeden Fall schafft die ökonomische Überlegenheit zurzeit ein Gefühl von Überlegenheit überhaupt. Das ist äußerst prekär und dasselbe gilt auch für militärische Überlegenheit. Eine solche Überlegenheit kann sehr schnell kippen, die Geschichte zeigt das. Wenn aber unser Gefühl von Stärke darauf beruht, dass wir sagen, wir interessieren uns auch für das Schicksal der anderen oder wir fühlen uns den anderen verpflichtet – das Gesetz der Gabe heißt, ich schulde mich den anderen –, könnte das ein viel stärkeres Gefühl von Sicherheit herstellen als die ökonomische Überlegenheit. Das Gefühl der Überlegenheit ist eigentlich unvereinbar mit dem Gefühl, sich den anderen zu schulden.

Tatsächlich weist Deutschland Fragen von Schuld eher kategorisch zurück, griechische Reparationsforderungen etwa.

Weiß Gott, Griechenland hat mehr als berechtigte Ansprüche an die Bundesrepublik.

Also sind wir von dieser Bereitschaft, uns durch die Gabe an andere zu versichern, noch weit entfernt?

Griechenland ist ein sehr gutes Beispiel. Nicht nur schulden wir den Griechen eine Wiedergutmachung, eine ernsthafte Wiedergutmachung für die nationalsozialistischen Verbrechen, weit mehr als das Symbolische, das sie schon einmal bekommen haben. Es wäre auch ein Zeichen im Sinne einer Anerkennung dieser Schuld, die politische wie ökonomische Aspekte hat. Deutschland tut sich zweifellos auch deshalb schwer mit der Frage der Schulden, weil es schon so viel Schuld auf sich geladen hat. Anders als die romanischen Sprachen unterscheidet die deutsche nicht zwischen ökonomischen Schulden und einer Schuld im Sinne von Vergehen. Die deutsche Sprache hat recht. Beide Arten von Schuld hängen eng zusammen – das gehört zur religiösen Dimension des Geldes. Deshalb könnte es sein, dass sich die eigene Schuld durch die Schuldentilgung des anderen ausgleichen lässt.

An der Spitze der deutschen Regierung steht eine Frau. Macht das einen Unterschied?

Frauen haben eine längere Domestizierungsgeschichte hinter sich als Männer. Aus kulturellen Gründen. Deshalb könnte es sein, dass sie weniger leicht dazu neigen, die Domestizierung an den anderen zu verweisen. Es könnte sein, dass Frauen in dieser Hinsicht eine andere kulturelle Tradition repräsentieren und dass diese heute, in einer Gesellschaft, die ein Sozialmodell zu entwickeln versucht, das nicht nur auf ökonomischer und militärischer Macht und Überlegenheit beruht, gebraucht wird. Es ist wahrscheinlich ein interessanter Faktor, dass Deutschland eine Bundeskanzlerin hat, dass mehrere Frauen in dieser Regierung mit erheblicher Macht ausgestattet sind, sogar als Verteidigungsministerin. Es ist vielleicht ein Anzeichen dafür, dass das, was Frauen symbolisieren, eine wichtigere Rolle spielt als bisher. Aber weiter würde ich im Moment nicht gehen.

Sie haben einmal die Frage gestellt, wie wir es schaffen, in Gemeinschaft zu leben, ohne dass sie totalitär wird.

Das ist eine Kippfigur. Der Staat, der von oben alles regiert, ist sicher nicht die Lösung, sondern das Gemeinschaftsgefühl muss von den Einzelnen kommen und selbst das ist nicht immer eine freie Entscheidung. Der Politikwissenschaftler Benedict Anderson hat beschrieben, wie die Druckerpresse und dann vor allem die Rotationsmaschine Gemeinschaftsgefühle hergestellt haben. Dass in den USA zwischen Kalifornien und der Ostküste alle Leute die gleiche Zeitung lesen, stellt ein Gemeinschaftsgefühl her. Dieses Gefühl, dass die Landsleute so ähnlich denken wie man selbst, wird hergestellt durch die Medien. Und das ist ein interessanter Gedanke, weil er nicht besagt, dass wir uns entscheiden zusammenzugehören, sondern dass wir sozusagen programmiert werden. Das scheint mir der entscheidende Faktor für die Herstellung des Gemeinschaftsgefühls zu sein. Und da kann die Gesellschaft der Gabe Fuß fassen. In diesen anthropologisch erforschten Gemeinschaften spielt die mediale Verkettung untereinander eine wichtige Rolle: Deren Gesetz ist unerbittlich, ohne dass es laut ausgesprochen wird; verstoße ich gegen das Regelwerk, falle ich aus der Gemeinschaft heraus. Auch unser Gemeinschaftsgefühl wird nicht bewusst hergestellt. Der totalitäre Staat dagegen versucht, das Gemeinschaftsgefühl bewusst, gar mit Gewalt herzustellen. Das funktioniert nicht nur nicht, es hat auch verheerende Folgen.

Auch ein programmiertes Gemeinschaftsgefühl klingt schon sehr gleichförmig.

Der Anthropologe Karl Polanyi beschreibt in einem Buch von 1944 den Industrialisierungsprozess. Der implizierte, so sagt er, dass die Ökonomie zum ersten Mal in der Geschichte nicht ein Faktor der Gemeinschaft war, sondern die Gemeinschaft zu einem Faktor der Ökonomie wurde. Die Ökonomie bestimmte über die Politik, nicht umgekehrt. Er beschreibt das dann mit diesen Begriffen: auf der einen Seite Gesellschaft und auf der anderen Seite Gemeinschaft. Und er bringt die Entwicklung in Zusammenhang zum Papiergeld, zur Privatisierung der Privatwirtschaft, dem individuellen Profit. Durch diese Faktoren sei aus Gemeinschaft, die bis vor dem Industrialisierungsprozess immerhin noch die Feudalgesellschaft prägte, Gesellschaft geworden. Polanyi vermutet, dass diese Sehnsucht nach der verlorenen Gemeinschaft der Grund dafür ist, dass sich im 20. Jahrhundert so viele Menschen zunächst bereitwillig den totalitären Staaten unterworfen haben: Sie trugen alle das Versprechen in sich, eine Gemeinschaft an die Stelle der Gesellschaft zu setzen. Das, glaube ich, würde heute nicht mehr funktionieren. Der totalitäre Staat ist ein Phänomen des 20. Jahrhunderts, zumindest in den Industrieländern. Heute sind andere Formen von Gemeinschaft entstanden und die sind zum Teil medial bedingt. Heute haben wir mehr Vielfalt der Medien und Sie haben auch die Möglichkeit, sich den sozialen Netzwerken anzuschließen oder zu entziehen.

Wo, meinen Sie, werden die Ziele unserer Gesellschaft am stärksten aufeinanderprallen?

Ich glaube, dass auf jeden Fall die Macht des Kapitals eine wichtige Rolle spielt – wofür Politik und Wirtschaft schon sehr sensibilisiert wurden durch die Lehman-Pleite. Erlauben wir dem Geld tatsächlich, uns zu manipulieren oder uns zu sagen, wo es langgeht? Wird es eine Möglichkeit geben, dem Geld, dem Kapital, das sich durch seine reine Zeichenhaftigkeit so leicht vermehren lässt, seine Eigendynamik zu nehmen? Und wo lässt sich ein Ausgleich herstellen zwischen dem Individuum, seinen individuellen Interessen und dem, was der Gemeinschaft zugutekommt und damit auch dem anderen? Dieser Konflikt ist im 19. Jahrhundert anders erzählt worden als im 20. und er wird im 21. Jahrhundert erneut eine andere Gestalt annehmen.

Und wo lauern die größten Risiken?

Das sind die unberechenbaren Krisen. Die Ukraine hätte ganz plötzlich umkippen können in eine Kriegssituation und kann es vielleicht immer noch. Im Moment scheint es eine Pattsituation zu geben und die Krisenherde sind jetzt eher Syrien und Nordafrika; auch von da kann ganz plötzlich ein Weltbrand ausgehen. In dem Fall wären wir, ob wir es wollen oder nicht, Teil einer Krieg führenden Gemeinschaft – ob das jetzt die EU ist oder die Bundesrepublik. Ich habe eine Familiengeschichte geschrieben und dann habe ich nur die Generation ab etwa 1910 bis 1948 verfolgt ...

... die Geschichte Ihrer eigenen Familie. Zu der gehörten ihre Großmutter Hildegard Margis, die als Kommunistin im Gestapo-Gefängnis starb, ebenso wie Ihr Onkel Wernher von Braun, der für Hitler Raketen baute.

Was diese Generation, also meine Eltern und Großeltern auf beiden Seiten, für Umwälzungen erlebt hat, was für prekäre Situationen sie erlebt hat, das ist unglaublich für so eine kurze Zeit. Anhand dieser Geschichte ist mir klar geworden, wie schnell eine relativ sichere Situation umschlagen kann in eine Situation, wo jeder um sein Leben und um das Leben der Kinder und Angehörigen bangen muss. Es wird immer Instabilität geben – Sicherheit ist eine Utopie und vielleicht nicht einmal eine wünschenswerte –, aber diese Prekarität immer wieder ins Bewusstsein zu rufen, erscheint mir zurzeit das wichtigste Anliegen: für die Politik wie für den Einzelnen.

Das Gespräch mit Christina von Braun führten Henrik Brinkmann und Benjamin Dierks im April 2015 in Berlin.

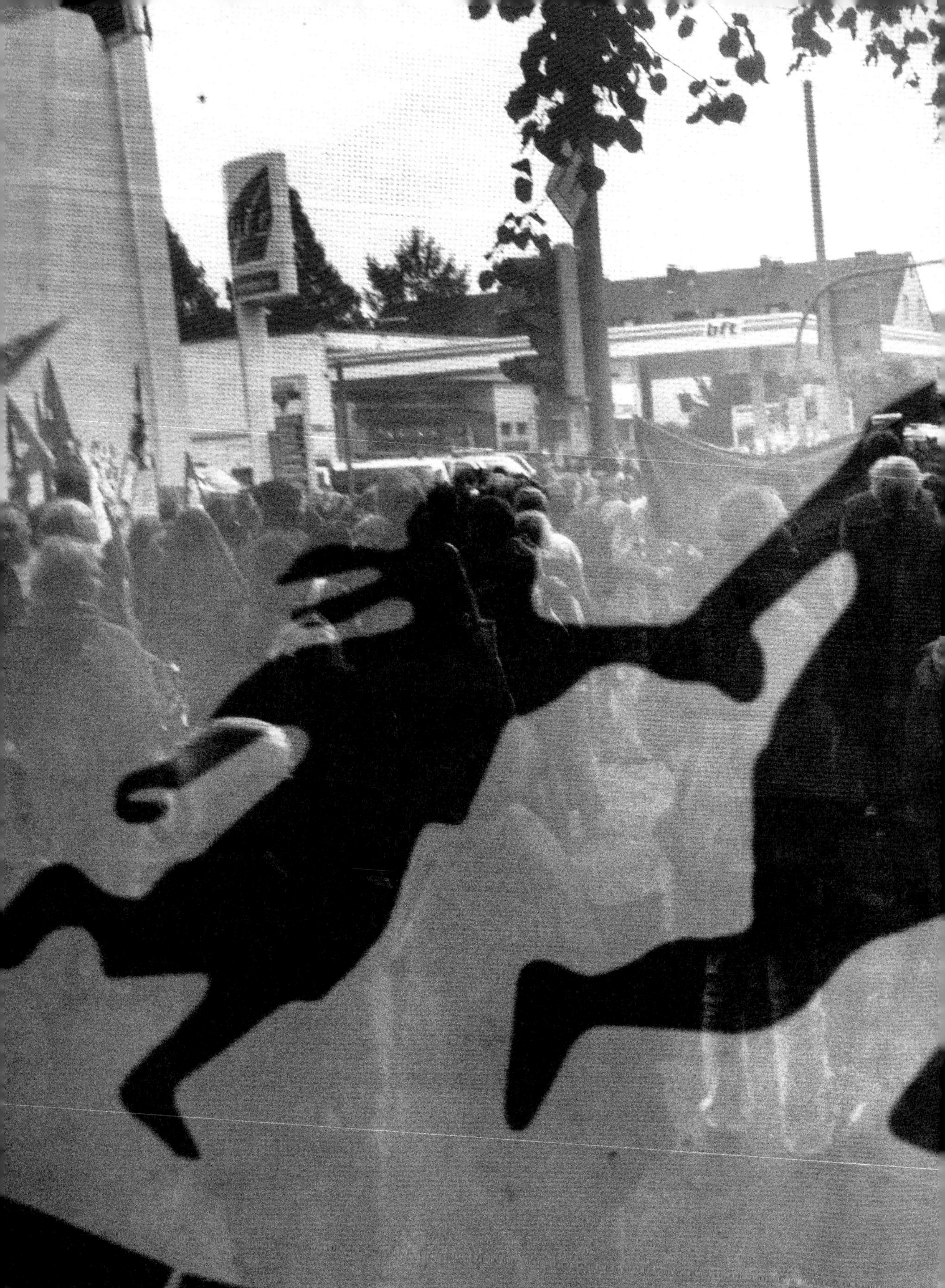
bft

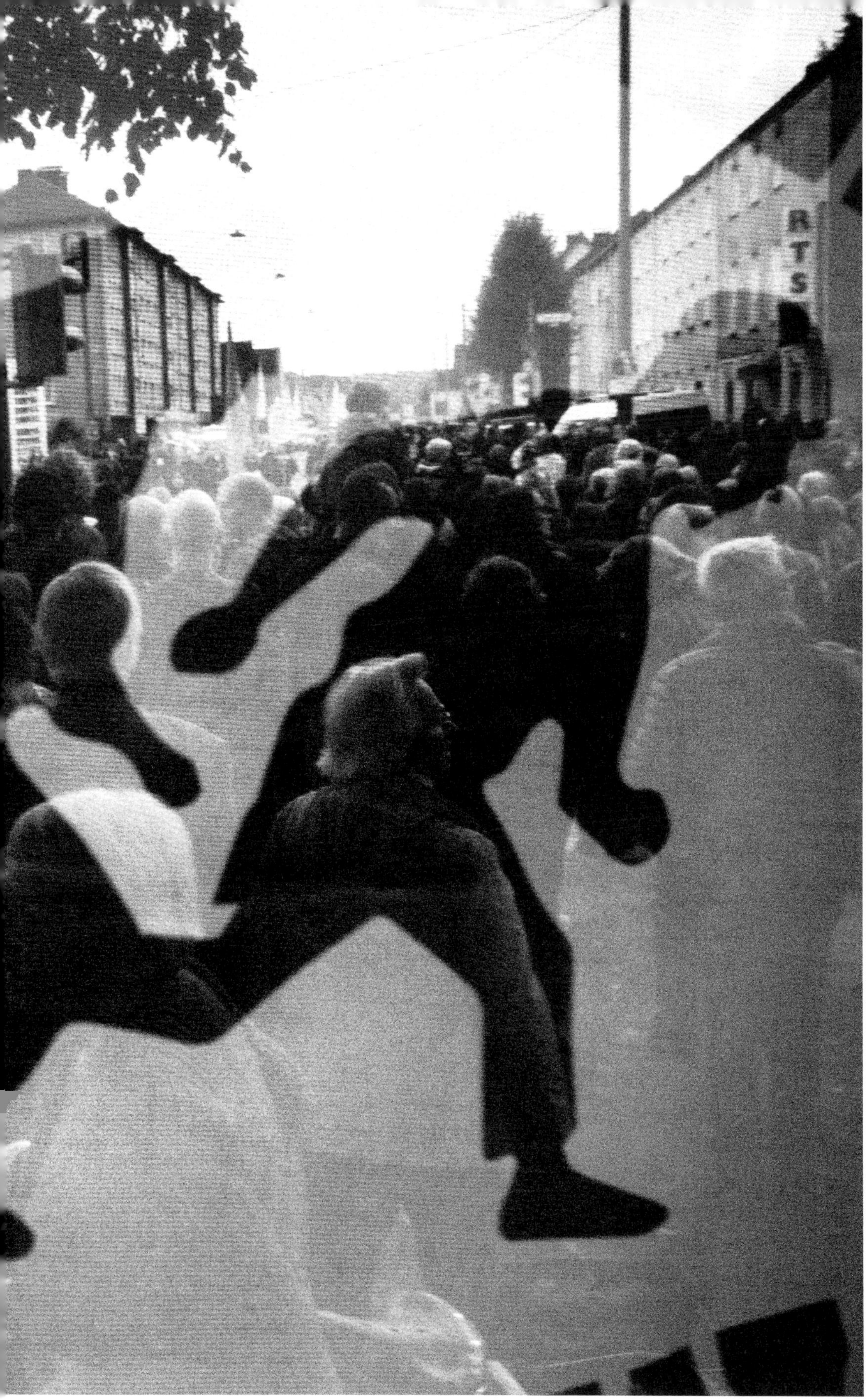

Möglichkeitenräume der Oberflächenwelt
Ein Gespräch mit Helge Ritter

Herr Ritter, Sie beschäftigen sich mit der Kommunikation Mensch – Maschine. Wann müssen wir uns mit der Frage beschäftigen, wie humanoide Roboter unsere Gesellschaft verändern?

Helge Ritter: Das fängt jetzt schon an, man kann die ersten humanoiden Spielroboter kaufen. Sie sind noch ein bisschen teuer, aber die Entwicklung ist schnell. Dabei ist Kommunikation ganz wichtig. Man hat früher gedacht, dass Lernen im Grunde Informationsaufnahme ist, es ist aber Informationsaufnahme in einem sozialen Kontext. Das hat die Robotik in den letzten zehn Jahren beflügelt. Die Gesellschaft ist davon heute schon stark betroffen. Die enorme Vernetzung, nicht nur von Menschen, sondern auch von technischen Systemen, bringt neue Systemeigenschaften hervor, von denen wir noch nicht alle in den Blick genommen haben. Beschleunigung eröffnet natürlich faszinierende Möglichkeiten. Wir können mehr erleben in unserer Lebensspanne, mehr aufnehmen. Auf der anderen Seite erfahren wir eine Verdichtung von Arbeit. Nicht alle Menschen sind in der Lage, damit gut umzugehen. Das lässt sich herunterbrechen auf die Frage: Wie sieht unsere Arbeitswelt von morgen aus? Wir wollen das Arbeitsumfeld für den Menschen besser machen und belastende Tätigkeiten beseitigen. Allerdings ist das für alle nur dann gut, wenn es gelingt, andere Tätigkeitsangebote zu machen, die nicht unbedingt eine stark veränderte Qualifikation erfordern. An dieser Stelle hapert es.

Freiheit und Entlastung haben ihren Preis?

Ja, beispielsweise Abhängigkeit vom Internet. Dort existieren auch Angreifer, die gezielt Störmöglichkeiten ausloten. In der Natur ist das auch so: Wir sind, ähnlich wie Gesellschaften, zahllose Zellen, die miteinander in einer sehr strukturierten Art und Weise leben, einen Organismus bilden, der auch Angriffe erlebt. Deswegen hat dieser Organismus komplexe Immunsysteme, die Angriffe detektieren, Informationen sammeln und das System abschirmen. Meistens gelingt das ganz gut, aber nicht immer. Dass selbst die Natur es nicht geschafft hat, inhärent gesunde Systeme zu machen, zeigt, dass uns das auch in den technischen Systemen nicht gelingen wird. Wir müssen Angriffe und die Auseinandersetzung damit als etwas Natürliches ansehen und nicht den Fehler machen, hundertprozentige Gesundheit zu verlangen. Die Kosten wären zu hoch.

Gibt es einen Punkt, wo wir als menschliche Gesellschaft überfordert sind von der Verdichtung, die uns die selbst geschaffenen technischen Systeme auferlegen?

Man kann vergangene Krisen so deuten, dass wir schon punktuell Berührung mit dem Problem hatten. Bisher sind wir da wieder ganz gut herauskommen. Dinge wie globale Erderwärmung könnten ein Hinweis auf eine Überforderung sein, den technischen Fortschritt und die beschleunigte Ausnutzung von Ressourcen so zu steuern, dass ein Gleichgewicht zwischen Mensch und Ökosphäre gewahrt bleibt. Trotz – oder vielleicht gerade wegen – Zeitskalen von Dekaden fällt es uns sehr schwer, mit dieser Überforderung umzugehen.

Muss Ihre Forschung die gesellschaftlichen Folgen im Hinterkopf haben?

Ich glaube, wir schaffen es nicht, alle Auswirkungen mitzudenken. Wer eine Straße baut, kann nicht mitdenken, was auf dieser Straße eines Tages alles transportiert werden könnte. Jede menschliche Tätigkeit setzt das, was geschaffen wird, in ein komplexes Kraftfeld von Motivationen, Interessen und Möglichkeiten. Die Nutzung hängt von gesellschaftlichen Entscheidungen und Rahmenbedingungen ab, die in einer idealen Demokratie wir alle gestalten. Kommunikationstechnologien können segensreiche Wirkungen haben, schaffen aber auch die Möglichkeit, Informationsflüsse zu beobachten und Informationen zu sammeln. Wir haben gesehen, dass Geheimdienste über die Erwartungen hinaus Aktivitäten entfaltet haben und dass es – ich gehe mal vom guten Willen aller beteiligten Regierungen aus – nicht immer leicht ist, wünschenswerte Nachsteuerungen umzusetzen.

Wird immer alles gemacht, was möglich ist?

Das glaube ich nicht. Der Möglichkeitenraum ist einfach viel zu groß. Wir haben gar nicht die Ressourcen, allen vielversprechenden Richtungen nachzugehen. Wir müssen immer auswählen und diese Auswahl bestimmt die weitere Entwicklung. Die technische Entwicklung hätte sicherlich auch ganz andere Formen und Wege nehmen können und das ist auch das Spannende, die Überraschungen, die man nicht vorhersagen kann. Wer konnte vor 15 Jahren vorhersagen, dass einer dieser Daten- oder Anfragebeantwortungsdienste sich so fulminant entwickeln würde wie Google? Wer konnte vorhersagen, dass die sozialen Netzwerke so stark unser Leben durchdringen würden?

Sie richten Maschinen so aus, dass sie Mensch und Gesellschaft helfen. Wie müssen sich denn Menschen auf die Veränderung durch diese Maschinen einstellen?

Eine Art ist zu lernen, wie man die Maschinen in sein Leben integrieren kann. Der zweite Punkt ist eine gesunde Skepsis. Wie ich lernen muss, dass ein Auto auch ein gehöriges Maß an Vorsicht für eine gefahrenarme Nutzung erfordert, muss ich auch den Umgang mit anderer neuer Technik lernen. Wie kann ich erreichen, dass mein Roboter im Haushalt wirklich nur für mich da ist und nicht gekapert wird oder Dinge ausplaudert? Wir haben das im Kleinen schon bei den Apps. Die Mitspieler in diesem Kraftfeld sind talentiert, uns in Versuchung zu führen. Wenn ein Produkt früher auf den Markt gebracht wurde, hat eine kleine Anzahl von Leuten darüber nachgedacht, wie sie es attraktiv machen. Heute werden millionenschwere Teams zusammengeführt, die unheimlich professionell mit sehr viel Expertise Produkte in ihrer Verführungswirkung optimieren, um im Wettbewerb zu bestehen. Der Einzelne ist aber der Einzelne geblieben. Insofern entsteht da, martialisch ausgedrückt, eine zunehmende Waffenungleichheit.

Bisher gibt es zumindest eine klare Unterscheidung zwischen dem Menschen und der Technik. Je mehr sich aber die Technik adaptiert oder responsiv wird in einer menschlichen Art, desto mehr verschwimmt womöglich die Grenze.

Ich bin schon selbst ein bisschen hybrid, ich sehe die Welt durch ein technisches Teil, die Brille, deren Abwesenheit mir sehr stark fehlen würde. Andere Menschen haben ein Hörgerät oder einen Herzschrittmacher. Inzwischen gibt es auch schon den Gehirnschrittmacher, der unerwünschte Hirnfrequenzen unterdrückt, dadurch beispielsweise bei bestimmten Formen von Parkinson segensreich wirkt und eine stark verbesserte Bewegungssteuerung ermöglicht. Ein künstliches Hüftgelenk ist auch zum vielfach bewährten Ersatzteil geworden; all diese Dinge lassen uns die Vision eines immer hybrideren Menschen erahnen, in dem mehr und mehr Technikteile enthalten sind. Ist das gut oder schlecht? Es ist gut, wenn es zur Lebensqualität beiträgt, würde ich sagen. Aber die Welt ist komplizierter. Diese Erweiterungen sind nicht nur Teile, die eingepflanzt werden, sondern man hat auch pharmazeutische Substanzen im Blick, die Gedächtnisfunktionen verbessern. Vielleicht gibt es eines Tages gesundheitlich relativ unbedenkliches Doping. Möchte man dann in einen Optimierungswettbewerb gehen? Wenn der stattfindet, sind wir nicht mehr wahlfrei. Das ist mit vielen technischen Neuerungen so: vom Handy bis Facebook. Alles, was wir machen, setzt eine soziale Dynamik in Gang. Wenn eine breitere Mehrheit etwas nutzt, ist es für die Minderheit unter Umständen nicht mehr möglich, gut integriert und auf Augenhöhe mit in der Gesellschaft zu sein.

Hätten alle die Möglichkeit, am Wettlauf teilzunehmen?

Man redet immer leichter über das, was man nicht hat, als über das, was man hat, also die Probleme sind uns oft markanter im Blickfeld. Ich will erst mal für die Technik eine Lanze brechen; allein der Umstand, dass es so viele Mobiltelefone gibt, hat zu einer viel größeren sozialen Vernetzung geführt. Es gibt allerdings durchaus noch Personengruppen, für die das Handling noch ungewohnt ist. Hier in Bielefeld ist das Pixellabor der Bethelschen Anstalten eingerichtet worden, um Menschen, denen eine geistige Behinderung zugeschrieben wird, digitale Teilhabe zu ermöglichen. Die spüren unnötige Komplexität früher als wir und haben höhere Ansprüche an leichte Bedienbarkeit. Das hilft uns als Entwickler, die Technik menschenfreundlicher zu machen. Das zeigt, dass man Ideen entwickeln muss, um digitale Teilhabe zu gewährleisten. Denn wer nicht teilnehmen kann, steht im Abseits. Wir müssen aber gucken, dass wir keine Technologieskepsis entfalten. Soziale Ungleichheiten lassen sich am leichtesten verändern, wenn man Ressourcen hat.

Kann es zu einem digitalen Graben in dem Sinne kommen, dass eine kleine Gruppe sich Produkte leisten kann, die Mehrheit aber nicht?

Ich glaube, eher das Gegenteil ist der Fall. Die Early Adopters müssen natürlich viel Geld für technische Geräte hinlegen, aber dann hat es bisher immer einen dramatischen Preisverfall gegeben. Wenn man mehr ausgibt, dann bekommt man zusätzliche Features und dann ist es so ähnlich wie mit dem Luxusauto – man kauft dann ein Stück Prestige mit. Unsere Märkte funktionieren ganz gut mit diesem Mechanismus. Er verlangt von uns eine gesellschaftliche Entwicklung von Werten, sodass diejenigen, die in dosierter Form an dieser Dynamik teilnehmen, auch geachtet werden. In Dritte-Welt-Ländern entsteht ebenfalls die Möglichkeit, angeschlossen zu sein an die gesamte Welt. Insofern sehe ich da eher Möglichkeiten für eine Demokratisierung des Planeten durch die Allverfügbarkeitwerdung von Technik, einschließlich einer besseren Teilhabe an Bildung.

Es gibt in anderen Fällen ethische Debatten, zum Beispiel über Gentechnik. Ist es sinnvoll, dass die Gesellschaft auch Grenzen der Digitalisierung erörtert?

Natürlich. Wir müssen ja mitreden dürfen, wie unsere Lebenswelt von morgen aussehen soll. Wir haben zwar die repräsentativen Vertreter in den Parlamenten, die sich von Fachleuten beraten lassen und dann – jedenfalls war das ursprünglich so gedacht – das letzte Wort haben. Und das stellt sicher, dass diese Fachleute in der Lage sein müssen, mit ihren Argumenten zu überzeugen. Und wenn die Fachleute argumentieren: Ihr habt nicht die notwendigen Kenntnisse, dass wir euch überzeugen könnten, dann muss man für die entsprechende Bildung sorgen. Dadurch können unterschiedliche Gesellschaften zu unterschiedlichen Entscheidungen kommen. Das sollte offen im gesellschaftlichen Dialog geschehen.

Kann die Technik gesellschaftliche Probleme lösen?

Wissenschaft kann qualitativ beleuchten, wie Systeme sich verhalten. In der Physik weiß man: Wenn man ein Gas verdichtet, entsteht eine Flüssigkeit; und wenn man die verdichtet, entsteht ein Kristall. Es gibt Phasenübergänge, an denen etwas ganz Besonderes passiert, das sich schlecht vorhersagen lässt. Je komplexer diese Partikel werden – und die Partikel sind in der Gesellschaft einzelne Menschen –, desto schwerer vorherzusagen werden die Phasenübergänge. Wir müssen mit dem System Gesellschaft mit einer gewissen Vorsicht umgehen. Ich frage mich oft, warum politische Neuerungen immer von heute auf morgen umgesetzt werden. Naheliegend wäre doch, wenn man beispielsweise einen Steuersatz ändern möchte, dass man die Auswirkungen allmählich zuschaltet. Manchmal wird das so gemacht.

Wir müssen nur ein bisschen behutsamer sein?

Die Frage ist: Wie kann man robuste Systeme bauen? Da komme ich auf die Forschung in der Robotik zurück. Wenn Roboter Alltagsdinge machen sollen, nach Objekten greifen beispielsweise, versuchte man früher, das genau zu modellieren. Es hat sich aber herausgestellt, dass es so nicht geht, weil die Simulationen nicht hinreichend viel Vorhersagekraft entwickeln können. Man weiß einfach zu viele Dinge nicht, Reibungsbedingungen oder wie sich die Objekte bewegen. Das wird klar, wenn man sich vorstellt, was es bedeuten würde, Spaghettiessen mechanisch zu simulieren. Das geht schief. Man muss vielmehr die groben Züge erfassen und dann schauen, dass die Systeme inhärent stabil sind. Eine Gabel ist eben so und so gebaut. Wenn man die dreht, muss man nicht genau wissen, wie die Spaghetti sich bewegen, die wickeln sich dann eben auf. Es kommt auf Einzelheiten nicht mehr an, die Interaktionen müssen sich von selbst immer wieder in einen stabilen Zustand bringen.

So lernt ein Roboter, Nudeln zu essen. Was ziehen wir daraus?

Für eine Gesellschaft sollte man fragen, welche Regeln Stabilität erzeugen. Welche Anreize sorgen dafür, dass kein selbstzerstörerischer Wettbewerb entsteht, sondern stabile Wettbewerbsmuster? Welche Belohnungen begünstigen verantwortungsvolle Entscheidungen? Wie müssen Kommunikationswege, Infrastruktur und Bildung aussehen, damit sie zu stabilen Entwicklungsmustern einer Gesellschaft führen? Hier kann die Biologie wieder unsere Lehrmeisterin sein, denn die hat es geschafft, große Gesellschaften aus vielen Zellen so zu bauen, dass die Regeln immer in Richtung Stabilität wirken. Problemen, Erkrankungen und Angreifern ausgesetzt zu sein, aber Adaptivität auf allen Ebenen zu zeigen und an jeder Stelle zu stabilisieren, davon verstehen wir noch zu wenig.

Im Grunde können Gesellschaft und Staat also von Ihrer Forschung lernen, dass man am besten von der Natur lernt?

Manchmal ist ja auch das Wissen um potenzielle Lösungswege schon da, aber es gelingt der gesellschaftliche Konsens nicht oder der Konsens der Handlungstragenden. Dämpfung ist so ein Grundgedanke, der Systeme stabilisiert – etwa die Tobinsteuer, um Aktienmärkte zu stabilisieren. Ausprobiert hat es noch keiner, aber die würde vermutlich funktionieren. Oder es gibt ja heutzutage die Möglichkeit, in Milli- und Mikrosekunden Transaktionen zu machen und entsprechend schnell zu spekulieren. Das geht so weit, dass die Kabellängen zwischen den Computern minimiert werden, weil sie sonst die Rechenabläufe verzögern. Dagegen könnte man Vorschriften machen, welche Zeitspannen erlaubt sind, oder man besteuert kurze Zeitspannen hoch und lange Zeitspannen niedriger. Man kann sich viele Dämpfungsmechanismen und Systemstabilisierungen überlegen.

Können wir uns anders herum denn darauf verlassen, dass der Wandel im bisherigen Tempo weitergeht? Schließlich bringt der ja auch die Wirtschaft in Gang.

Ja, genau. Wir verdanken ja Verbesserungen in diesem Bereich durchaus Wirtschaftswachstum. In der Informatik gilt zu allem Erstaunen seit über 50 Jahren das Mooresche Gesetz, wonach sich etwa alle zwei Jahre die Rechenleistung verdoppelt. Das hätte man nicht für möglich gehalten. Aber eines Tages geht das nicht weiter, dann stößt die Chip-Produktion an eine physikalische Grenze. Der Tag ist vielleicht immer noch ein paar Jährchen entfernt, aber man kommt jetzt bald an der Körnigkeit der Materie an; dann kann man nicht weiter verdichten und da treten neue Fragen auf. Man kann ja argumentieren, dass dieser Zuwachs an Rechen- und Speicherleistung ein durch Forschung und Entwicklung erzeugter Ressourcengewinn ist. Wenn diese Ressource versiegt, ist das so ähnlich wie die Endlichkeit des Erdöls. Und es kommt alles zu ähnlicher Zeit: Das Öl geht aus, die Rechenzeitressource versiegt und das Problem der Erderwärmung drängt. Gleichzeitig steigt die Bevölkerungszahl. Das sind so viele Probleme auf einmal, dass vermutlich keiner so genau hinsehen möchte. Aber man muss gucken, dass man nicht mit zu hoher Geschwindigkeit in die Kurve fährt.

Welche Risiken ergeben sich denn aus dem Versiegen der Rechenkapazität?

Bisher hat man Rechenkapazität für genauere Simulationen, größere Kommunikationssysteme und Datensammlungen wie Google eingesetzt. Dem sind neue Geschäftsfelder zu verdanken. Die würden in einer geringeren Rate entstehen. Vielleicht könnte das im Sinne einer Stabilisierung sogar wünschenswerte Auswirkungen entfalten. Ich kann nicht abschätzen, was das bedeutet. Man kann aber versuchen zu analysieren, was in den letzten 50 Jahren durch diese Verdopplung entscheidend angetrieben wurde und was es bedeutet, wenn das wegfällt.

Was sind Ihrer Meinung nach die größten Trends, die das Verhältnis von Gesellschaft, Technik und Digitalisierung beeinflussen werden in den nächsten Jahren?

Die Fortsetzung der Vernetzung, die Virtualisierung, dass man sich seine Umwelten virtuell frei gestalten wird können. Überhaupt die Ablösung von materiellen Zwängen, materiell nicht im Sinne von geldlich, sondern von der Erdenschwere des Materials. Wir sind ja bis vor Kurzem gefesselt gewesen an unsere körperliche Hülle. Die Möglichkeit, mit Menschen sprechen zu können, die viele 100 Kilometer entfernt sind, haben wir erst seit 100 Jahren.

Inzwischen sind die Bilder dazugekommen. Bald kommt der Tastsinn, das heißt, unsere Reichweite, unsere Präsenz wird viel flexibler und beweglicher. Das wird eine Entwicklung sein, die in den nächsten Jahren unsere Mediennutzung total umkrempelt. Man sitzt dann eben nicht mehr und guckt auf eine beleuchtete Glasscheibe in zwei, drei Meter Entfernung, sondern man ist drin in der Welt. Das könnte mit dem Auftreffen auf die Rechengrenze gebremst werden, vielleicht pegelt es sich ja dann ganz gut ein.

Teilen Sie die Befürchtung, dass Berufsfelder verschwinden durch Digitalisierung?

Berufe haben sich seit jeher in der menschlichen Geschichte verändert. Einige verschwanden, neue traten an ihre Stelle. Eine Gesellschaft muss die davon betroffenen Menschen in neue Aufgaben bringen. Man kann auch fragen, ob das kulturell uns so vertraute Modell der Erwerbsarbeit langfristig selbstverständlich ist. Das kommt ja daher, dass man früher nichts hatte, was die Dinge, die getan werden müssen, verrichten konnte. Inzwischen fangen die Roboter an, dieses Gesetz aufzubrechen. Vielleicht können wir in absehbarer Zukunft fast alle menschlichen Dienstleistungen maschinell lösen. Dann gibt es nur noch wenige Berufe. Das würde bedeuten, dass man sein Sozialprestige nicht mehr durch einen Beruf erwirbt. Insofern könnte die Herausforderung sein, eine Gesellschaft zu bauen, die das bisherige Modell der Erwerbsarbeit so weiterentwickelt, dass Arbeit vielleicht in homöopathischer Dosis vorhanden ist, aber nicht mehr so entscheidend ist für die Positionierung im sozialen System.

Erhöhen sich die Anforderungen an die Steuerungsleistung des Menschen, wenn wir immer mehr Geräte unter Kontrolle halten müssen?

Vielleicht sind wir in 100 Jahren alle Unternehmer. Jeder hat eine Horde von dienstleistenden Geräten, im naivsten Fall Roboter, im weniger naiven Fall technische Systeme, die miteinander konkurrieren, und es bleibt allein die Steuerungsarbeit. Das wäre ein spannendes Modell. Ich weiß nicht, ob so etwas realistisch ist, aber es kann passieren. Es wäre eine unheimliche Demokratisierung auch der unternehmerischen Gesellschaft. Dann gäbe es eben große und kleine Unternehmer, manche haben nur zwei Roboter und andere 200.000.

Verlangen Digitalisierung und die technische Entwicklung von uns mehr Eigenständigkeit in der Gesellschaft?

Ich würde sagen, wenn wir in der Gesellschaft uns gut und günstig positionieren wollen, ja. Aber Digitalisierung bietet natürlich auch Lebensformen an, die das nicht brauchen. So werden etwa auch breitere Angebote für passive Erlebnisformen geschaffen und man kann sagen: Okay, ich bevölkere diese neu auftretenden Biotope. Das ist im günstigsten Fall eine persönliche Entscheidung. Eine Gesellschaft, in der sich zu viele dafür entscheiden, hat es vielleicht insgesamt schwerer. Wir verbringen dann immer mehr Zeit mit Medien.

Diese Zeit ist besetzt und steht für andere Zwecke nicht mehr zur Verfügung. Wenn viele Menschen in dieser Richtung ihr Heil suchen, schafft das aber auch wieder neue Märkte und zum Teil brauchen wir das, damit die Wirtschaft dynamisch bleibt. Man muss dabei eine Balance halten.

Dabei gewinnen wir doch viel Zeit.

Es gelingt uns auf den ersten Blick erstaunlicherweise nicht, die Freiräume, die uns die Entlastung und die Unterstützung durch Technik eigentlich schaffen könnten, tatsächlich so auszunutzen, dass unser Leben stressärmer, entspannter, freier wird. Das sage ich ein bisschen leichtfertig; man müsste mal analysieren, wie das ist, wenn man die Freizeit wie Urlaubstage zählt. Aber gleichzeitig ist zu beobachten, dass die Freizeit immer professioneller mit Aktivität angefüllt wird. Wahrscheinlich, weil wir uns gern in Versuchung führen lassen, in dieser Zeit doch noch das und das zu tun, und uns nicht richtig wohlfühlen, wenn wir nichts tun.

Ist das auch eine Folge der Digitalisierung? Wenn das Werkzeug in meiner Hand nie ruht, wie kann ich mir dann erlauben, mich mal abzuschalten?

Genau! Die Werkzeuge, von denen Sie sprechen, die setzen wir ja oft als Präsenzverstärker ein. Wir schicken alle möglichen Messages in die Welt. Dann kann man uns wieder Messages zuschicken, die sammeln sich an, wir haben Webauftritte, wir sind in den Medien sichtbar und auf die Art und Weise sind wir deutlich über eine Person hinaus präsent. Jetzt kommen auf diese Präsenz Reaktionen von anderen und jetzt hat man das Gefühl: Oh, das muss ich abarbeiten. Dann setzt doch eine zusätzliche Belastungsdimension ein und wenn man jetzt die eigene Präsenz über das handhabbare Maß hinaus gesteigert hat, dann kann man das alles gar nicht mehr abarbeiten. Dann hilft es eigentlich nur, es auszuhalten oder unterzugehen oder noch mal Technik zuzuschalten, die beim Abarbeiten hilft. Vielleicht reden künftig nur noch unsere Avatare miteinander. Diese Präsenz hat mit Sichtbarkeitssteigerung zu tun. Die zusätzliche Vernetzung führt dazu, dass wir irgendwie das Gefühl haben, wir werden immer all der Geschehnisse auf dem Erdball gewahr. Inzwischen leben wir nicht nur in noch größeren Städten, sondern die Welt ist in unserem Wohnzimmer. Kognitiv sind wir positiv gesagt an der Grenze, aber eigentlich schon überfordert.

Wenn Sie unserer Zeit einen Namen geben wollten, in was für einer Welt leben wir eigentlich?

Ich habe den Eindruck, wir leben sehr in einer Oberflächenwelt. Es werden von allen Dingen die Oberflächen poliert, schön gemacht. Fast nie ist dahinter genau das, was die Oberfläche verspricht. Wir sind inzwischen so daran gewöhnt, dass wir das auch gar nicht mehr erwarten. In der Informatik hat das angefangen, die Benutzerinterfaces legen die schöne Oberfläche über die eher unansehnliche Technik. Das hat die Bedienbarkeit dieser Geräte stark gesteigert, heute aber Formen angenommen, dass da schöne Glas- und Lichtbrechungseffekte aufwendig programmiert werden. Aber wenn man dann mal ein Dokument mit Umlauten ausdrucken möchte, kann man sich nicht darauf verlassen, dass dies funktioniert. Die Werbebranche erzeugt auch das Bild einer unheimlich schönen Welt – bis zum Menschen selbst. Aber von uns selbst sehen wir ja nicht nur unsere Oberfläche, sondern wir sehen sehr viel von dem, was unter unserer Oberfläche ist, und müssen dann mit den Unterschieden umgehen. Dadurch entsteht ein Spannungsverhältnis, das bewusster angegangen werden muss. Vielleicht suchen wir da mal wieder nach Veränderungen. Retro, Produkte aus recycelten Materialien, zurück zur Natur, wie es früher ein bisschen platt hieß – das könnte bereits eine Reaktion darauf sein.

Was bleibt im Leben eigentlich analog?

Wir können an die Roboter vieles delegieren, aber Genießen und Freude nicht. Da sind wir als Menschen genuin und sehr analog positioniert und wenn wir das im Blick halten, dann haben wir wahrscheinlich auch im Blick, eine gute Balance zu bewahren.

Das Gespräch mit Helge Ritter führten Benjamin Dierks und Armando García Schmidt im April 2015 in Bielefeld.

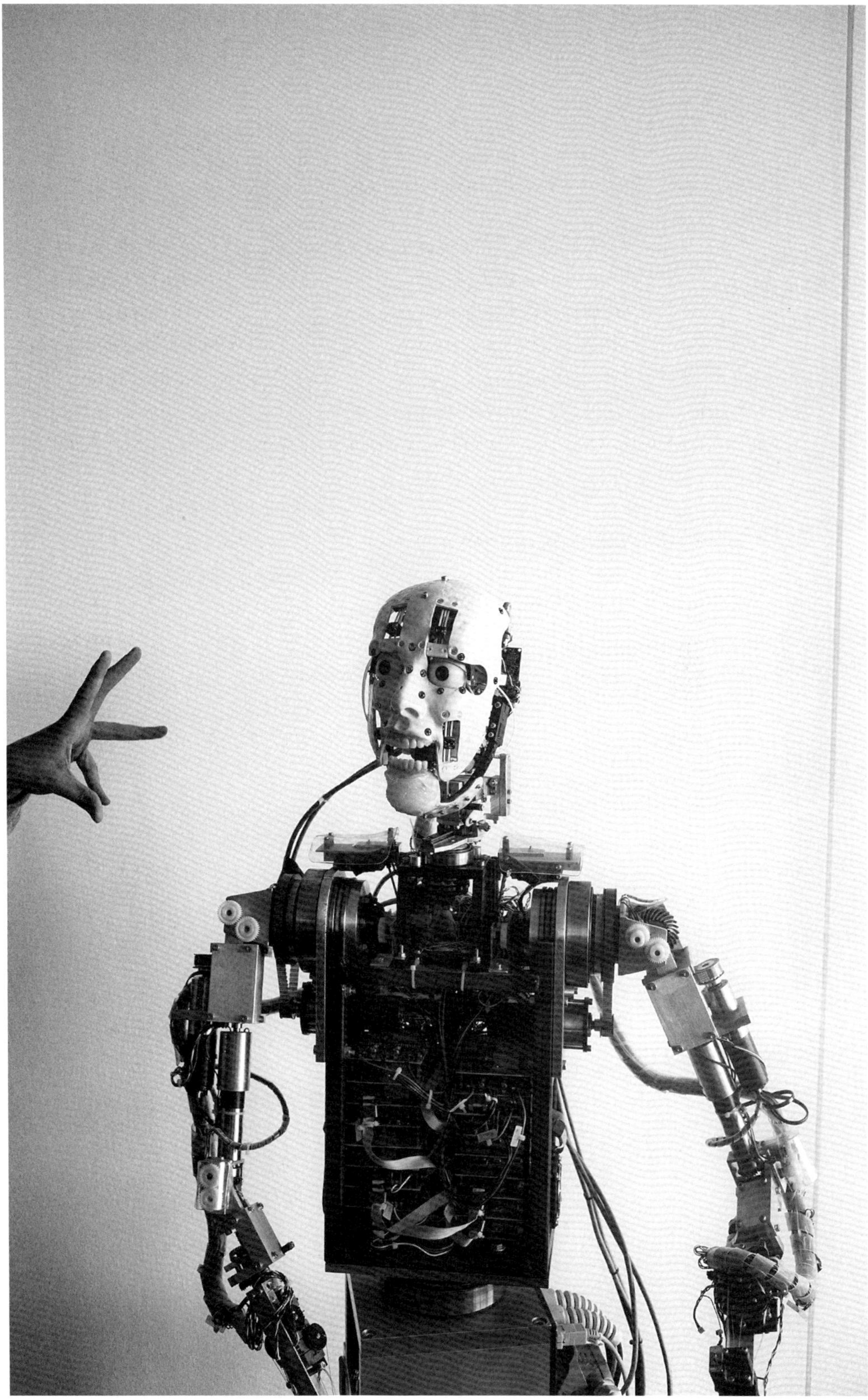

HOTEL
ASTOR
Coca-Cola
Castro
convertibles
HOWARD
BARDOT
MOREAU
MARIA

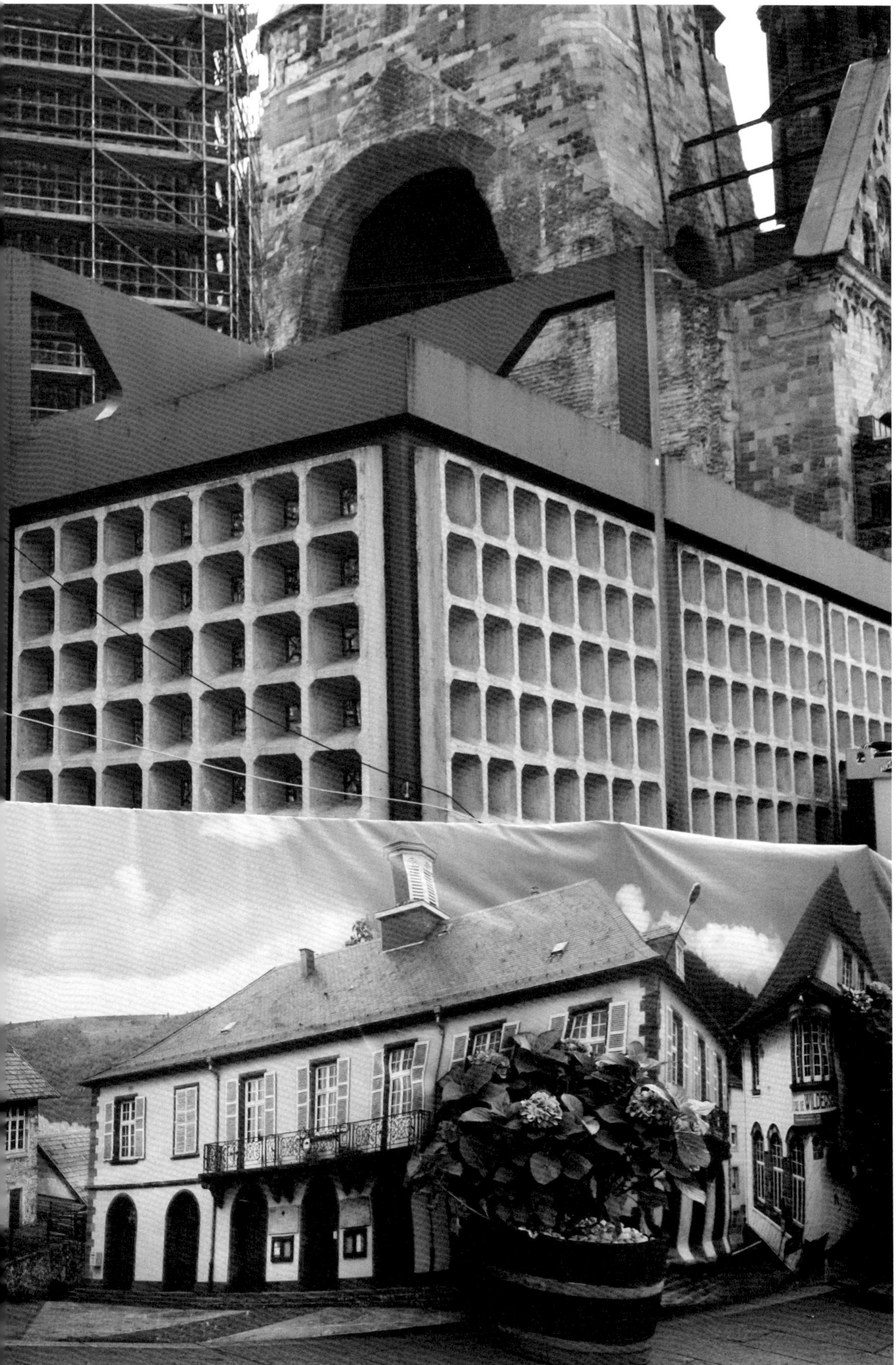

Das Ende der einfachen Antworten
Ein Gespräch mit Armin Nassehi

Herr Nassehi, wir versuchen die Gesellschaft und ihre Zukunft zu verstehen – und zwar sozusagen aus dem laufenden Betrieb heraus. Geht das überhaupt?

Armin Nassehi: Wahrscheinlich geht es nur so. Komplexe Fragen brauchen geradezu unterschiedliche Antworten gleichzeitig. Sie brauchen den Wettbewerb, eine Kultur, in der Perspektivendifferenz nicht als Anomalie oder als Problem gesehen wird, sondern als etwas sehr Produktives. Von Friedrich August von Hayek stammt die Idee, dass es niemanden gibt, der vollständige Informationen über die Gesellschaft hat, dass es sogar niemanden gibt, der vollständige Informationen über den operativen Bereich hat, in dem er sich bewegt. Und dass eigentlich hinter dem Rücken der Akteure eine gewissermaßen spontane Kollaboration zu etwas führt, worauf man allein nicht gekommen wäre. Die moderne Gesellschaft ist funktional ausdifferenziert. Ich habe das »verteilte Intelligenz« genannt. Gerade auf sozialpolitische Fragen gibt es ja unglaublich viele einfache Antworten. Aber interessanterweise sind sie in ihrer Einfachheit bisweilen falsch.

Dann versuchen wir es kompliziert. Vor welchen sozialen und wirtschaftlichen Konflikten stehen wir?

Eigentlich hat sich an den Grundkonflikten moderner Gesellschaften seit der Mitte des 19. Jahrhunderts nicht viel geändert. Zwei starke Kräfte wirken gegeneinander: das Freiheits- und Gleichheitsversprechen politischer und rechtlicher Rahmenbedingungen auf der einen Seite und auf der anderen die Dynamik einer Ökonomie, die automatisch Ungleichheiten produziert. Dies sind die beiden unterschiedlichen Bereiche der Gesellschaft. Der eine ist eher langsam, weil man Legitimation braucht. Der andere ist schnell, weil man schnell auf veränderte Bedingungen reagieren muss. Hier muss man sich vor einem Publikum bewähren, dem man Lösungen verspricht, dort muss man die Bedürfnisse von Kunden befriedigen. Das sind unterschiedliche Logiken und Erfolgsbedingungen, die irgendwie aufeinander bezogen werden müssen, weil das eine ohne das andere nicht zu kriegen ist. Weder die totale Politisierung noch die totale Ökonomisierung von Gesellschaft funktioniert. Und nur zu sagen, wir brauchen einen Mittelweg, ist zu wenig. Dazu kommt: Welche Rolle spielen andere Bereiche der Gesellschaft, etwa die Wissenschaft? Wenn Sie einen linken Sozialpolitiksoziologen fragen, bekommen Sie etwas anderes, als wenn Sie einen liberalen Ökonomen fragen. Man könnte genauso über Kultur reden. Sozialstaatsfragen sind stark eingebettet in kulturelle Selbstverständlichkeiten und Zumutbarkeiten. Und wahrscheinlich spielt das sogar mit religiösen Überzeugungen zusammen.

Sie sprechen vom ›Phantomschmerz der Moderne‹. Worin besteht der und gibt es ein Mittel dagegen?

Die Anästhetika liegen seit dem 19. Jahrhundert auf der Hand, wenn der Phantomschmerz darin besteht, so etwas wie eine Ordnung in der Welt zu haben oder das Fehlen dieser Ordnung zu beschreiben. Der Phantomschmerz wäre ja der, bei dem wir feststellen, dass so etwas wie eine Einheitsbeschreibung der Welt verloren gegangen ist. Die Moderne ist voll davon, solche Mittel zu verabreichen. Die Nation war so etwas, im 19. Jahrhundert ein linkes Konzept, um das Volk gegen die traditionellen Mächte stark zu machen. Ein anderes Anästhetikum ist autoritäre Politik. Das 20. Jahrhundert hat nicht umsonst Diktaturen hervorgebracht. Inzwischen wird der Schmerz durch Authentizität behandelt. Wir können Menschen nicht mehr dazu bringen, dass sie das Gleiche sagen. Also kann jeder etwas sagen, um den Preis, dass es eigentlich egal ist, was gesagt wird. Man kann in der Geschichte der Sozialwissenschaften gut rekonstruieren, wie immer mehr Sprecher legitimiert worden sind und wie dadurch die Einheit, die man eigentlich herstellen wollte, eher verloren gegangen ist. Hegel hat den Bürger stark gemacht, Marx hat den Proletarier dazu genommen, Max Weber hat den kulturell Anderen als Sprecher emanzipiert. Die Frauenforschung hat die Frauen entdeckt, die *Gender Studies* entdecken alle Geschlechter. Die *Queer Studies* emanzipieren uns sogar vom Geschlecht, die *Cultural Studies* entdecken alle möglichen kleinen Gruppen und kulturalisieren sie. Alle, die vorher keine legitimen Sprecher waren, werden mitreingeholt, das ist das große Versprechen der Moderne gewesen. Der Phantomschmerz der Moderne leidet darunter, dass wir die Welt als Einheit beschreiben wollen – aber die kriegen wir nur um den Preis, dass alle mitreden dürfen, was den Schmerz umso stärker macht, weil das Einheit geradezu ausschließt.

Bei Michel Foucault gehört man dazu, wenn man dem Zwang zum Geständnis nachkommt. Wenn du nicht gestehst, kannst du nicht dazugehören. Entsteht so Gemeinschaft?

Ja, das Geständnis erzeugt Identität und Identifizierbarkeit. Die Beichte oder auch das Geständnis ist längst in Wirtschaftsorganisationen angekommen, wo man sich etwa bewirbt. Man muss einen konsistenten Lebenslauf vorzeigen, gewissermaßen sagen, wer man ist. Das verlangt eine konsistente Beschreibung meiner selbst und dadurch werde ich erst zum

Subjekt. Das ist der Grundkonflikt von Subjektivität und Vernünftigkeit in der Moderne, wir müssen Wollen und Sollen miteinander versöhnen. »Du sollst wollen, was du sollst« lautet die Losung. Zur Subjektivität gehört, dass wir in der Lage sind, das, was wir in der Gesellschaft sollen, als unseren eigenen Wunsch zu erkennen. Das ist die Grundsituation dessen, was wir für eine gelungene Sozialisation halten. Wer Kinder erzieht, erlebt das ja an sich selbst. Unter gelungener Erziehung verstehen wir, dass »die Lütten« irgendwann das, was sie da machen sollen, auch selber wollen und man ihnen das nicht mehr sagen muss. Das wäre gelungene Vergesellschaftung. Heute stellen wir fest, dass es schwieriger geworden ist, genau zu sagen, was man eigentlich soll. Diese Idee könnte man ja sehr schön im Kategorischen Imperativ zusammenfassen: Handle so, dass du wollen kannst, dass die Maxime deines Handelns ein allgemeines Gesetz werden kann. Können wir in einer Gesellschaft, die so differenziert ist wie unsere heute, diesen Algorithmus wirklich in einem allgemeinen Gesetz auflösen? Kennen wir noch so etwas wie eine allgemeine Struktur, die wir nur erreichen müssen, um das ethisch Richtige zu tun? Ich glaube, das ist eine unterkomplexe Beschreibung, die wieder mit dem Phantomschmerz zu tun hat, mit dieser Einheitsbeschreibung. Wir müssen anfangen, Perspektivendifferenz wirklich ernst zu nehmen. Und Perspektivendifferenz ist das Gegenteil von Beliebigkeit, sondern die empirische Beobachtung, dass die Leute aus unterschiedlichen Perspektiven eben unterschiedlich an Problemlagen herangehen. Insofern ist auch dieses Geständnissubjekt, das von sich als einer Einheit, als einer Subjektivität erzählt, womöglich überholt.

Eine große Erzählung, die verloren gegangene Einheitsbeschreibung, brauchen wir nicht mehr?

Letztlich geht es um das Problem der Komplexität. Aber: Kann man eine Erzählung für Komplexität anbieten? Komplexität zu beschreiben, ist mindestens kompliziert. Und sie bietet keine Semantik an, die man zu einem politischen Programm machen kann. Ich versuche seit vielen Jahren, Eliten eine andere Erzählung anzubieten, also nicht die Erzählung von zentraler Planung, von Stärke und Konsistenz. Auch nicht die fordistische Erzählung, die viele Führungskräfte ja immer noch im Kopf haben, sondern eine Erzählung über die Eigendynamik von Prozessen. Führung heißt heute, dass man Leute zusammenbringt, die ihre Perspektiven ineinander übersetzen müssen. Führung muss heute moderieren. Ein politisches Programm kann man daraus nicht machen und selbst die bisweilen allzu simplen Programme und Narrative der großen Parteien zeigen das: Die CDU kann sich ja heute nicht mehr als konservative Partei gerieren und die SPD nicht als linke. Das ist kein Zufall.

Was Sie beschreiben, muss für Politik zu einem Problem führen. Machen wir es nacheinander: Wie kann denn konservative Politik heute aussehen?

Das Problem für Politik läuft ja auf der Straße rum, so etwas wie Pegida, aber auch andere. Auch die Proteste in Frankfurt gegen die Europäische Zentralbank richten sich ja nicht mehr gegen ein bestimmtes Politikkonzept, sondern gegen Politik schlechthin. Das ist ein Hinweis darauf, dass es tatsächlich ein grundlegendes Problem für Politik gibt. Aber um auf Ihre Frage zurückzukommen: Konservative würden immer mit der Schwäche der Menschen rechnen und nicht mit ihrer Stärke: Wir erkennen an, dass Leute in bestimmten Situationen in den Limitationen dieser Situationen stecken und damit umgehen müssen. Was konservative Politik heute nicht mehr tun kann, ist, auf einen kulturellen Fundus von Selbstverständlichkeiten zu setzen, der die Welt irgendwie übersichtlicher und einfacher macht. Das würde auch die Klientel derer, die heute konservativ wählen, überhaupt nicht mehr abbilden. Die Union ist heute keine konservative, sondern eine linksliberale Partei, wenn man darunter verstehen will, dass unterschiedliche Lebensformen möglich sind, dass wir eine staatsinterventionistische Politik im Hinblick auf den Markt machen und dass wir heute niemanden mehr zurücklassen können, nur weil er einer bestimmten Gruppe angehört. Es gehörte mal zum Konservativen dazu, tief eingelassen zu sein in traditionelle Milieus. Das ist vorbei.

Die Frage schließt sich logisch an: Was ist heute sozialdemokratisch?

Die können nicht mehr links sein. Das Sozialdemokratische ist an sich das Normalmodell von Politik in modernen Industriegesellschaften geworden. Die unterscheiden sich nur darin, ob sie ein bisschen wirtschaftsliberaler oder weniger wirtschaftsliberal sind. Die SPD ist keine linke Partei mehr, schon weil ein klassisches linkes Milieu fehlt – außer vielleicht intellektuelle Bürgerkinder mit hohen moralischen Ansprüchen, die das dann für links halten. Meine Beobachtung ist, dass womöglich nicht mehr eine Partei oder ein bestimmtes politisches Konzept in Erscheinung tritt, sondern die Politik selbst als ein Spieler auftritt. Da geht es gar nicht mehr darum, macht das jetzt die SPD oder die CDU oder die Grünen oder die FDP und selbst mit den Linken kann man ja inzwischen reden. Man stellt sich eher die Frage: Was kann man überhaupt politisch regeln? – nicht: Wie müssen wir das politisch regeln? Politik lebt in Deutschland nicht mehr von der Unterscheidung Regierung – Opposition, sondern von der Frage, was politisch geregelt werden kann und was nicht.

Wer hat heute Macht?

Es geht nicht um Positionen. Als empirischer Sozialforscher kann ich Macht daran erkennen, ob es dem Mächtigen gelingt, diejenigen, über die er Macht hat, dazu zu bringen, das zu tun, was sie sollen. Macht ist ein fragiles und riskantes Medium. Die Herr-Knecht-Dialektik von Hegel zeigt sehr schön, dass der Herr nicht einfach nur Herr ist und der Knecht Knecht, sondern dass Herr und Knecht aneinander gebunden sind. Der Herr arbeitet nicht, der Knecht arbeitet für ihn; das heißt, der Knecht kann etwas, was der Herr nicht kann. Aber der Herr muss Macht ausüben, damit der Knecht es will. Damit hat auch der Knecht Macht, weil er auch lassen kann, es zu wollen. Wir können nie über Macht reden und sagen, der eine hat sie und dadurch, dass er sie hat, ist das Problem schon gelöst. Das Problem der Macht ist heute: Eine Gesellschaft wie die unsere ist so komplex, dass es außerordentlich schwierig ist, Macht umzusetzen.

Kann die Politik Macht umsetzen?

Das ist das Grundproblem von Politik: Wie steuert sie eigentlich die Gesellschaft? Das politische System hat schon Macht – Macht, politische Macht ist das die Politik bzw. den Staat konstituierende Medium. Wenn ich meine Steuern nicht bezahle, dann kommt die Polizei qua Gewaltmonopol irgendwann ins Haus. Aber auf die Gesellschaft einzuwirken, ist außerordentlich komplex geworden. Wir merken zurzeit, wie Regulierungen in der Gesellschaft, die mit der Macht des Parlaments, des Staates, des Gesetzgebers durchgesetzt werden, oftmals nicht die Wirkung entfalten, um die es geht. Es existiert also Macht über die Regulierung, aber nicht unbedingt Macht über das Regulierte. Insofern steht Macht immer auch infrage. Ich würde Macht nach Max Weber in unterschiedlichen Dimensionen sehen: die Machtquelle der bürokratischen, von ihm rational genannten Herrschaft, die Gesetze anwendet; es gibt eine traditionelle Macht, die immer schon da ist; und es gibt die charismatische Macht. Vielleicht funktioniert Letztere unter heutigen Medienbedingungen am ehesten, weil sie Gefolgschaft produziert, weil sie überzeugt.

Sie haben Pegida schon erwähnt, viele scheinen gar nicht überzeugt.

Politik muss sich als Politik darstellen, sie muss etwas versprechen, sie muss Gefolgschaft produzieren. Die interessante Frage ist, ob sie das gut macht oder schlecht. Heute wirkt das zum Teil nicht glaubwürdig, weil die Gesellschaft so komplex ist. Interessanterweise gelingt die Semantik der Versprechung und Verheißung eher auf Märkten, in der Werbung. Diese sind ja auch nicht viel realistischer, aber sie scheinen plausibler zu sein, weswegen sich auch politische Kommunikation mehr und mehr an der Werbepsychologie orientiert. Das ist kein Plädoyer dafür, Politik wie Werbung zu machen. Aber die interessante Frage wäre schon, ob man damit politische Handlungsfähigkeit retten kann. Gibt es entsprechende Formen, die auch als Politik überzeugen? Warum vertraut man Frau Merkel so sehr, obwohl sie doch möglichst vermeidet, diskursiv zu sein? Vielleicht ist das wirklich eine Art moderierender Politikstil. Ich finde das grandios, ich bin ein Fan genau dieser Art von Kommunikationsform, weil sie einerseits sehr klug aussieht, andererseits sowohl auf Vereinfachung als auch auf Verheißung verzichtet.

Furchtbar emotionsgeladen ist sie nicht.

Das ist sie nicht, genau. Aber als Konzept, um die Realität angemessen abzubilden, taugt sie, wenn man darunter verstehen will, dass es einen Bruch gibt zwischen Versprechen und Wirkung.

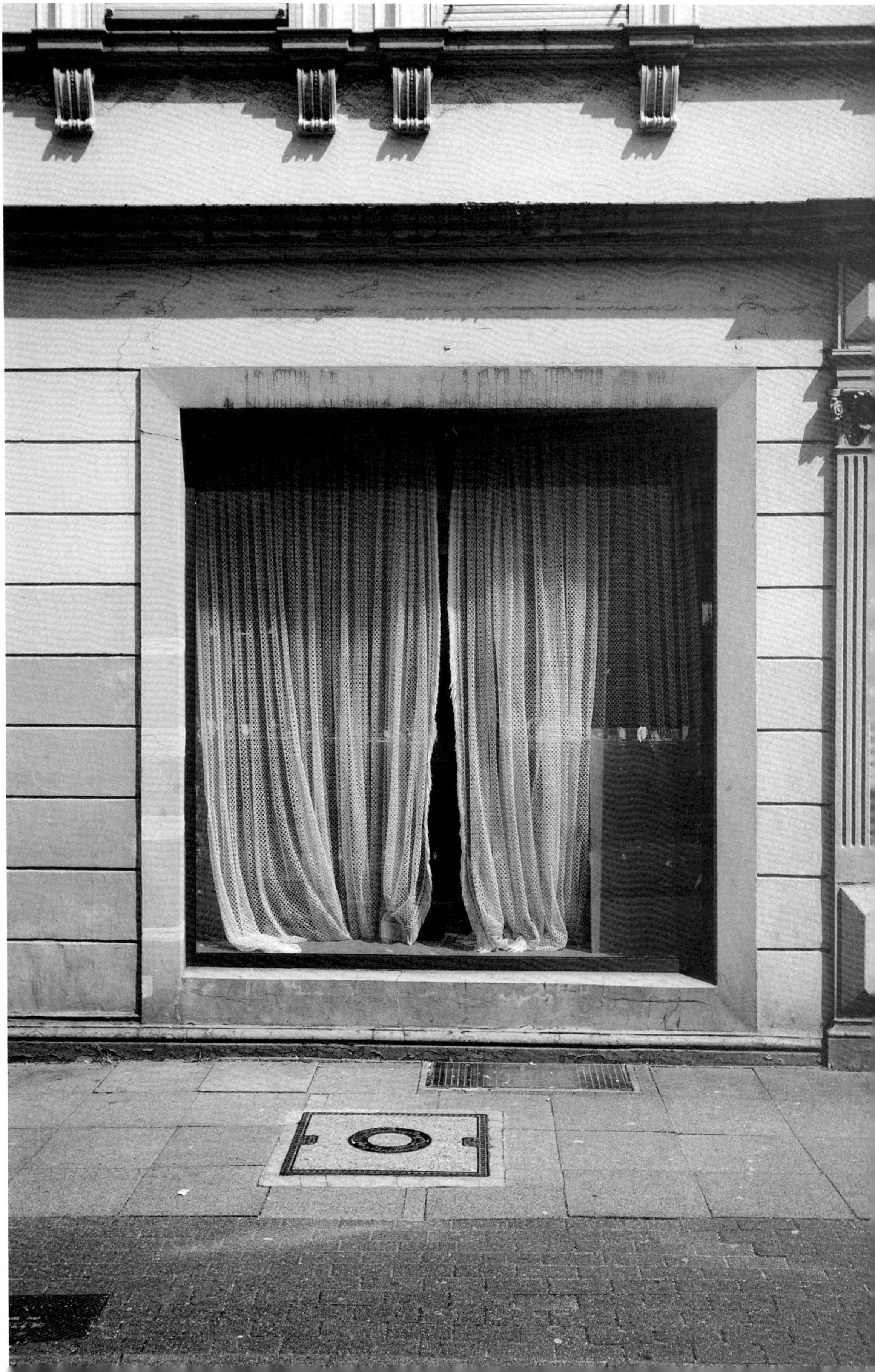

Macht hat in Zeiten von Big Data auch, wer Daten hat. Liegt die Macht eher bei denen die schweigen und beobachten, als bei denen, die sprechen und Auskunft geben?

Foucault hat schön beschrieben, welchen Effekt Instanzen habe, die uns zu unserem Leben befragen – den nämlich, dass wir dann auch Antworten haben. Einst waren das klare Instanzen in der Gesellschaft: der Arzt, der Priester, der Rechtsanwalt, der Lehrer, manchmal sogar der Professor, auch die Eltern – als Instanzen, denen man aktiv Auskunft gibt und die dann etwas über uns erfahren haben. Heute geben wir Auskunft, ohne direkt gefragt zu werden, wir hinterlassen Daten weitgehend anonym. Wir würden sagen, die Daten fallen an. Und die Geständnisse machen wir inzwischen nicht mehr vor konkreten Leuten, sondern wir machen sie en passant im Netz. Ich habe so ein iPhone, auf dem man rauskriegen kann, wie viel man an dem Tag schon gelaufen ist. Das kann nicht nur ich sehen und wenn man tatsächlich alle Parameter anwendet, die man haben könnte, mit der neuen Watch und so, dann wären das eine ganze Menge Daten, die über mich anfallen und repersonalisierbar sind. Aber es gibt natürlich noch viel mehr. Wer mit der U-Bahn fährt, wird fotografiert; wer mit dem Auto fährt, dessen Nummer sieht man; wer mit einer EC-Karte oder Kreditkarte bezahlt, ist sowieso zu tracken.

Sie haben einst beschrieben, dass die Entstehung staatlicher Kontrollen und Normierungsinstanzen im 19. Jahrhundert der Steuerung kollektiver Verhaltensweisen diente. Was heißt denn das für uns heute, wenn Big Data privat ist?

Kollektive Planung arbeitet mit aggregierten Daten und Durchschnittswerten: wie viele Schulen eine Großstadt wie München braucht, wie viel Abwasserkapazität, wie viele Müllmänner und Krankenhäuser. Heute rechnen wir aber von den aggregierten Daten auf das Individuum zurück, das ist der große Unterschied. Üblicherweise beschreiben wir das mit dem Gestus der Kulturkritik und sagen: Das ist ganz schrecklich. Ich bin da aber hin- und hergerissen, denn wir erleben bei allen Medienrevolutionen, dass wir am Anfang Anpassungsstörungen haben und dass sich Einflussmöglichkeiten verschieben. Dirk Baecker, Soziologe aus Witten, hat das mal auf den Begriff gebracht: Die klassische Moderne hatte einen Kritiküberschuss – Erfindung des Buchdrucks, der Presse und so weiter –, alle konnten zu allem irgendetwas sagen und haben es auch getan, was aber insofern auch folgenlos blieb, weil man sich darauf einstellen konnte. Inzwischen haben wir einen Kontrollüberschuss, wir versuchen, alles zu kontrollieren und zu formen. Mit dem Kritiküberschuss hat man sich arrangiert, wir werden uns auch mit dem Kontrollüberschuss arrangieren. Den sehe ich gar nicht in Big Data selbst, sondern in einer Denkweise, die da ist. John Stuart Mill hat noch geschrieben: Wir brauchen Situationen, in denen Exzentriker möglich sind, damit man auf etwas kommt. Noch nie ist eine Erfindung durch einen Plan hergestellt worden. So entsteht keine Innovation. Aber heute muss man immer schon vorher wissen, wer zusammenkommt und was passiert. Das ist der Kontrollüberschuss, der sich auch in Misstrauenskulturen in Organisationen zeigt oder in dem Versuch, soziale Prozesse möglichst überraschungsfrei zu halten – von universitären Reformen will ich hier gar nicht reden. Big Data ist nur ein Aspekt.

Also es ist im Grunde nur eine Fortschreibung dessen, was ohnehin schon passiert ist?

Ja, aber nicht in dem Sinne, dass sich nichts verändert hat, sondern in dem Sinne, dass die technische Digitalisierung der Gesellschaft sich letztlich auf ihre bereits existierende soziale Digitalität eingestellt hat. Informationen über die Gesellschaft, so komplex wie sie ist, sind nur über die Aggregierung komplizierter unsichtbarer Daten rauszukriegen. Sie »sind« digital in dem Sinne, dass sie nur digitalisiert erfassbar sind. Das ist im Prinzip empirische Sozialforschung. Fast alles, was wir in dieser Gesellschaft wahrnehmen, das Verhalten auf Märkten, in der Politik, sogar im Straßenverkehr, müssen wir heute mathematisch remodellieren, damit wir rauskriegen, wie die Regelmäßigkeiten sind – also digitalisieren, wenn man so will. Wir können heute nicht mehr Marktbeobachtung machen, indem wir in den Geschäften Strichlisten machen, was das für Leute sind, die einkaufen, sondern wir brauchen schon etwas mehr Daten dazu.

Wie verändert sich gesellschaftliche Teilhabe?

Wenn man mit dem kalten Blick des Soziologen hinguckt, ist Demokratie, wie wir sie kennen, auch ein Apparat zur Verminderung zu starker Partizipationschancen, damit der Staat in Ruhe arbeiten kann. Wir koppeln Partizipation an Wahlen, wir algorithmisieren diese Stellungnahmen, es gibt relativ wenige Möglichkeiten, unmittelbar auf diesen Prozess einzuwirken. Partizipation produziert Probleme, wenn man sie ernst nimmt. Es hat immer den Anschein, als sei eine Gesellschaft gut, in der alle bei allem mitmachen. Der Erfolg der Moderne ist im Prinzip, dass dieser Mechanismus außer Kraft gesetzt worden ist. Was Sie mit Teilhabe meinen, ist sicherlich das Gefühl, zur Gesellschaft zu gehören. Wir würden uns immer für Teilhaberechte derjenigen stark machen, von denen wir denken, dass sie eigentlich nicht zur guten Gesellschaft gehören. Das Problem gibt es, wenn Sie ein Hartz-IV-Empfänger sind und Ihre Kinder deswegen nicht an Schulfahrten oder Konzerten teilnehmen können, niemals in eine Bibliothek kommen, keine Bücher zu Hause haben. Dann fehlen bestimmte Erfahrungen, die andere haben. Da ist der Begriff der Teilhabe und der Teilhaberechte wichtig als ein Abwehrrecht: diejenigen, die nicht aus eigenem Willen oder eigener Schuld ausgegrenzt sind, irgendwie kompensatorisch an der Gesellschaft zu beteiligen. Wenn man Leute wirklich rausholen will aus Langzeitarbeitslosigkeit und Ähnlichem, dann muss man Praxissituationen schaffen, die nicht von vornherein nur kompensatorischer Natur sind. Schlimm ist doch, wenn ein 50-Jähriger, der nicht mehr in den Arbeitsmarkt reinkommt, irgendwo ein paar Schrauben drehen muss, um zu simulieren, er hätte acht Stunden gearbeitet am Tag. Das ist demütigend.

Ist Ungleichheit ein Trend in unserer Gesellschaft?

Das Problem sozialer Ungleichheit hängt am Grundproblem der Moderne, am Verhältnis von Gleichheitsversprechen und Ungleichheitseffekten. Deshalb ist es so schwer lösbar. Es wird immer soziale Ungleichheit geben. Die interessante Frage ist, welche Art von Ungleichheit als legitim angesehen wird, welche Lohnspreizung, welche Bewertung bestimmter Berufe. Das hängt gar nicht unmittelbar mit objektiven Einkommensgrößen zusammen. Eine Form von Ungleichheit, die wir bisweilen unterschätzen, ist die Ungleichheit des Habitus, der Milieus, der Lebensformen. Das deutsche Schulsystem ist anfällig dafür, wenn ich es mal links ausdrücke, einen Klassenhabitus zu bestätigen. Der Effekt, dass Leute über Bildungsprozesse nicht aus ihren Milieus herauskommen und sozial aufsteigen können, ist in Deutschland im internationalen Vergleich besonders groß. Ich glaube, dass wir es uns weder moralisch noch volkswirtschaftlich leisten können, auf diese Potenziale zu verzichten. Und wenn es uns nicht gelingt, die Potenziale der Migranten zu nutzen, machen wir einen großen Fehler. Wir Deutschen denken immer: Wenn wir die Grenzen aufmachen, dann kommen alle guten Willens zu uns und wollen bei uns was werden. Das ist nicht der Fall. Wir müssen bald aus demographischen Gründen um die Besten werben. Wir werden uns aber auch daran gewöhnen müssen, dass es ein Unterschichtenproblem gibt, mit dem man irgendwie umgehen muss. Zu glauben, dass wir tatsächlich alle in diese bürgerliche Idee des selbstgeführten Lebens reinkriegen, das wird nicht funktionieren. Die Industrieländer gehen damit unterschiedlich um. Wenn ich mir angucke, wie gnadenlos im wahrsten Sinne des Wortes man in den USA mit Slumbildung, mit völlig abgehängten Stadtvierteln, mit hoffnungslosen Situationen, mit Obdachlosigkeit, mit Krankheit aufgrund von ökonomischer Impotenz umgeht, ist das für Deutschland nicht denkbar.

Dabei wird ja gewarnt, dass sich die soziale Spreizung hierzulande immer mehr amerikanischen Verhältnissen angleicht.

Das funktioniert hier nicht. Wir ertragen es gar nicht. Wir stellen doch fest, dass wir auf der einen Seite einen unglaublich potenten Wohlfahrtsstaat hinkriegen und trotzdem eine dynamische Wirtschaft haben. Da muss irgendetwas dran sein, oder? Die Alternative steht bei uns gar nicht stark zur Debatte, weil beides funktioniert. Wir ertragen bestimmte Formen von Ungleichheit nicht. Wir ertragen auch bestimmte Formen nicht liberaler Eingriffs in das Privatleben nicht.

Der Nationalstaat hat einmal die Funktion ausgeübt, die Ökonomie in ihre Grenzen zu weisen und Ausgleich zu schaffen. Kann er das heute noch?

Das ist der ewige Kampf! Die Bundesrepublik hatte ja mal die Möglichkeit mit ihrer stark institutionalisierten Tarifautonomie, die jenseits staatlicher Moderation erfolgte. Die bedeutete Generalinklusion, sowohl der arbeitenden Bevölkerung als auch der Arbeitergeber in den entsprechenden Verbänden. Da hat man versucht, einen Ausgleich zu schaffen zwischen Regulierung und Deregulierung. Inzwischen ist das Ganze komplexer geworden. Es hat mit der Internationalisierung und Dynamisierung der Wirtschaft zu tun, es hat etwas damit zu tun, dass die Wirtschaftsräume inzwischen nicht mehr identisch sind mit den politischen Entscheidungsräumen. Ich glaube, viele Probleme in Europa können erst gelöst werden, wenn man eine einheitliche Steuerpolitik und auch eine einheitliche Sozialpolitik hat. Das ist aber nicht möglich, weil wir so unterschiedlich potente Volkswirtschaften haben – was für viele kaum diskutierbar ist, weil es sich wie kulturelle Abwertung anhört. Dass viele Probleme Griechenlands freilich mit einer ganz bestimmten Kultur des Kapitalismus zu tun haben und nicht mit einem Mangel an Solidarität oder neoliberaler Gängelung, wie linke Sozialwissenschaftler mit moralischer Verve und wenig analytischer Potenz gerne vereinfachen, muss man ehrlicherweise zur Kenntnis nehmen. Lösbar ist der Streit in konkreten Situationen. Innovationen kommen nicht aus den großen Modellen, sondern zum Teil aus Unternehmen, wo man versucht, mit der Belegschaft zusammen Freiheitsräume zu schaffen, auch in internationalen Kooperationen, Arbeitszeitmodelle, auch um Produktivität zu steigern.

Ihre Beschreibung der Welt ist einerseits beruhigend, weil sich ja so viel nicht geändert hat. Andererseits ist sie beunruhigend, weil sie etwas Fatalistisches hat.

Welche Beschreibung hätte das nicht? Das wäre diejenige, die mit großer charismatischer Verve in der Lage wäre, Ziele zu formulieren, die sympathisch klingen, also mehr Distribution oder mehr Freiheit. Solche Sachen sind einfach zu sagen. Ich weigere mich, das zu tun. Ich würde das gar nicht fatalistisch nennen, ich würde es pragmatistisch nennen, vielleicht auch gelassen. Komplexe Systeme sind sehr fehlerfreundlich, sie sind auch sehr resilient. Wir brauchen heute eine gelassene Form von Moderation statt totaler Programmatik – die sich ja meistens im eigenen Scheitern bestätigt sieht.

Was ist für Sie Sinn und Ziel des Lebens?

Optionen zu haben. Das heißt nicht Beliebigkeit. Für mich ist es schon sehr wichtig, nicht ein Getriebener von Notwendigkeiten zu sein, sondern Optionen zu haben.

Das ist eine sehr liberale Antwort.

Wenn ich keine Optionen hätte, wäre ich ja nur eine Maschine, da würde ich ja nur abarbeiten, was schon da ist. Mit Optionen meine ich gar nicht, dass ich mehr Geld haben könnte oder ein noch größeres Auto oder einen noch schöneren Haarschnitt, sondern mit Optionen meine ich tatsächlich, dass es Alternativen gibt. Vielleicht muss man das auch bei der Gestaltung von Arbeitsplätzen oder anderen Arrangements in Rechnung stellen. Ich selbst lebe ein unfassbar privilegiertes Leben. Über Probleme der Gesellschaft rede ich manchmal wie der Blinde von der Farbe, weil ich das Glück habe, ein Leben zu leben, in dem meine Arbeit wirklich das ist, was mein Leben ausmacht.

Wie sehr hängt der Sinn im Leben von der gesellschaftlichen Funktion ab?

Ich würde gar nicht über persönliche Funktionen reden. Diese Gesellschaft hält unglaublich viele Nischen bereit, viel mehr als frühere Gesellschaften. Orte, an denen es möglich ist, ein Leben zu führen. Wir sind in einer nachbürgerlichen Gesellschaft nicht mehr so sehr gezwungen, daraus konsistente Geschichten zu erzählen. Das ist doch gar nicht so schlecht.

Haben Sie gar keine Angst vor dem Systembruch?

Ehrlich gesagt, nicht. Es wird nicht immer so weitergehen, Dinge ändern sich immer wieder. Ich glaube, dass auf europapolitischem Gebiet radikale Änderungen noch in unserer Lebenszeit kommen werden. Ich bin mir ziemlich sicher, dass die Nationalstaaten in Europa in dieser Form keine Zukunft haben werden. Aber wenn man warnen wollte vor dem, was passieren könnte, müsste man schon einen ziemlich genauen Blick dafür haben, was denn überhaupt passiert. Und für eine apokalyptische Sicht muss man außerdem viel vergessen haben, weil wir doch feststellen, wie resilient die Moderne ist. Ich will mal einen provokativen Satz sagen: In der Mitte des 20. Jahrhunderts haben wir politische Radikalkatastrophen gehabt. In unserem eigenen Land sind die schlimmsten Verbrechen passiert, die man sich überhaupt vorstellen kann. Das hat an der Struktur der Gesellschaft fast nichts verändert.

Das Gespräch mit Armin Nassehi führten Henrik Brinkmann und Benjamin Dierks im Mai 2015 in München.

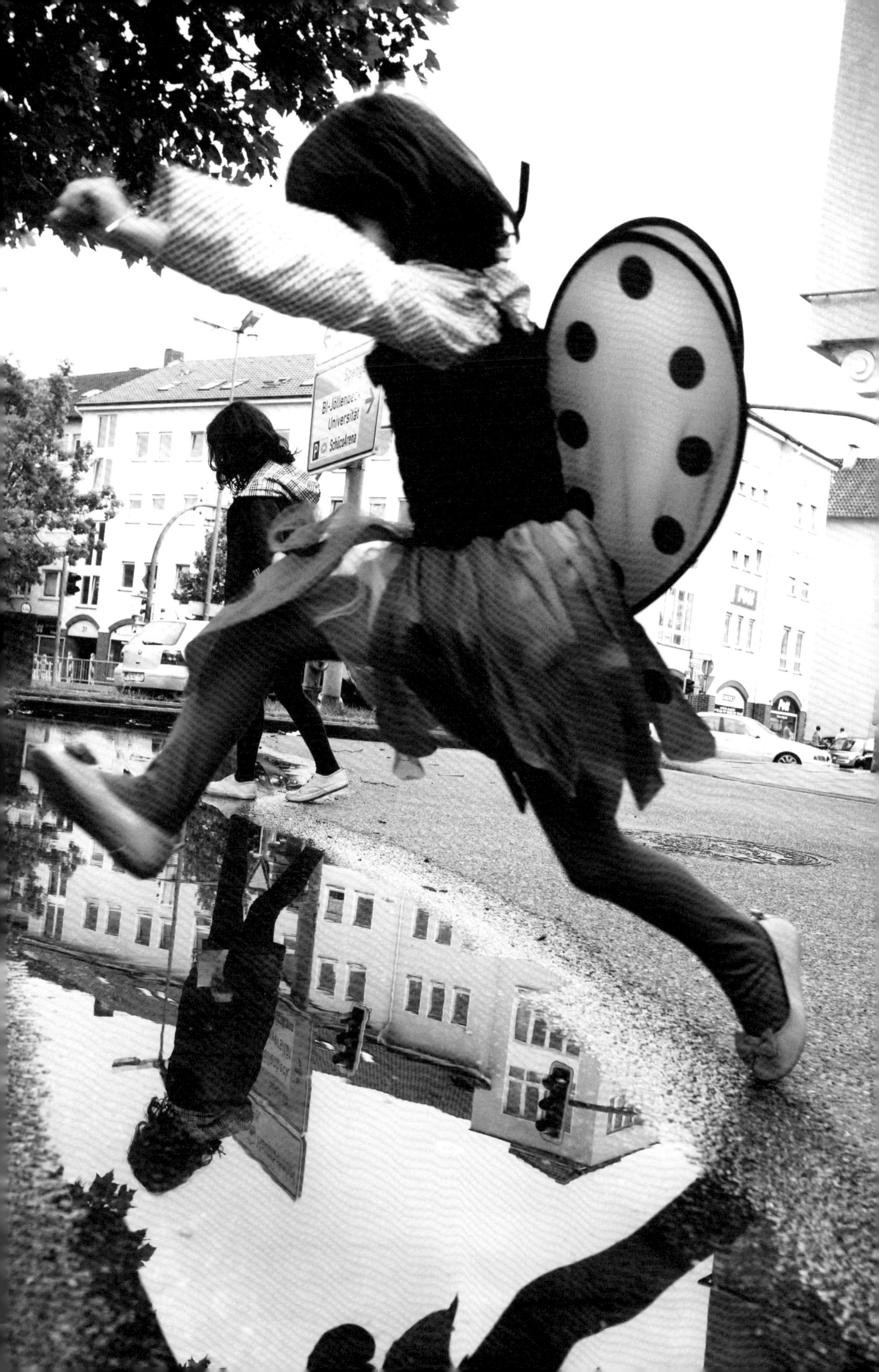
Universität
SchücoArena

Wie viel ist genug?
Wohlstand, Wachstum und wer es verteilen soll

Uwe Schneidewind

Hartmut Rosa

Sebastian Dullien

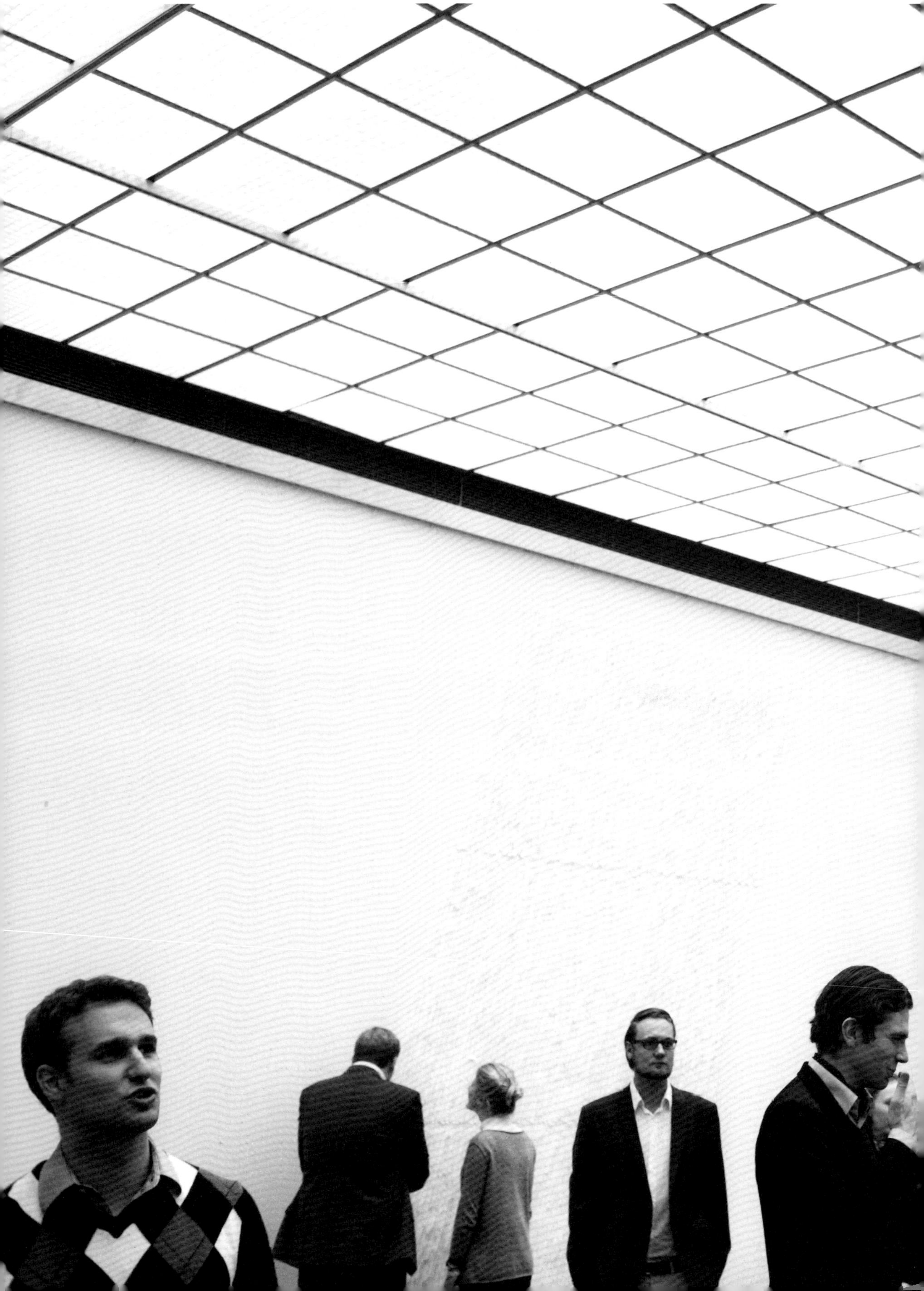

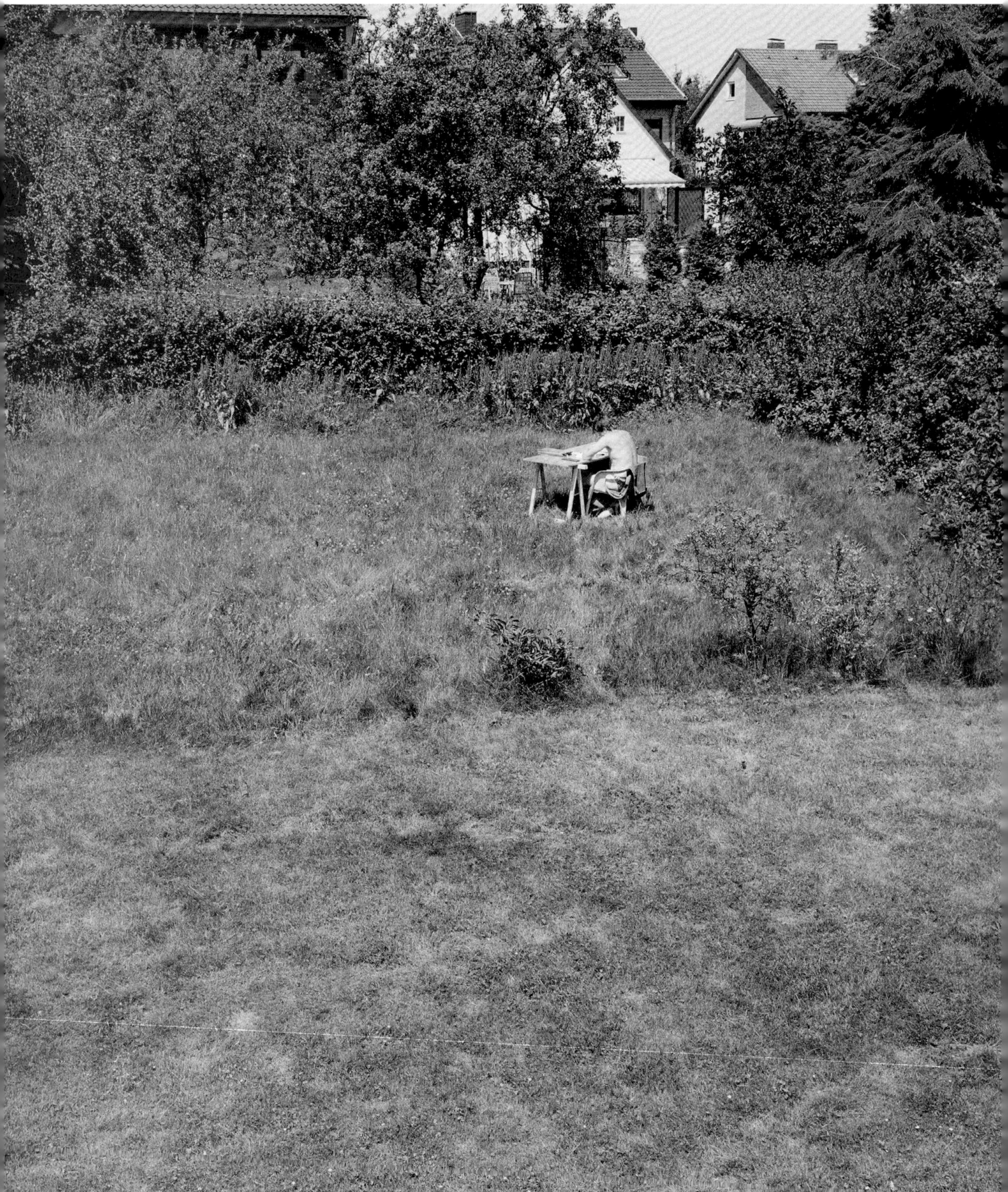

Zeit ohne Muße
Ein Gespräch mit Hartmut Rosa

Herr Rosa, eigentlich kommen wir mit der Frage zu Ihnen, wie wir Wachstum sozial gerechter machen können. Aber wir ahnen, dass wir weiter vorn anfangen müssen.

Hartmut Rosa: Also, wir hier in Jena sind der Auffassung, dass Wachstum zum Problem wird, wenn es nur noch zur Systemstabilisierung dient. Ich glaube nicht, dass an Wachstum etwas auszusetzen ist, wenn es um die Beseitigung von Knappheiten geht. Aber im Prinzip ist die Grundsituation heute die, dass wir Wachstum erzielen müssen, weil wir sonst nicht so bleiben können, wie wir sind. Das halte ich für einen Systemfehler. Es ist ein Spezifikum der modernen Wirtschaft. So wie die gegenwärtige Gesellschaft läuft, müssen wir unablässig wachsen und beschleunigen. Daran ist nicht zu zweifeln. Die Frage ist, ob wir deshalb nur darüber nachdenken sollen, wie wir das Wachstum wieder in Gang kriegen und stabilisieren, oder ob wir noch einmal die Systemfrage stellen wollen. Es ist doch irgendwie komisch: Wenn wir uns dieses Jahr anstrengen und um zehn Prozent wachsen, dann müssen wir nächstes Jahr im Gesamtvolumen viel mehr zulegen, als wenn wir heuer faul wären, um nur ein Prozent hinzukriegen.

Die Beispiele von Ländern, die nicht wachsen, machen nicht gerade hoffnungsfroh.

Das ist schon der Fehler. Meine Definition einer Postwachstumsgesellschaft meint nicht eine strukturelle Wachstumsgesellschaft, die dummerweise schrumpft. Griechenland zum Beispiel ist meiner Ansicht nach so eine Wachstumsgesellschaft, die schrumpft. Und da sehen Sie alle Pathologien, die man so sehen kann. Eine echte Postwachstumsgesellschaft muss nicht wachsen, um den Status quo zu erhalten, kann aber wachsen, um den Status quo zu verändern. Wenn wir feststellen, dass wir grüne Technologien brauchen oder einen Ebola-Impfstoff, sollten wir beschleunigt innovieren und wachsen – wenigstens in den entsprechenden Sektoren. Aber Griechenland ist eine Gesellschaft, die wachsen muss, damit sie ihre Schulden zahlen, ihre Jobs und Firmen erhalten kann, damit der Staatshaushalt in Ordnung kommt. Wenn so eine Gesellschaft schrumpft, ist es katastrophal.

Welche Wirtschaft könnte denn solch einer Postwachstumsidee folgen?

Ich könnte mir eine Gesellschaft in Afrika vorstellen, die 20 Prozent Wachstumsraten hat und trotzdem eine Postwachstumsgesellschaft in dem Sinne ist, dass sie gezielt Knappheiten überwindet. Kulturhistorisch gesehen muss man nicht an den Sozialismus denken. Das war auch eine Wachstumsgesellschaft, die haben es nur nicht hingekriegt. Auch die Maya oder Inka haben im Prinzip bedarfsdeckend operiert. Die mussten nicht wachsen, um sich zu erhalten. Warum sind wir so fantasielos und sagen, ohne Wachstum geht es nicht, selbst wenn wir keinen Wachstumsbedarf haben?

Wer würde denn bei Ihnen entscheiden, wo wir wachsen wollen und wo nicht?

Ich gebe zu, das ist eine der großen Fragen. Erst mal wäre ich geneigt zu sagen: Das muss man demokratisch einbetten. Dann sagen mir aber die Ökonomen: Soll dann über deinen Musikgeschmack demokratisch abgestimmt werden? Welche Art von Musik wir hören wollen und welche nicht? Das wäre mir auch nicht lieb. Die Frage ist, ob man den Zwang zum Wachstum zur Systemerhaltung und eine marktwirtschaftliche Suche nach Bedarfslagen entkoppeln kann. Wir bräuchten ein System, das nicht vollständig auf Markt und Wettbewerb verzichtet, ihnen aber einen begrenzten Ort zuweist. Wirtschaft spielt eine wesentliche Rolle, weil sie die materielle Produktion sichert. Aber Wirtschaft hat durch alle Epochen hindurch und in allen Kulturen eine Funktion neben anderen gehabt. Es gibt die Wirtschaft, es gibt auch die Religion, die Politik, die Wissenschaft. Bei Adam Smith, Ludwig Erhard oder Karl Marx war immer die Idee: Die Produktivkraft steigt gewaltig. Und das hat sie 250 Jahre lang getan. Wir können jetzt produzieren und Natur bearbeiten auf eine Art und Weise, die wir uns nie hätten träumen lassen. Das müsste eigentlich bedeuten, dass der Existenzkampf, der Wettkampf in der ökonomischen Sphäre, an Bedeutung verliert. Dass wir uns stärker orientieren könnten an philosophischen, an kulturellen, an ökologischen, an moralischen, vielleicht an religiösen Ideen. Das war immer das Grundversprechen der Marktwirtschaft. Die Volkswirtschaft wird so stabil sein, dass wir uns jenseits des Kampfs ums Überleben bewegen können. De facto sehen wir heute aber das Gegenteil. Individuelle und kollektive Lebensführung haben nur das Ziel, Wettbewerbsfähigkeit zu sichern. Alles dem ökonomischen Wettkampf unterzuordnen in einer Gesellschaft, die superproduktive Kräfte entfaltet hat, ist kein gesunder Zustand.

Wie lässt sich Ihre Vorstellung von einer lebenswerten Gesellschaft umsetzen, ohne dass die totalitär wird?

Zwei Schritte, die relativ einfach wären, aber mich noch nicht völlig befriedigen: Erstens kann man ökonomische Steuerung dezentral machen, auch kleinere Regionen, Gemeinschaften, Gruppen könnten über Bedarfslagen und Produktionsziele entscheiden. Das müsste kein Zentralstaat sein. Und zweitens spricht nichts dagegen, das irgendwie demokratisch zu organisieren. Trotzdem wäre es problematisch, weil die Mehrheit entscheidet, welches Angebot es gibt oder wie produziert wird. Und das kann man als eine Form von totalitärem Arrangement verstehen. Aber auch die gegenwärtige Situation hat ein Moment von Totalitarismus. Nicht im klassischen Sinne, aber die Steigerungslogik wird hauptsächlich vermittelt über Wettbewerbszwänge und kommt dann bei den Menschen an in Form von Optimierungszwängen – mit einer Mischung aus Anreiz und Angst. Steige ich nicht hinauf, steige ich hinab, ist Max Webers Formulierung. Es gibt interessante Anreizmechanismen, die dazu führen, dass wir ununterbrochen daran arbeiten, gesünder, fitter, kreativer, attraktiver, schneller und besser zu sein. Totalitär nenne ich dies deshalb, weil es über alle gesellschaftlichen Schichten hinweg wirkt und eine ähnlich totalitäre Wirkung entfaltet wie eine politische totalitäre Regierung.

Warum züchtigen wir uns denn so sehr selbst – aus schlechtem Gewissen?

Es ist ein ganz interessantes Ineinandergreifen verschiedener Dinge. Max Weber hat die protestantische Ethik als die Wurzel dessen interpretiert. Er sieht darin eine Umorientierung in der Lebensführung auf eine systematische Selbstdisziplinierung, vor allem in dem Sinn, dass man ständig darauf achtet, kein Geld zu verschwenden. Aber eigentlich ist auch schon bei Weber die tödlichste aller Sünden, Zeit zu verschwenden und dem inneren Schweinehund nachzugeben. Nicht systematisch konsequent an sich zu arbeiten, nichts aus sich zu machen, ist heute mehr denn je das sozial Verpönte. Das ist eine Steigerung der protestantischen Ethik und führt dazu, dass man irgendwann diese Fitness-Armbänder trägt. Mein iPhone hat einen automatischen Schrittzähler. Es ist wahnsinnig interessant nachzusehen, wie viele Schritte ich heute gemacht habe und wie viele Stockwerke ich überwunden habe. In dem Moment, wo die Zahlen da sind, entwickelt sich eine Eigenlogik. Schon Aristoteles war einen Schritt weiter. Er hat gesagt: Es gibt das Leben und es gibt das gute Leben. Wenn die Grundbedingungen abgedeckt sind, kann ich mich um das gute Leben kümmern, um eine philosophische Idee, eine Vorstellung dessen, was Leben zum gelingenden und menschlichen Leben macht.

Aber wir wollen Aristoteles nicht folgen?

Die Gesellschaft bewegt sich gerade in die andere Richtung. Warum haben wir keine Muße, wo wir doch so effizient sind? Muße ist, wenn ich das Gefühl habe, ich muss jetzt nichts tun. Es gibt keine legitime Erwartung an mich. Und ich behaupte, in dieser Gesellschaft stellt sich Muße nicht mehr ein. Wenn Sie heute Abend zu Hause sitzen, warum haben Sie keine Muße? Weil Sie an Geld denken. Oder an Bildung und daran, dass Zeit Bildung ist. Wollten Sie nicht immer mal Shakespeare lesen? Oder Wagner hören? Wir denken daran, dass Zeit Beziehungen heißt. Netzwerke sind wichtig. Und wenn Sie daran denken, dass Zeit Geld, Bildung oder Netzwerk ist, dann fällt Ihnen ein, dass Zeit Körperkapital ist. Sie könnten ein bisschen Joggen gehen, ein Schönheitsbad nehmen. Wenn Sie sagen, der Körper ist mir egal, Bildung ist mir egal, Beziehungen sind mir egal, Geld ist mir egal, dann könnten Sie wenigstens entspannen. Ein bisschen Yoga machen. Die Logik ist stets die gleiche: Ressourcenakkumulation – und diese hört niemals auf.

Könnten Wagner, Yoga oder ein Schönheitsbad nicht durchaus als Muße durchgehen?

Ich glaube, es ist die Idee der Weltreichweitenvergrößerung, die uns antreibt. Warum ist Geld interessant? Weil es meine Weltreichweite vergrößert. Mit Geld könnte ich noch heute Abend nach Tokio fliegen oder nach Rio und ich kann Welt in meine Reichweite bringen, verfügbar machen. Das Gleiche gilt für die Bildung: Wenn ich Chinesisch lerne, erschließe ich mir eine ganz neue Kultur, Geistes- und Sozialwelt. Warum ist ein Smartphone interessant? Weil ich mit seiner Hilfe Welt in Reichweite bringe. Wir streben immer danach, Welt in Reichweite zu bringen. Stellen wir uns das gute Leben mal in Analogie zu der Aufgabe vor, ein Bild zu malen. Nehmen wir an, wir haben zwei Maler, Gustav und Vincent. Gustav sagt sich: Ich kann ein besseres Bild malen, wenn ich eine gute Leinwand habe, gute Farben, bessere Pinsel, gute Beleuchtung, eine stabile Staffelei und wenn ich die entsprechenden Maltechniken kann, wenn ich also die richtigen Ressourcen habe. Fortan verbringt er den Rest seines Lebens damit, die Ressourcen zu verbessern. Aber eigentlich malt beziehungsweise lebt er überhaupt nicht. Und am Ende wird unter den herrschenden Bedingungen auch Vincent kein gutes Bild oder Leben haben. Denn wenn er sich nicht um Steigerung der Ressourcen kümmert, verliert er die, die er hat, weil sie progressiv entwertet werden. Wenn man nicht hinaufsteigt, steigt man hinab. Deshalb werden am Ende beide kein gutes Leben haben.

Wie konnte uns das passieren?

Menschen stehen, wenn sie geboren werden, immer einer Welt gegenüber. Die banalste Form der Wahrnehmung lautet: Etwas ist da, etwas ist gegenwärtig. Der Embryo hört den Herzschlag der Mutter, ist umgeben von rauschenden Strömen. Das nenne ich eine Resonanzbeziehung, weil sie aus einer Art von responsiver Wechselwirkung besteht. Im Laufe der menschlichen Entwicklung bildet sich daraus dann die Polarität von Subjekt und Welt heraus. Und die Frage ist jetzt: Wie nehmen wir als Subjekte zur Welt Stellung? Das geht nicht über das Gehirn in erster Linie, sondern meint einen körperlichen Habitus oder eine dispositionale Struktur. Das nenne ich Weltbeziehung. Meine These lautet, dass das Grundprogramm der Moderne darin besteht, Welt verfügbar, beherrschbar, berechenbar zu machen. Weber nennt es Rationalisierung. Ich glaube, es hat auch eine emotionale, existenzielle Seite. Wir geben uns der Welt nicht lustvoll hin, sondern müssen sie unter Kontrolle bringen. Der Kapitalismus zielt systematisch auf Weltreichweitenvergrößerung. Es gibt kulturhistorisch nichts, was derart erfolgreich technisch, wissenschaftlich und wirtschaftlich Welt verfügbar gemacht hätte. Er hat die Steigerungslogik so eingebaut, dass wir selbst da, wo wir gar nicht auf Reichweitenvergrößerung scharf sind, dem System unterworfen sind. In der Wissenschaft ist es genauso. Wissen war in einer Jägergesellschaft das, was man können muss, um den Hirsch zu fangen. Oder Getreide auszusäen in einer Ackerbaugesellschaft. Dieses Wissen wurde oft als Geheimwissen bewahrt und von einer Generation zur nächsten weitergegeben. Wissen war ein Schatz, den es zu bewahren galt. Die Moderne hat das durch dynamische Stabilisierung ersetzt. Jetzt ist die Wissenschaft Inbegriff des höchsten Wissens. Und das ist nicht die Lehre, das Weitergeben eines reinen Wissens, sondern das ununterbrochene Erweitern des Horizontes, das Überbieten des schon Gewussten.

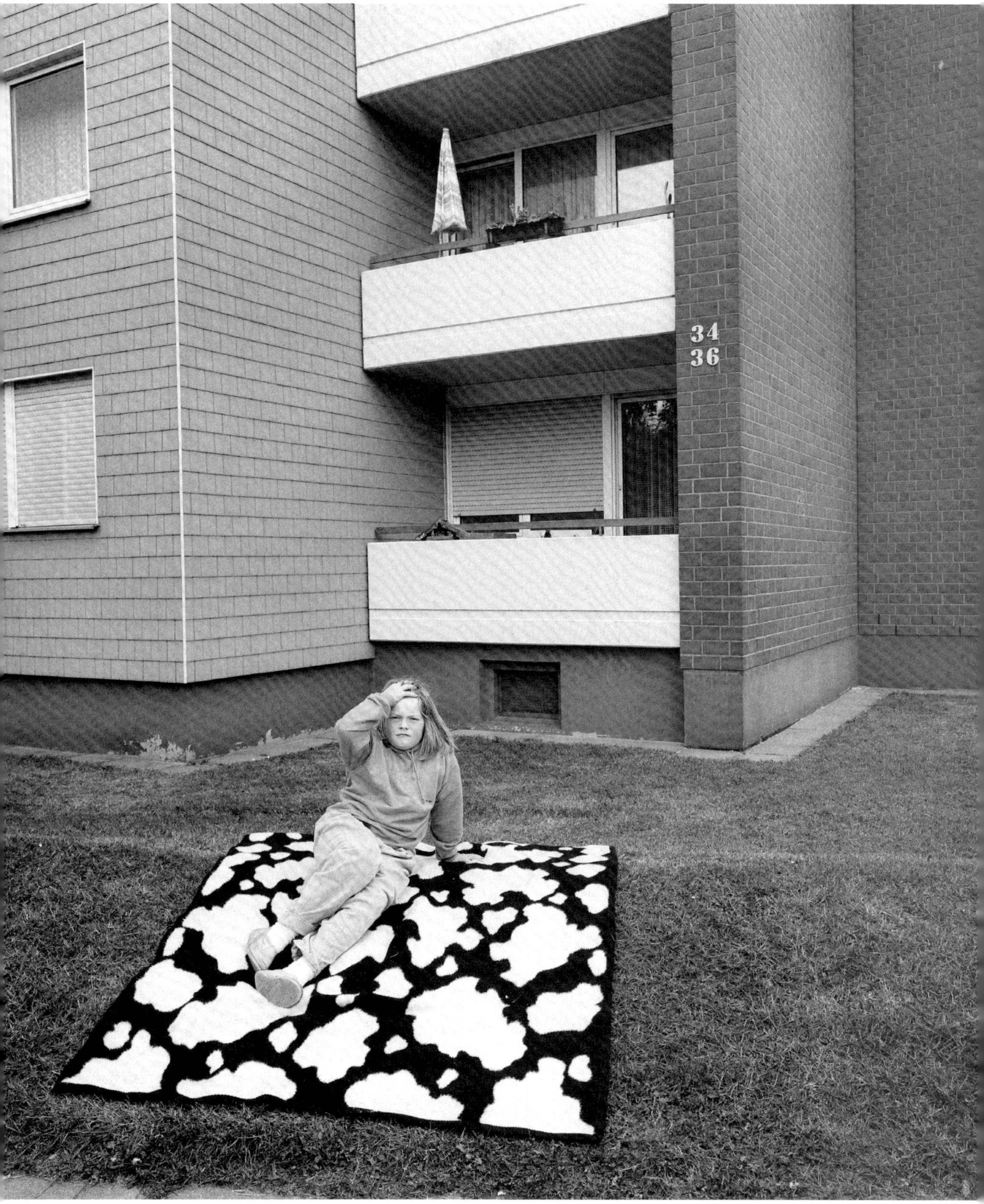
34
36

Wäre bis heute nur reines Wissen weitergegeben worden, würde immer noch per Hand ausgesät und mit der Sense gemäht. Und auch die Sense gab es nur, weil Wissen übertroffen wurde. Ist das nicht das Wesen von Forschung und Fortschritt?

Man kann darüber streiten, ob es ein allgemeiner menschlicher Zug ist, dass man systematisch forscht. Ich glaube, eigentlich nicht. Bewahren des Wissens hat lange Jahrhunderte Forschung im Sinne von Erweitern dominiert. Wo Forschung in unserem Sinne relevant wurde, also in der Neuzeit, gab es die Idee, dass man im Prinzip die Wahrheit entdeckt und die Fragen endgültig löst. Heute ist es nicht mehr so. Wenn Sie Wissenschaftler fragen, ist Forschung nicht, die Wahrheit herauszufinden, sondern immer neue Fragen zu stellen, neue Perspektiven zu eröffnen. Aber für mich ist es wichtig, dass man irgendwann eine Ziellinie erreichen könnte. Am Anfang der Aufklärung steht die Idee, dass man fortschreitet zu einer neuen, besseren Zeit. Aber heute sind diese Zielhorizonte verblasst. Zwei Jahrhunderte lang ist dieses Wachstumsprogramm plausibel gewesen, das will ich nicht infrage stellen. Aber heute nicht mehr.

Wo ist denn die Ziellinie, die Sie sich wünschen? Sie haben die Metapher der zwei Maler gewählt, haben aber nur beschrieben, was nicht funktioniert, nämlich immer wieder bessere Technik anzuhäufen, um das bessere Bild zu malen. Wie sähe das gute Bild denn aus?

Sie haben recht, das ist die große Frage. Ich kann nur immer wieder beschreiben, warum es nicht funktioniert. Aber leider wollen die Menschen das Gegenteil hören. Ich habe mir verschiedene Sachen überlegt, Grundeinkommen etwa. Ich würde sagen, dass das ein wesentlicher Schritt sein könnte. Aber grundsätzlich glaube ich, dass keine solche einfache Reform die Lösung wäre. Sondern dass man die Lösung in dem suchen müsste, was ich Weltbeziehung nenne. Wir brauchen eine andere Form der Beziehung zur Welt, individuell und kollektiv. Nämlich nicht eine, die auf Berechnen, Beherrschen, Verfügbarmachen zielt, sondern eine, die auf Resonanzverhältnisse zielt: auf Hören und auf Antworten.

Mit Verlaub, das klingt ...

... leider erst einmal esoterisch, ja. Aber ich glaube, dass jeder von uns die Erfahrung kennt. Ich nenne sie Resonanzerfahrung, eine Beziehung zu anderen Menschen, natürlich auch zur Natur oder zur Musik, bei der man merkt, da ändert sich was in uns selbst und in unserem Weltverhältnis. Eigentlich suchen wir danach. Ich suche nach einem Beispiel ...

Sie haben Bilder aus dem Wallis an der Wand hängen, nehmen Sie doch die Berge!

Ja, für mich wären es die Berge. Wenn ich in die Berge gehe, ändert sich etwas. Dann stehe ich anders in der Welt. Für andere ist es das Meer; da gehen, atmen und stehen Sie anders als im Supermarkt oder im Büro. Das ist eine andere Form der Welthaltung. Meine These ist, dass im Supermarkt und im Arbeitsverhältnis entweder eine kompetitiv geprägte Atmosphäre herrscht oder eine, die auf Beherrschung zielt, auf Verdinglichung. Ich nenne das stumme Weltbeziehung. Die brauchen wir zwar, aber wir brauchen auch eine Resonanzsensibilität. Resonanz ist eine zweiseitige Beziehung. Die eine ist, dass mich etwas erreicht. Aber es gibt auch die Gegenseite, die ich Selbstwirksamkeit nenne. Eine wirkliche Resonanzbeziehung ist eine, in der ich merke, ich erreiche jemanden. Warum üben Menschen ein Ehrenamt aus? Sie nehmen es als eine Resonanzsphäre wahr und sagen das auch so: Da kommt so viel zurück, sagen sie. Moderne Gesellschaften versuchen, Resonanz zu kommodifizieren, zu verdinglichen: ›Kauf dir eine Konzertkarte oder kauf dir einen Urlaub. Ja, du sollst ins Grüne gehen, sensibel mit dir selber umgehen und ein Teamplayer sein, damit du noch effizienter im Beruf wirst‹.

Das klingt vertrackt: Eigentlich muss man ins Grüne fahren, um Resonanz zu erfahren, aber wenn man es tut, ist es auch nicht gut, weil die Erfahrung schon verdinglicht wurde. Wie kommen wir da heraus? Können wir uns selbst am Schopfe packen? Soll der Staat eingreifen? Muss gar alles über den Haufen geworfen werden?

Da schwanke ich. Grundsätzlich beharre ich darauf, dass wir nicht einfach als Individuen alles ändern können. Entweder wird es dann esoterisch oder es wird wieder verdinglicht. Einfach durch ein Gesetz oder eine Reform geht es auch nicht. Im Prinzip bräuchte man eine simultane Veränderung der ökonomischen Verhältnisse, der Sozialstaatsgrundlage (weil der moderne Sozialstaat auf der Umverteilung von Zuwächsen beruht) und der kulturellen Orientierung. Ich glaube, dass man Märkte wieder hegen muss und sie nicht so entfesseln darf, dass Kultur, Philosophie und all das funktional untergeordnet werden. Zur Änderung des Sozialstaates plädiere ich für ein Grundeinkommen. Ich bin ziemlich sicher, dass es die existenzielle Angst aus dem Spiel nehmen würde. Als Individuen entscheiden wir uns häufig so, dass wir genau der Weltreichweitenlogik folgen. Wir waren ja bei der Musik als einer Resonanzsphäre. Viele, denen Musik viel bedeutet, akkumulieren Musik, kaufen CDs oder Schallplatten. Darin ist ein Moment von Anverwandlung. Ich beschreibe Resonanzbeziehungen als Anverwandlungsbeziehungen, weil wir mit einer Sache so in Kontakt treten, dass sie uns verändert. Wenn ich eine CD hundertmal gehört habe, ist sie Teil meiner Identität und meiner Geschichte geworden. Heute kaufen junge Leute sich bei Spotify ein, weil sie da mit einem einzigen Handstreich gewaltig die Reichweite vergrößern und auf Millionen Titel zugreifen können. Für mich ist das ein klassischer Fall, wie Reichweite wächst, ohne dass die Resonanz, die Qualität der Erfahrung sich verbessert.

Die Lösung lautet: von allem etwas weniger und dafür intensiver?

Nein, nicht einfach weniger. Das Ziel sollte nicht sein zu schrumpfen. Wenn wir aus der Steigerung herauskommen, ist es schon gut. Und durch einfach weniger verbessert sich ja nichts. Erfahrungsqualitätsveränderung statt Reichweitenvergrößerung – das ist nicht einfach ein Schrumpfungsziel.

Also eine Frage der Qualität oder der Tiefe?

Ja. Also das, was ich Resonanz nenne. Man muss ein Sensorium dafür finden. Es gibt auch die vertikale Resonanzbeziehung, in der wir der Welt als Ganzes begegnen. Religion ist dafür ein paradigmatisches Beispiel. Religion spielt heute immer noch eine wichtige Rolle. Der Grund dafür ist, dass Religion eine Art von Antwortversprechen gibt – die Idee, dass hinter, über oder unter der Welt etwas ist, jemand ist, oft ein Gott, der uns antwortet, mit uns in innerer Verbindung steht. Ich glaube aber, dass nicht nur diese Idee der Religion eine Resonanzverheißung bietet, sondern auch die Natur. Die ökologische Debatte lebt von der Idee, dass die Natur eine Resonanzsphäre bildet, dass sie uns zu antworten vermag.

Was ist Ihrer Meinung nach die Beziehung zwischen Ihrem Resonanzbegriff und der Romantik?

Oh, wie kommen Sie jetzt darauf?

Diese Sehnsüchte, die Sie schildern, sind so oder sehr ähnlich schon in der Romantik formuliert worden.

Absolut richtig. Da gibt es eine ganz starke Beziehung. Die modernen Resonanzsphären, Natur, Kunst, auch Religion, wie wir sie heute konzipieren, Liebe natürlich, auch in den Verhältnissen zu den Kindern, beruhen alle auf Ideen, die die Romantik erst hervorgebracht hat. Ich würde sagen, im 21. Jahrhundert hat sich die Resonanzsehnsucht generalisiert. Man muss nur ein einziges Mal Werbung gucken – da wird nichts als Resonanz versprochen. Nimm dieses Deo und du hast das Gefühl, du stehst auf der Frühlingswiese, umgeben von besten Freunden. Oder fahr in die Berge und du hast dieses intensive Naturerlebnis. Das Resonanzbegehren wird in Objektbegehren übersetzt, dann aber enttäuscht, sodass wir sofort weiterkaufen. Steigern und Wachstum beruhen auf einer Art von panischem Weltverlust.

Was bedeutet Beschleunigung für Ungleichheit in der Gesellschaft?

Das ist der Punkt, an dem ich die meiste Kritik gekriegt habe: Rosa beschreibt ja nur ein Elitenproblem. Diese Kritiker haben offensichtlich keine Ahnung von der Empirie. Bauarbeiter, Putzfrauen oder Fernfahrer sind in ihren Arbeitsabläufen oft weit mehr gestresst als Professoren oder Manager. Die sozialen Schichtungen werden aber im Zuge des Beschleunigungsgeschehens eher zementiert. Wer oben steht, bleibt mit wenigen Ausnahmen oben. Und wer unten ist, bleibt unten. Da sieht man keine Dynamisierung. Das ist auch ein Beschleunigungseffekt. Ich stelle mir das wie eine Art von 100-Meter-Lauf vor. Das Problem ist, dass manche schon beim Start deutlich weiter vorne sind. Eliten haben eine bessere Kapitalausstattung: ökonomisch, kulturell, sozial, sogar körperlich. Die, die hinten sind, müssen eigentlich nicht mehr loslaufen, weil die vorne schon mit aller Kraft rennen. Der Rückstand lässt sich prinzipiell nicht mehr aufholen. Deshalb glaube ich, die Beschleunigungslogik oder die Steigerungslogik intensiviert auch die soziale Spaltung.

Wir hatten vorhin den Begriff des Einhegens. Man kann auch sagen, das Primat der Politik wiederherzustellen. Wie kann die Politik das machen?

Politiker sind derzeit nur Spieler in einem System, das sie eben nicht mehr vollständig kontrollieren. Es ist eine Selbsttäuschung zu sagen: Wir brauchen zwar Wachstum, wollen aber gleichzeitig entschleunigen. Wachstum und Beschleunigung sind zu verschränkt. Deshalb hilft eine reine Zeitpolitik nicht weiter. Und das Zweite: Wettbewerb ist ein zentrales Beschleunigungs- oder Dynamisierungsinstrument. Nehmen Sie eine ständische Gesellschaft bis zum 18. Jahrhundert. Die Weltposition eines Menschen ist mit der Geburt festgelegt, ich bin Graf, Bauer, Bettler oder was auch immer. Das ist sozial extrem ungerecht. Die Moderne dynamisiert das insofern, als mein Platz in der Welt nicht mit der Geburt entschieden ist, ich muss ihn erst finden. Aber der Dynamisierungsprozess hat da nicht aufgehört. Jetzt finden wir unseren Platz alle paar Jahre neu. Menschen können heute gar keine sichere Weltposition mehr gewinnen. Für die Verbraucher schafft der Wettbewerb sicherlich eine attraktive Welt. Er ist auch einigermaßen fair in der Sozialdimension. Aber für die Produzenten macht er die Welt zur Hölle. Wenn wir eine Gesellschaft hätten mit idealen Märkten, wie die Ökonomen sie definieren, dann würde dies bedeuten, dass jeder Fehltritt, jede Schwäche, jede Pause dich aus dem Markt katapultiert. Und Wettbewerb ist verheerend in der Zeitdimension, im Umbau des Weltverhältnisses. Deshalb fände ich eine Politik sinnvoll, die die Wettbewerbsdynamik bremst statt steigert. Nationalstaatlich geht das kaum, weil das Kapital dahin fließt, wo es die besten Verwertungsbedingungen hat. Die EU wäre eine Steuerungseinheit, die das machen könnte.

Den Markt zu bremsen, ist ja eine rationale Reaktion. Wenn Politik daran krankt, dass diese Resonanzbeziehung nicht mehr da ist, braucht man dann eine emotionale Antwort?

Das Problem ist, dass wir keine Visionen davon haben, wo wir hinwollen. Hätten wir sie, würden wir nämlich auch die Mittel finden. Mein Lieblingssatz von Antoine de Saint-Exupéry lautet: »Wenn du willst, dass die Männer zur See fahren, musst du sie nicht Schiffbaukunst lehren, sondern ihnen die Sehnsucht nach dem Meer einpflanzen. Wenn sie die haben, werden sie Mittel und Wege finden, das Schiff zu bauen.« Wir brauchen eine verbindliche Erzählung oder eine Vision davon, was gelingendes Leben sein könnte. Das Problem ist, dass wir entweder an Mittel denken: Was für eine Reform brauchen wir? Oder an ein Ziel: Was müssen wir noch erreichen? Und beides folgt der Weltreichweitenlogik.

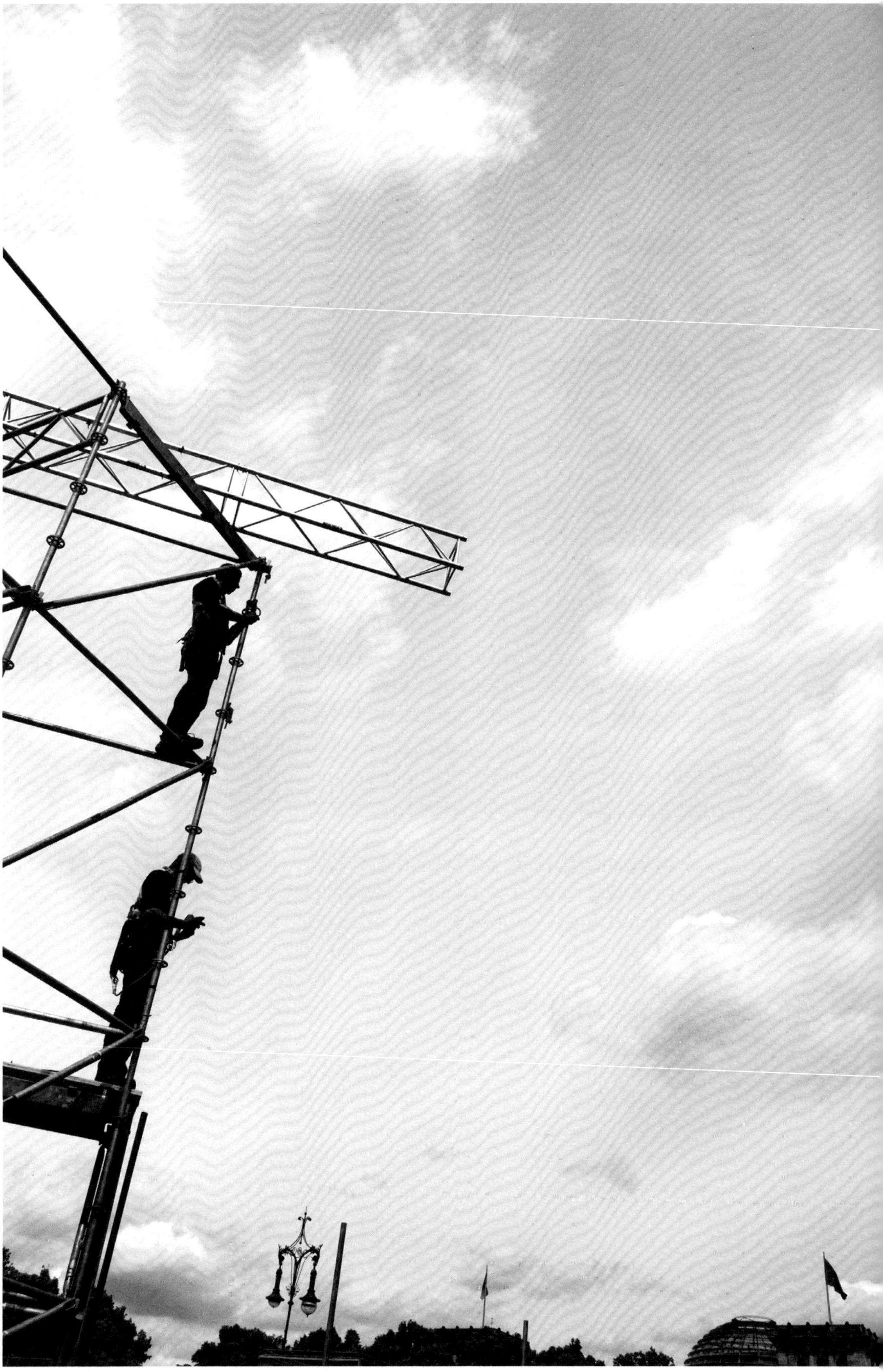

Wenn es stimmt, dass uns die engagierten Bürger der Bürgergesellschaft ausgehen, die etwas für die Gesellschaft tun, ohne dass sie markttechnisch entlohnt werden. Was muss man tun, um den Citoyen wiederzubekommen, eine staatstragende Schicht im besten Sinne?

Menschen handeln – und fühlen sich übrigens auch gut –, wenn sie das Gefühl haben, dass sie mit ihrem Handeln etwas erreichen oder umsetzen können. Resonanz ist, wenn ich merke, ich erreiche jemanden. Wir müssen sowohl im bürgerschaftlichen Engagement als auch im politischen Handeln wieder einen berechtigten Sinn dafür wecken, dass wir in einer Art von Resonanzverhältnis zueinander stehen. Die anderen müssen mir nicht recht geben, sondern sie sollen sogar widersprechen. Aber wir erreichen einander. Das geht nur, wenn ich feststelle, dass mein politisches Wirken Einfluss auf die Struktur der öffentlichen Welt hat. Wir werden die Bürger wiederkriegen, wenn es uns gelingt, demokratisches Gestalten, Teilhaben, Partizipieren als ein Geben und Nehmen zu gestalten. Und das bedeutet natürlich, politisches Handeln und Beteiligung müssen auch Auswirkungen haben. Das darf nicht nur symbolisch sein.

Wie sieht Ihre Zukunft der Sozialen Marktwirtschaft aus? Ein Ausgleich der Zuwächse ist im Grunde ja nicht mehr möglich, wenn es keine Zuwächse gibt.

Wir haben ja nicht nur die Produktivkraft erhöht, wir haben auch die Produktion erhöht. Wir haben gigantischen Reichtum produziert. Nicht nur in realen Gütern, sondern auch in Kapital und Vermögen. Wir haben diesen Reichtum nur wahnsinnig ungleich verteilt. Zwischen den Hypermilliardären auf der einen Seite und dem Bettler auf der anderen haben wir größere Unterschiede als jede andere Gesellschaft zuvor. Es ist die Frage nach einer anderen Verteilung. Die ist möglich. Die Frage ist nur: Wo kommt eigentlich die Motivation zur schrankenlosen Akkumulation her? Warum hat jemand, der schon das 60-Fache seines Nachbarn verdient, immer noch nicht genug? Spitzenverdiener glauben wirklich, dass sie ein Recht darauf haben, weil sie hart arbeiten, Geld ins Ausland zu schaffen. Meine These ist, dass die Motivation aus der Monopoly-artigen Spielregel kommt, wonach gesellschaftlich definiert wird, dass die Gewinner die sind, die immer mehr kriegen. Und die, die ›unten‹ sind, wollen dahin, wo die Gewinner sind, während die Gewinner alles tun müssen, um ›vorne‹ zu bleiben. Damit hält man die Steigerungslogik auf der Subjektseite in Gang. Wenn wir andere Verteilungsmechanismen installierten, würden ›die oben‹ die Motivation zur schrankenlosen Zentrierung des Reichtums verlieren. Kurz und gut: Eigentlich bin ich für Umverteilung. Nicht nur der Zuwächse, auch das Bestehende kann anders verteilt werden. Das plausibelste Instrument hierfür scheint mir eine – möglichst globale – Erbschaftsteuer zu sein, denn die Ungleichheit der Vermögensverteilung ist nicht gerecht – und sie wird immer schärfer.

Das Gespräch mit Hartmut Rosa führten Henrik Brinkmann und Benjamin Dierks im April 2015 in Jena.

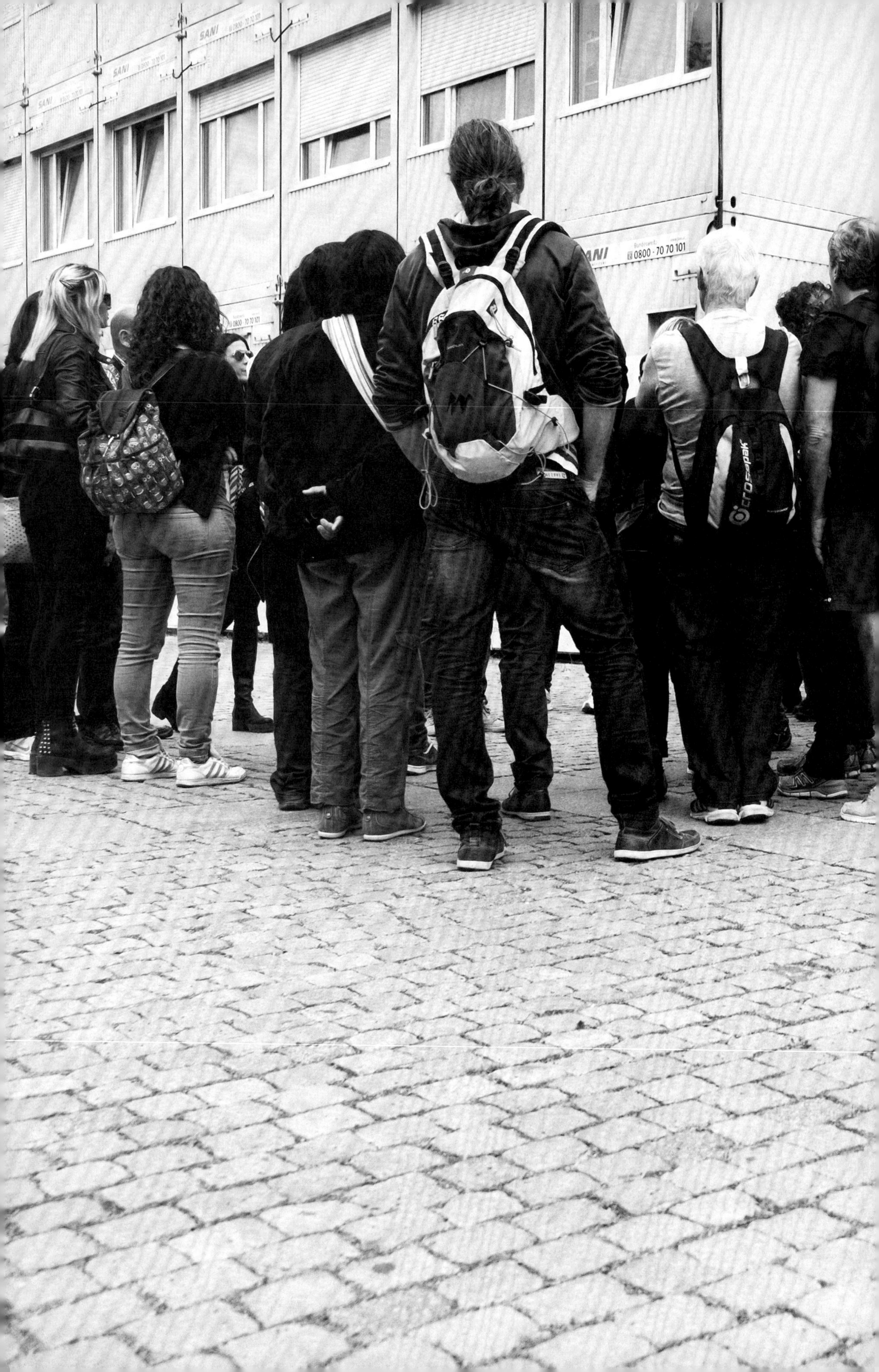
SANI
0800 · 70 70 101

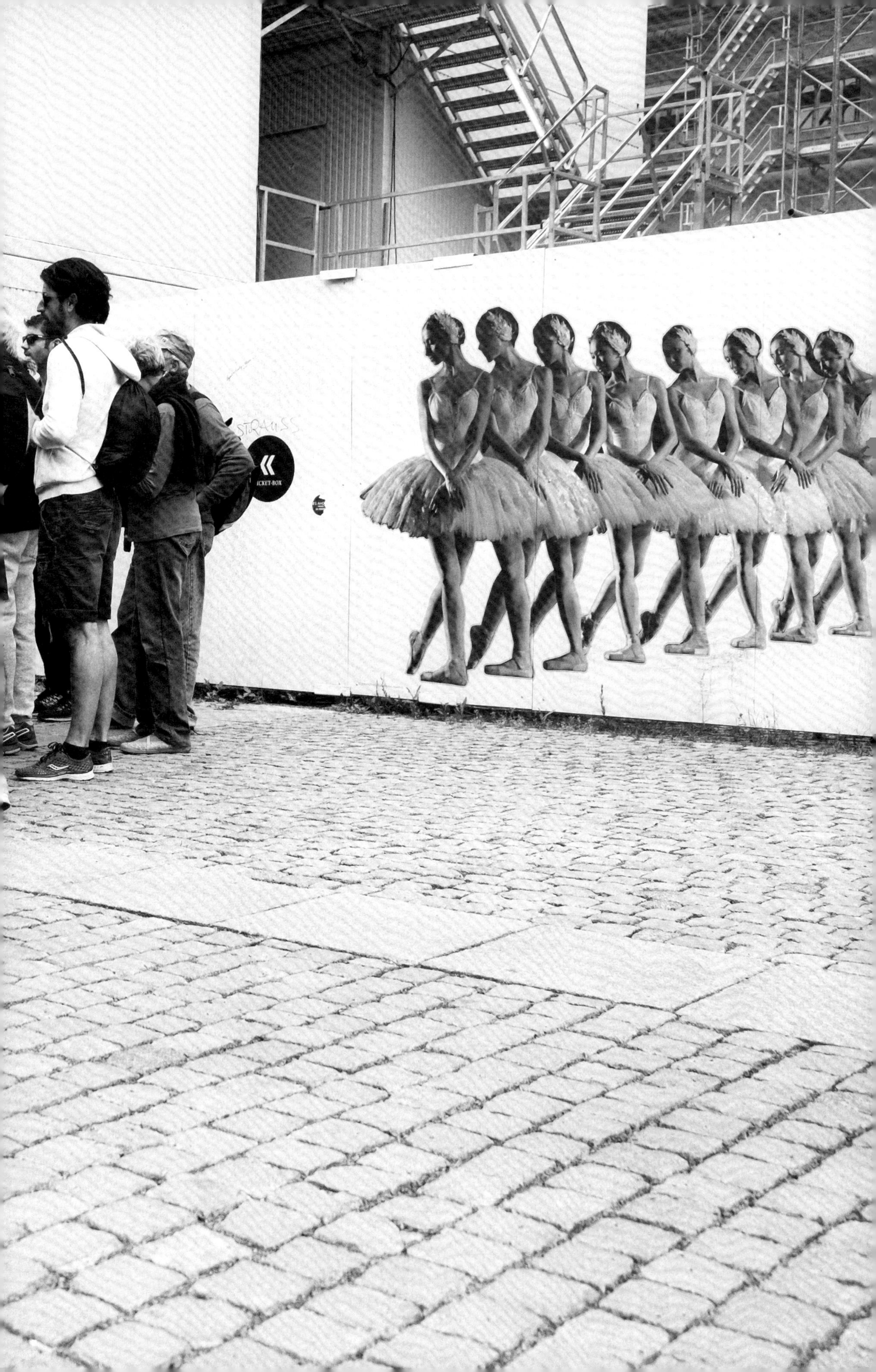

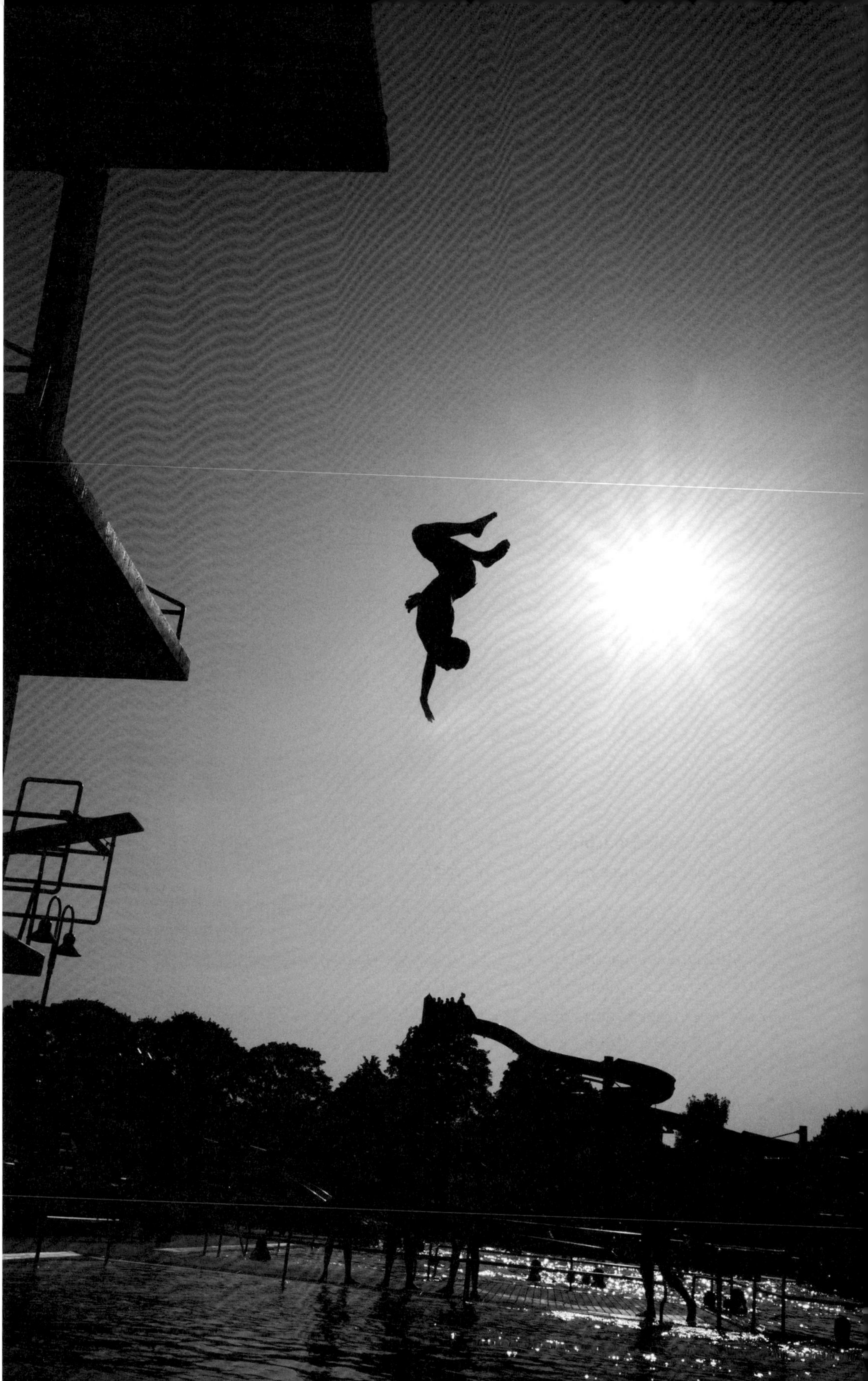

Eine neue Freiheitspolitik
Ein Gespräch mit Uwe Schneidewind

Herr Schneidewind, brauchen wir statt Wachstum eigentlich Askese für Wohlstand, Gerechtigkeit und eine gesunde Umwelt?

Uwe Schneidewind: Wir müssen uns intensiver darüber Gedanken machen, was eigentlich Wohlstand ausmacht. Und welche Rolle spielt materielles Wachstum, um diesen erweiterten Wohlstand zu erreichen? Unsere Arbeit am Wuppertal Institut orientieren wir stark an den elf OECD-Dimensionen zum Wohlstand. Materiell enger gekoppelte Aspekte wie Einkommen, Dach über dem Kopf und Job werden unmittelbar angeregt durch ökonomisches Wachstum. Andere Dimensionen wie Gesundheitsversorgung, Zugang zu Bildung, die Frage sozialer Kohäsion und die Möglichkeit individuellen Engagements haben nur eine lose Kopplung mit materiellem Wachstum. Volkswirtschaften wie die USA sind materiell extrem kraftvoll, haben im Hinblick auf die Gesundheitsversorgung aber schlechtere Werte als Länder, die gerade mal einen Bruchteil des Geldes in ihre Gesundheitssysteme stecken, aber ein System organisieren können, zu dem die ganze Breite der Bevölkerung Zugang hat. Beim Zugang zu Bildung ist es ähnlich. Unter Ländern mit fast identischem Bruttosozialprodukt schneiden einige hervorragend ab in Bildungstests, bei anderen zeigen sich große Analphabetenquoten. Gesteigertes Bruttosozialprodukt und materielles Wachstum sind nur für einige Elemente die Lösung, für viele andere aber ein Riesenproblem. Ein Großteil der Umweltbelastung korreliert mit materiellem Wachstum. Deswegen hat es Sinn zu schauen, wie weit ich Wohlstand vom materiellen Wachstum entkoppeln kann.

Beim Wachstum haben wir ziemlich klare – wenn mitunter auch widerstrebende – Vorstellungen davon, wie es sich steigern lässt. Wie funktioniert das bei den anderen Wohlstandsfragen, die nur lose ans Wachstum gekoppelt sind, wie Sie sagen?

Das ist sehr unterschiedlich. Bei der Gestaltung von Gesundheitssystemen haben wir heute ein sehr breites Know-how darüber, wie ich sie gestalten muss, damit sie epidemiologisch gute Werte erzielen. Eng verwobene Gleichgewichte zwischen marktlicher Steuerung und gesetzlicher Rahmensetzung wie in Deutschland, die über Jahre institutionell gewachsen sind, sind ein wichtiges Prinzip. Auch bei den Bildungssystemen merkt man, dass es institutionelle Bedingungen gibt, zum Teil natürlich auch kulturelle Faktoren. Deutlich wird: Eine Wohlstandspolitik muss sich auf viel mehr Gestaltungsfaktoren konzentrieren als nur auf eine reine Bruttosozialprodukt-Politik. Ein intelligentes Design unserer Bildungs- und Gesundheitssysteme, die Frage, wie wir Städte in der Zukunft gestalten, das würde einen viel höheren Wohlstandseffekt erzeugen.

Kommt Wachstum wirklich nur einer kleinen Elite zugute, während eine Mehrheit abgeschlagen ist?

Beim unteren Teil der Einkommenspyramide und bei denjenigen, die ökonomisch benachteiligt sind, ist es so. Das kann man auch anhand der Realeinkommensentwicklungen sehen. Für diejenigen mit prekären Beschäftigungsverhältnissen hat sich trotz stattlicher Wachstumsraten sehr wenig getan. Und an der Spitze der Pyramide gab es überproportional hohe Gewinne. Um die Wettbewerbsfähigkeit zu erhalten, gibt es einen hohen Druck für zunehmende Flexibilisierung und Prekarisierung von Arbeitsverhältnissen. Das ist das Erfolgsmodell in Deutschland gewesen. Und die Verlierer sind am anderen Ende der Pyramide.

Was ist mit der Mittelschicht passiert?

Die hat sich nicht so stark wie die oberen 20 Prozent, aber kontinuierlich nach vorn entwickelt. Ich meine, das führt auch dazu, dass es derzeit im politischen Diskurs keine mehrheitsfähige Wachstumskritik gibt, sondern die Regierungspolitik einer Angela Merkel von breiten Teilen der Bevölkerung getragen wird. Die Kritik kommt eher vom linken Rand, also von denjenigen, die stark auf die 20 Prozent Benachteiligten schauen.

Wenn sie einer breiten Mehrheit zugutekommt, ist Wachstumspolitik vielleicht nicht ganz verkehrt.

Das ist eine spannende Frage in einer Welt, die immer ungleicher wird: Wofür ist Politik eigentlich da? Soll sie Privilegien westlicher Mittelschichten stabilisieren? Oder ist Politik eigentlich dafür da, intelligente Lösungen für den Sprengstoff zu finden, der in den Gesellschaften am unteren Rand entsteht? Bei Letzterem kommt man natürlich zu völlig anderen Konsequenzen. Zurzeit gibt es eine bequeme nationale Politik, die jene schützt, denen alles gegeben ist – vor Einkommenseinbrüchen, vor Jobverlust, vor Migranten, vor alldem, was die saturierten Mittelschichten, die Wohlstandsgesellschaften bedrohen könnte.

Was wäre denn Ihrer Meinung nach eine gute Politik?

Wir kommen vermutlich im 21. Jahrhundert auf eine ganz neue Dimension von Herausforderungen für die menschliche Zivilisation zu. Das erste Mal sind wir als Menschengemeinschaft mit globalen Grenzen konfrontiert. Wenn wir so weitermachen, haben die ökologischen Folgen massive Rückwirkungen auf weite Teile der Weltbevölkerung – mit sehr ungerechten Verteilungswirkungen und in einer Geschwindigkeit, die Anpassungen in vielen Teilen dieser Gesellschaften kaum möglich machen. Daher geht es darum, grundsätzlich zu fragen: Wie sehen Wohlstandsmodelle aus, die das Potenzial globaler Verallgemeinerungsfähigkeit in sich tragen? Da sehe ich auch die Aufgabe der Politik zu zeigen: Wie sieht eine Zwei-Tonnen-CO_2-Gesellschaft hier in Deutschland aus, die es schafft, auch bei stagnierten oder leicht sinkenden Bruttosozialproduktraten all das aufrechtzuerhalten, was freiheitliche demokratische Gesellschaften ausmacht? Nur wenn uns das gelingt, können wir global Bewegung in blockierte Verhandlungen bringen. Es ist eine Riesenzivilisationsaufgabe und vermutlich ist es unwahrscheinlich, dass uns das geradlinig gelingt. Aber wenn Politik sich darauf reduziert, Wohlstandsinseln gegen die Nebenwirkungen ökologischer Effekte und von Flüchtlingsströmen abzuschotten, ist das eine sehr enge und traurige Dimension.

Damit haben Sie das Problem umrissen. Was muss passieren, damit das in der Politik ankommt?

Das Ganze passiert erst mal auf der Ebene von Diskursen, um gewisse Denkfiguren, Denkmuster wieder gesellschafts- und politikfähig zu machen. Es gibt wieder Kapitalismuskritik, die vorm Ende des Kalten Krieges nicht vorstellbar gewesen wäre. Diejenigen, die das dominante, neoliberale Paradigma vorangetrieben haben und fast einen Durchmarsch hatten über die 1980er-, 1990er-Jahre hinweg, befinden sich zunehmend in der Defensive. Das ist der erste Schritt. Wir haben in der Enquête-Kommission »Wachstum, Wohlstand, Lebensqualität« gesehen, dass diese Fragen in allen Fraktionen diskutiert werden: in der Union mit all den wiederentdeckten, auch durchaus wertkonservativen Momenten wie in der Sozialdemokratie, die darauf eher über das Gleichheits- und Ungleichheitsthema zugeht; die Grünen kommen über die ökologische Ecke. Es ist eine Frage der Zeit, bis es sich als dominantes Paradigma durchsetzt. Ich beobachte eine gewaltige Kraft in den Diskursen. Wir haben bei uns in Wuppertal viele Personen, die haben mit 20, 25 schon eine Ausstrahlung, die könnten in jedem Konzern, in jeder Beratung Karriere machen. Die entscheiden sich für völlig andere Lebensentwürfe. Wenn diese Eliten kippen, ist das ein Zeichen dafür, dass etwas Neues kommt.

Sie wollen ja nicht nur, dass wir uns weniger aufs Wachstum konzentrieren, sondern Sie wollen, dass es zurückgeht.

Der entscheidende Punkt ist, die Frage des materiellen Wachstums nicht zur Steuerungsgröße zu machen, die im Zentrum steht. Das kann bedeuten, dass es zur Stagnation, zu Reduktionsphänomenen kommt. Ich will nicht aktiv das materielle Wachstum um jeden Preis zurückfahren. Es geht darum, alternativen Wohlstand voranzutreiben und dafür bereit zu sein, Volkswirtschaften mit viel weniger materiellem Wohlstand zu erzeugen als heute, die demokratischer sind, eine höhere Zufriedenheit über das gesamte Spektrum der Bevölkerung erzielen und ein gutes Leben ermöglichen. Postwachstum heißt, Gesellschaftsentwürfe jenseits der reinen Orientierung auf materielles Wachstum gestalten zu können.

Wachstum ist eine zu beziffernde Größe. Wird die nicht ersetzt durch ein diffuseres Bild, bei dem es schwerer fällt, sich zu verorten und das einzufordern, was einem zusteht?

Wir haben auch in unseren Gesellschaften viele Bereiche der Wohlstandsproduktion, die sich solchen mess- und einklagbaren Grenzen entziehen. Das Gesundheitswesen ist ein schöner Hybridbereich. Marktelemente und Bruttosozialprodukt wirken noch, aber in der Steuerung des Gesundheitssystems gibt es andere Primärindikatoren, um zu bestimmen, welche Medikamente überhaupt auf den Markt kommen: Steht das, was das an Kosten bedeutet, für ein öffentlich finanziertes Gesundheitssystem noch im Verhältnis zum gesundheitlichen Nutzen? Die Debatte über Bildungssysteme ist eine hochqualitative Diskussion. Heute schon sind wir in der Lage, viele für die Lebensqualität wichtige Faktoren jenseits des einseitigen Messindikators Bruttosozialprodukt zu bestimmen. Daher bin ich sehr optimistisch, dass man das auch dort anders gestalten kann, wo heute reine Bruttosozialproduktsteuerung vorherrscht.

Andere Teile der Weltbevölkerung wollen unseren materiellen Wohlstand erst noch erreichen. Welche Konflikte entstehen, wenn man das Ziel eines Wirtschaftsmodells setzt, das sich vor allem an den ökologischen planetaren Grenzen orientiert?

Je mehr Wohlstand du akkumulierst, umso massiver erscheinen dir die Einschränkungen, selbst wenn du von einem hohen Niveau zehn oder 20 Prozent zurückgehst. Die Wohlstandswahrnehmung kann stark beeinflusst werden. Was mein Wohlstandsempfinden ausmacht, wird nicht so sehr über eine absolute Höhe beeinflusst, sondern eher über Referenzgrößen. Wenn man Menschen fragt: Würdest du lieber in einer Gesellschaft leben, wo alle im Schnitt 50.000 Euro im Jahr haben, oder in einer, wo du 75.000 Euro hast, die meisten anderen aber 200.000 Euro, sagt der überwiegende Anteil: dann lieber in einer 50.000-Euro-Gesellschaft. Auf der anderen Seite wissen wir aus der Glücks- und Zufriedenheitsforschung, dass sich selbst nach massiven materiellen Einschnitten das individuelle Zufriedenheitsniveau relativ schnell wieder einstellt. Diese Übergangsphasen durchhalten zu können, macht politischen Mut aus. Wir haben das bei einigen politischen Debatten gehabt. Kein Raucher konnte sich vorstellen, dass man in

Kneipen nicht mehr rauchen darf. Inzwischen hat sich das Lebenszufriedenheitsniveau von zumindest 95 Prozent wieder eingestellt. Auch nur noch mit Tempo 30 durch die Straßen fahren zu dürfen, würde in der Anfangsphase als gewaltiger Einschnitt empfunden, aber irgendwann normalisiert sich das. Und das gilt ähnlich für materiellen Wohlstand insgesamt, insbesondere wenn das mit anderen Lebensqualitätsdimensionen einhergeht. Aber in der realen politischen Umsetzung ist das ein Riesenthema. Wir sehen das ja in der Flüchtlingsdebatte. Ehe ich in meinem Dorf einen Flüchtling habe, von dem ich nicht weiß, was der alles macht, nehme ich lieber in Kauf, dass er im Mittelmeer ertrinkt. Das Wiedererstarken der rechtsradikalen, nationalistischen Parteien zeigt, wie prekär unser Zivilisationsniveau ist.

Die Rechtsradikalen sind auch oft Kapitalismuskritiker.

Diese Ohnmacht gegenüber den vermeintlich systemischen Kräften verbindet. Man versucht, individuelle Handlungsfähigkeit wiederzugewinnen, indem man in komplexen Problemen einfache Lösungsmuster entdeckt, die einem das Gefühl geben, wieder Herr der Lage zu sein. Dagegen ist der etwas komplexere Problemlösungsansatz die humane Vision; sie sagt, all diese Systeme, die uns hier einengen, sind von Menschen gemacht und wir können sie auch in einer humanistischen Form begrenzen und kultivieren. Bei Nachhaltigkeit geht es im Kern um eine Gerechtigkeitsfrage, um die Frage, wie wir als menschliche Zivilisation miteinander umgehen. Sind wir in der Lage, den Zugriff auf die knappen Naturressourcen in unterschiedlichen Teilen der Welt in Ausgleich zu bringen, und das von heute in die zukünftige Generation?

Sie haben Tempo 30 in der Stadt und das Rauchverbot genannt, zwei Punkte, wo Verzicht durch Verbote staatlich organisiert wird. Gibt es Hinweise darauf, dass Menschen verzichten, wenn sie nicht müssen?

Diese Fähigkeit zur Selbstbeschränkung, zum Verzicht als Ausdruck eines besonderen Freiheitsmomentums spielt in Teilen der Zivilisationsgeschichte immer wieder eine zentrale Rolle. Eigentlicher Reichtum drückt sich in dem aus, worauf ich verzichten kann. Es ist ein Distinktionsmerkmal von bestimmten Gesellschaftskreisen, ...

... einen alten Volvo zu fahren ...

... einen alten Volvo zu fahren, auf den Fernseher zu verzichten, weil du damit deutlich machst: Ich verzichte auf Konsumtrends, die eigentlich eine ganze Gesellschaft antreiben. Natürlich könnte ich mir so etwas erlauben, aber ich tue es nicht. Die spannende Frage ist: Lässt sich das auf einer gesamtgesellschaftlichen Ebene umsetzen? Unser Ansatz läuft unter dem Begriff einer Suffizienzpolitik. Und das heißt, eine Politik, die die Möglichkeitsräume für solche suffizienten Lebensstile erleichtert. Mit Tempo 30 verbiete ich auf der einen Seite Leuten, mit 50 oder mehr durch die Innenstadt zu fahren. Aber ich ermögliche vielen, den

Raum wieder für sich zu gewinnen. Es wird sicherer, Rad zu fahren, die Lärmbelastung geht herunter. Damit ist es eine Befreiungspolitik für Teile der Stadtbevölkerung. Es geht um die Abwägung unterschiedlicher Freiheitsrechte.

Unterschiedliche Interessen und Freiheitsrechte müssen immer gegeneinander abgewogen werden in einer Demokratie. Bisher haben wir so etwas über Wahlen entschieden. Wenn ich Tempo 30 wollte, habe ich die Grünen gewählt. Die Mehrheit hat sich häufig gegen die Grünen entschieden.

Es geht ja darum, Möglichkeitsräume erfahrbar zu machen. Was hier als eine bessere Form von Wohlstand propagiert wird, erfordert ein hohes Maß an Empathie, sich hineindenken zu können in eine andere Lebenskonstellation. Empirisch wissen wir, dass das kleinere Teile der Bevölkerung durchaus tun. Aber viele andere tun das nicht – aus gut nachvollziehbaren Gründen, weil die in ihren täglichen Zwängen stecken und sich nicht noch damit auseinandersetzen wollen, dass es anders wird. Das kann nur gelingen, indem wir Labore und Orte haben, in denen das erprobt und dadurch erfahrbar und fühlbar wird, dass das andere vielleicht auch eine gewisse Attraktivität hat.

Das hat etwas Paternalistisches.

Das ist erst einmal ergebnisoffenes Nachdenken, ohne schon zu bestimmen, wie das Neue aussehen soll. Gerade im Hinblick auf die urbane Verkehrspolitik ist es faszinierend, sich die Debatten in den 1950er- und 1960er-Jahren über Fußgängerzonen anzuschauen. Da wurde die Verarmung der Innenstädte vorhergesagt, weil nicht mehr diese Autoblechlawinen durch die Innenstadt ziehen. Wir brauchen eine Gesellschaft, die mehr Experimentierräume schafft. Ich hätte auch kein Problem damit, dass es Städte gibt, die sagen, hier kann ab jetzt mit Tempo 90 in der Innenstadt gefahren werden. Wenn alle sagen, so muss Leben sein, wäre das o.k. Der Paternalismusvorwurf kommt schnell, um jegliches Experimentieren abzutöten. Auch wenn Konsumentenautonomie hochgehalten wird, ist das für Unternehmen eine schöne Möglichkeit, nichts verändern zu müssen: Wenn die Leute das wollen, dann würden sie es doch nachfragen. Und gleichzeitig sitzen in den Marketing- und Kommunikationsabteilungen dieser Unternehmen Leute, die genau wissen, wie sie diese komplexen Prozesse manipulieren können, mit denen sich Einstellungen und Handlungsmuster herausbilden. Das ist Verlogenheit mit klarem politischem Kalkül.

Wenn man in den Bundesministerien nachfragt, herrscht große Angst vor einer Verzichtsdebatte, gerade wenn es um ökonomische Nachhaltigkeit geht.

Es ist klar: Die Grünen haben 2013 mit dem Veggie-Day ihr großes Waterloo erlebt. Ich glaube, man muss die tieferliegende Psychologie verstehen, die zu diesen Abwehrreflexen führt. Wir leben heute in einer extrem regulierten Welt. Dieser ständig empfundene Druck, gelenkt zu sein durch E-Mail-Fluten, durch Qualifizierungszwänge, um im Produktivprozess zu bleiben. Und das Letzte, was mir Freude macht, dass ich entscheiden kann, ob ich mit 200 über die Autobahn fahre, ob ich einen Burger esse oder mich vegetarisch ernähre, nimmt der Staat jetzt auch noch. Wir müssen deutlich machen, dass eine gute staatliche Politik einen Teil dieser Systemzwänge auch wieder zurückfahren, neue Freiräume schaffen und es für viele Menschen einfacher machen kann.

Was macht Suffizienzpolitik attraktiv für das wachsende Dienstleistungsproletariat in Deutschland?

Das geht bis hin zu massiven Eingriffen in die Gestaltung unseres Sozialsystems. Ein Grundeinkommen könnte man als mögliche Grundlegung für Suffizienzpolitik sehen. Das ist ein Punkt, wo mehr empirische Erfahrung wertvoll wäre, weil wir da theoretisch herumspekulieren: Wie viele individuelle Ressourcen brauche ich für ein gelungenes, zufriedenes Leben, welche Anreize, um sozial in produktiven Prozessen integriert zu bleiben? Wenn wir uns Suffizienzpolitik in einem Politikfeld wie Gesundheit anschauen, sehen wir, dass für eine möglichst gute Gesundheitsversorgung Vorsorge in der Breite zentral ist und nicht unbedingt Hightechmedizin für die saturierten Mittelschichten. Das hätte mit einer erheblichen Umverteilung von Ressourcen im Gesundheitssystem zu tun. Da geht es um soziale Integration und Teilhabe. Das sind schwierige Diskussionen, weil die Wahlen in der Mittelschicht entschieden werden. Es ist politisch eine Herausforderung, wenn du denen sagst, dass es bedeuten könnte, nicht mehr 85 Jahre alt zu werden, wenn du einen bestimmten Krebs hast. Oder die Hüfte mit 75 Jahren nicht mehr eingesetzt zu bekommen, weil wir in anderen Bereichen Schwerpunkte setzen. Aber das wären alles Formen, die wir mit suffizienzpolitischem Ansatz angehen.

Sie erwarten ernsthaft, dass Menschen auf Lebenszeit verzichten, damit es alle ein bisschen besser haben?

Wir hatten das in kleineren Formen. Es ist ein Autonomieprozess, wenn ich auf Dinge verzichte, die ich mir eigentlich erlauben kann.

Der Verzicht auf Leben ist doch etwas anderes als der Verzicht auf ein neues Auto.

Aber das ist die höchste Form der Transzendenz: zu wissen, dass das, was ein gelungenes menschliches Leben ausmacht, nicht daran liegt, ob man 60 oder 85 wird, sondern wie man das Leben verbringt. Ich gebe Ihnen absolut recht: Das ist nicht etwas, was ich morgen zum Parteiprogramm machen könnte, um damit Wahlen zu gewinnen. Aber diese Fixierung, also das Nichtakzeptierenkönnen der Endlichkeit unserer Existenz, liegt daran, dass uns solche transzendentalen Bezugspunkte fehlen. Das ist ein besonders hohes Maß Autonomie. Wenn ich mich jeden Abend ins Bett legen kann und sage: Wenn ich morgen nicht mehr aufwache, es war dennoch ein gelungenes Leben. Das ist die höchste Form der Freiheit.

Wenn wir politisch die Weichen so stellen, dass wir nicht mehr so lange leben können wie bisher, beschränken wir doch Freiheit.

Das wäre schon die weitergehende Variante. Der erste Schritt wäre ja ein Lebensverlängerungsmoratorium. Wir sind derzeit dabei, alles zu machen, damit wir möglichst auch bis 110 noch gesund bleiben, mit extrem viel Aufwand. Eine Gesellschaft, die sich entscheidet, dass es auch in Ordnung ist, wenn wir im Durchschnitt 75 Jahre alt werden, vollzieht einen hohen Emanzipations- und Befreiungsakt.

Dann bleibt die große Frage: Was ist genug?

Exakt. Was ist genug?

Wer entscheidet das?

Das muss immer wieder in demokratischen Prozessen entschieden werden. In der Gesundheitspolitik wird es ein zentrales Thema sein, diese Frage nach dem Genug für sich selbst mit einem breiten Spektrum beantworten zu können. Ich habe auch keine Probleme mit dem Body-Enhancement in der amerikanischen Gesellschaft. Das Leben bis 150 zu verlängern, gilt da als Ausdruck humaner Existenz. Wenn klare Mehrheitsentscheidungen dafür fallen und man das abwägt gegen andere Aspekte wie Ökologie, Gleichheit und Integration, ist das legitim. Die letzte Instanz muss eine demokratische Entscheidung sein. Dennoch habe ich das Gefühl, dass es lohnt, mit der Kraft ethischer und normativer Argumentation zu streiten. Aber nichts wäre schlimmer, als wenn am Ende kleine Eliten ihre noch so gut gedachten ökologischen, sozialen oder Heil bringenden Visionen gegen Mehrheiten durchsetzen. Das wäre der Zivilisationsuntergang.

Was sind aus Ihrer Sicht die zentralen Risiken, Unsicherheiten, vielleicht auch die systemgefährdenden Brüche, die uns in den kommenden 20, 30 Jahren ins Haus stehen?

Ich glaube, die zentrale Gefahr ist eine massive Desintegration der Weltgesellschaft mit extrem starken sozialen, ökonomischen Verwerfungen und damit auch auf der Ebene grundlegender Zivilisations- und Menschenrechte. Die hohe Migrationsdynamik wird durch die zu erwartenden Umweltfolgen massiv verschärft. Wir werden durch die Folgen des Klimawandels gerade in armen Ländern ökonomische Lebensgrundlagen für weitere mehrere 100 Millionen Menschen gefährden. Wir bekommen aktuell im Mittelmeer ein Gefühl dafür, welche Dimension von

Inhumanität uns droht, wenn das mit nationalistischen Abschottungstendenzen einhergeht. Wenn es so weitergeht wie bisher, werden wir vermutlich Ende des Jahrhunderts bestens abgesicherte Zivilisationshochburgen haben, die reichen Regionen, die sich gegen alle Klimafolgen relativ gut absichern können. Und dann die anderen Regionen, die dem schutzlos ausgeliefert sind. Das Gefühl in den Verliererteilen der Welt, dass das die neue Form des Kolonialismus ist, hat einen gewaltigen Keim politischer Radikalisierung in sich. Um uns dagegen zu schützen, müssen wir viele unserer freiheitlichen Grundrechte zurückdrängen. Wenn wir all das, was die Identität unserer demokratischen Gesellschaften ausmacht, an den Grenzen unseres geschützten Raumes verraten, wird uns das innerlich und moralisch so erodieren, dass darunter die Gesellschaften zugrunde gehen werden.

Könnte die Wirtschaft aus eigener Kraft heraus ein Motor für Wandel sein?

Absolut. Wirtschaftsunternehmen haben den großen Vorteil, dass sie in einer ganz anderen Professionalität und Resonanzfähigkeit aufgestellt sind. Wir machen zurzeit ein spannendes Projekt mit McDonalds, wo du das Gefühl hast: Können die womöglich ein Lösungsbaustein sein? Die Ökologie-Community sagt ganz klar: Abschaffen – wenn wir in einer veganen Welt leben, brauchen wir die Burgerbrater nicht mehr. Jetzt sehen wir aber den Mechanismus, die Bedeutung, die solche globalen Markenkonzerne haben. Marken haben die interessante Funktion, gesellschaftliche Trends schon viel früher aufzugreifen, als sie sich im Verkauf zeigen. McDonalds als Zeitgeistkonzern muss immer mitgehen. Jetzt setzen sie zum Beispiel auf regionale Produkte. Das haben wir im Textilbereich ähnlich gehabt. Gerade die großen Markenartikler sagen: Wir müssen unsere Kraft in den Wertschöpfungsketten einsetzen und können Themen auf einer globalen Ebene lösen, wo Staaten gar nicht rankommen. Henkel kann mit anderen Unternehmen der Branche in Indonesien sagen: Palmöl wird jetzt nur noch so und so gewonnen; sonst kaufen wir nicht mehr bei euch. Plötzlich können die auf die indonesische Regierung einen Druck ausüben, vor dem Angela Merkel sich zu Recht hüten würde. Da steckt eine gewaltige Veränderungskraft.

Also könnten Unternehmen auch zu den sozialen Innovatoren gehören?

Gerade unter Gründern gibt es viele junge Leute, die nicht als sozialer Innovator auftreten, weil sie unbedingt den Profit maximieren wollen, sondern weil sie sich Entfaltungs- und Gestaltungsspielräume schaffen wollen für das, was sie antreibt. Das sind Entrepreneure mit 800 Euro im Monat, die trotzdem zufrieden sind. Die Form unternehmerischen Handelns werden wir in Zukunft vermutlich viel breiter definieren.

Werden künftig andere Faktoren über soziale Teilhabe entscheiden?

Es wird sehr stark um individuelle Ressourcen gehen, über Bildungsprozesse – und da meine ich nicht nur die kognitiven Bildungsprozesse, sondern diese Fähigkeit, sich sozial zu integrieren, sich als ein Individuum erfahren zu dürfen, das sich produktiv in die Gesellschaft einbringt. Wir produzieren derzeit starke Gewinner und Verlierer. Also einerseits Eliten, die gewaltige Gestaltungsmöglichkeiten haben, und auf der anderen Seite Menschen, die schon in der Grundschule vermittelt bekommen: Außer Hartz IV ist für dich nichts drin. Es geht darum, das wieder anzugleichen. Ich glaube, die ein oder andere eingeschränkte Gestaltungsoption würde uns Privilegierte manchmal sogar zufriedener machen, weil wir nicht mehr so oft entscheiden müssen, und umgedreht.

Da haben wir wieder die Einschränkung der einen, um anderen etwas zu ermöglichen. Schafft Suffizienzpolitik es nur so, Gestaltungsräume und Freiheit zu öffnen?

Ja, es geht ja bei der Frage »Was ist genug?« um die Frage »Was ist eigentlich wichtig?«. Dafür musst du überhaupt Entscheidungsspielräume haben. Die kriegst du dadurch, dass du Dinge, die dich komplett dominieren, ein Stück zurückfahren kannst. Das ist eigentlich der neue Liberalismus. Das ist eine neue Freiheitspolitik. Aber daran muss man noch basteln.

Das Gespräch mit Uwe Schneidewind führten Benjamin Dierks und Armando García Schmidt im April 2015 in Bielefeld.

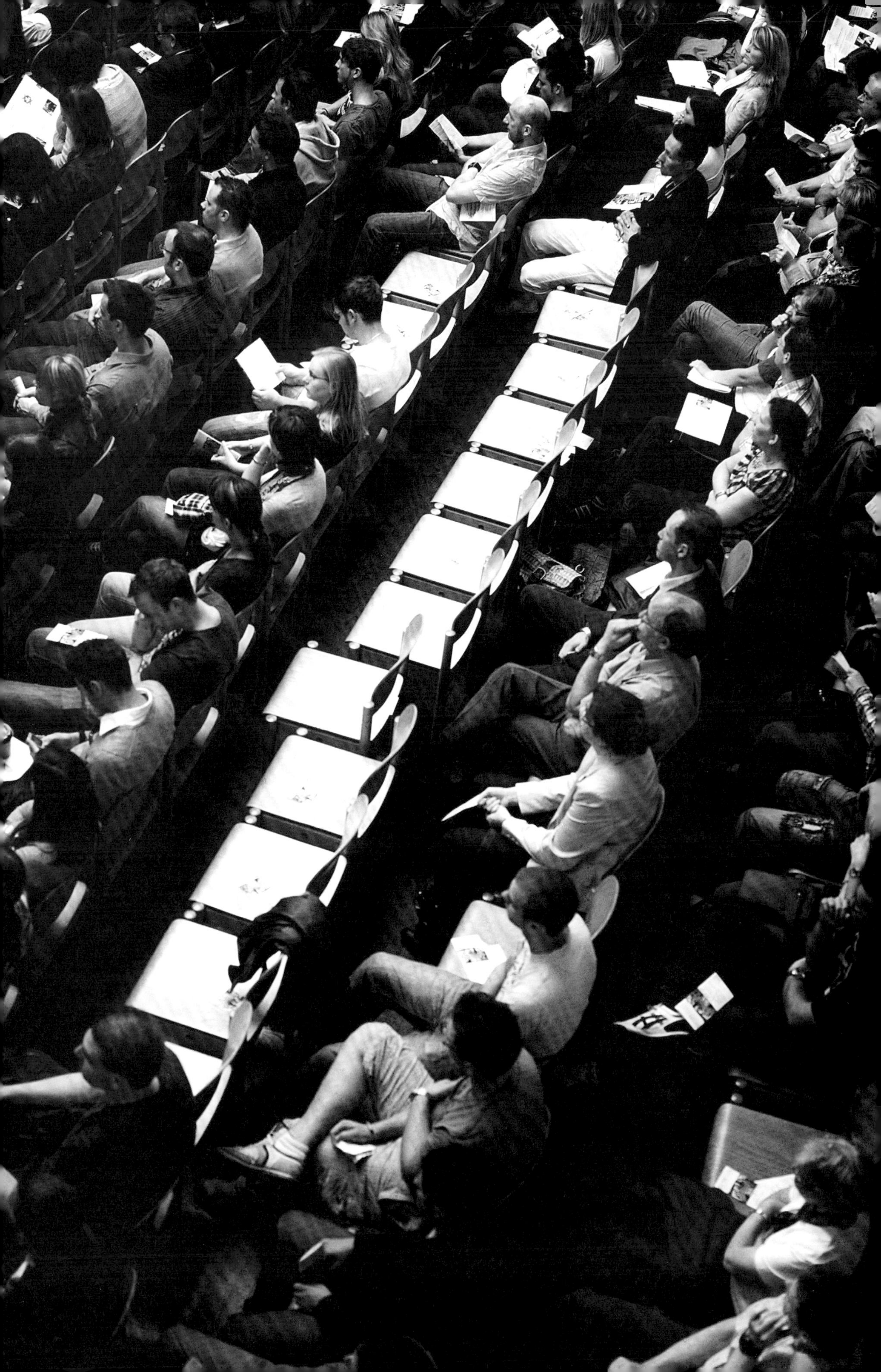

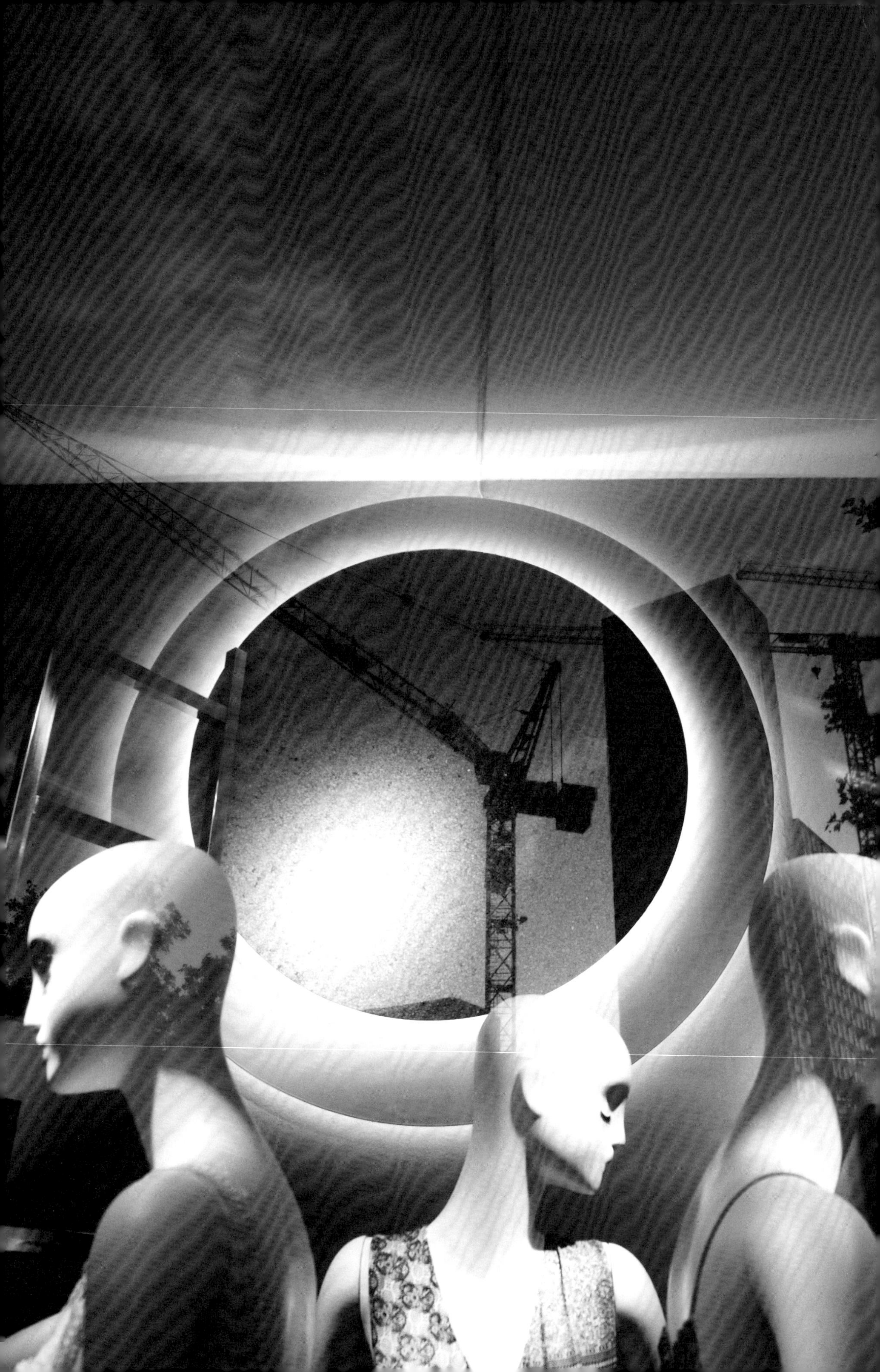

Gelenktes Wachstum
Ein Gespräch mit Sebastian Dullien

Herr Dullien, was ist Wohlstand?

Sebastian Dullien: Wohlstand ist im Grunde die Lebensqualität der Menschen im Land. Wohlstand ist mehr als nur das Bruttoinlandsprodukt. Wirtschaftsleistung und die sich daraus ergebenden Konsummöglichkeiten sind ein Faktor von Wohlstand. Aber das ist nicht alles, sondern das ist auch: Was für Arbeitsbedingungen habe ich, was für Arbeitszeiten, was für eine Gesundheitsversorgung, wie sicher kann ich mich fühlen? All das gehört zu einem breiten Wohlstandsbegriff.

Wie muss eine Gesellschaft aussehen, die Wohlstand für alle schafft?

Eine Gesellschaft, die einen umfassenden Wohlstand für möglichst viele haben möchte, braucht einen relativ starken Staat, der zum einen die Rahmenbedingungen setzt, aber zum anderen auch steuernd eingreift und Grenzen setzt, wo die Wirtschaft ansonsten Dinge tun würde, die wohlstandsvernichtend sind. Zum Teil muss er selber Wohlstandsfaktoren bereitstellen. Die unregulierte Wirtschaft tendiert zum Beispiel dazu, die natürlichen Ressourcen zu übernutzen und die Umwelt zu zerstören. Eine Gesellschaft, die breiten Wohlstand fördern möchte, der auch darauf aufbaut, dass unsere natürlichen Lebensgrundlagen nicht verletzt werden, muss dort Grenzen setzen und mit Regeln dafür sorgen, dass die Wirtschaft diese Grenzen nicht überschreitet.

Warum ist es so schwierig, sich auf ein erweitertes Verständnis gesellschaftlichen Wohlstands zu einigen?

Das BIP ist in gewisser Weise sehr einfach. Es hat aber auch einen Vorteil, es misst ja den Wert aller in einer Periode erbrachten oder produzierten Güter und Dienstleistungen in unserer Volkswirtschaft. Das Schöne ist, dass ich dadurch Äpfel mit Birnen vergleichen kann, weil die beiden einen Preis haben. Wenn ich andere Dimensionen miteinbeziehen möchte, wie Verteilungsgerechtigkeit, Gesundheit oder Umweltschutz, ist die Frage, wie ich das mit Wirtschaftsleistung zusammenbringen kann. Es gibt verschiedene Ansätze: Es gibt einige, die sagen, man macht ein Scoreboard. Da habe ich das BIP und eine ganze Reihe anderer Indikatoren. Das Problem ist, dass es schnell unübersichtlich wird und es nicht mehr so schön kompakt in einer Zahl ausdrückbar ist. Die anderen probieren, das irgendwie zusammenzuaddieren. Das birgt ein anderes Problem. Denn dann sage ich, der Wohlstand ist dieses Jahr bei 100 und letztes Jahr war er bei 95,7 – der Wohlstand ist um 4,3 gestiegen. Darunter kann sich keiner etwas vorstellen. Das zweite Problem ist: Wenn ich das so mache, habe ich bei dieser Konstruktion schon normative Wertsetzungen, was wie viel wert ist. Also, ich nehme zum Beispiel das BIP und ziehe dann was für den Kohlendioxidausstoß ab. Dann muss ich vorher schon sagen, wie viel Kohlendioxidausstoß entspricht denn 1.000 Euro? Oder einer der Indikatoren, der gerne genutzt wird für den Umweltschutz, ist die Zahl der Singvogelarten, die es noch gibt, also der nationale Vogelindex. Wie viel ist denn eine Vogelart wert? Eine Million, eine Milliarde, Hunderttausend? Das sind die Fragen, die nicht gelöst sind und die man meiner Ansicht nach auch nicht lösen kann, weil es von der persönlichen Bewertung abhängig ist, wie viel der Umweltschutz wert ist – relativ zu anderen Zielen wie Gleichverteilung oder Wirtschaftswachstum.

Was ist die Alternative?

Ich glaube, dass ein Scoreboard sinnvoll ist, wenn man das relativ einfach aufzieht mit nicht zu vielen Indikatoren und transparent macht, welche Indikatoren sich verbessert haben. Dadurch gewisse Trends zumindest aufzuzeigen, kann eine Alternative sein, um zumindest die Entwicklungsrichtung anzuzeigen.

Ist es in der Gesellschaft und der Politik schon angekommen, dass nicht das BIP allein unser Wohlergehen bestimmt?

Wir haben diese entkoppelten Debatten, wir hatten die Stiglitz-Fitoussi-Sen-Kommission in Frankreich und die Enquête-Kommission im letzten Bundestag, die ganz klar gesagt haben, Wirtschaftswachstum allein ist nicht Wohlstand. Und das ist auch der Eindruck, den die Bevölkerung gewinnt. Es gab eine ganze Reihe von Jahren in den 2000-ern, in denen die deutsche Wirtschaft gewachsen ist und die Bevölkerung den Eindruck hatte, dass es ihr wirtschaftlich nicht besser ging. Das hat zum Beispiel damit zu tun, dass die Löhne nicht gestiegen sind und der Zuwachs nur den Unternehmen zugutegekommen ist. Aber all die Dinge sind in der Politik nicht angekommen. Das hat mit den Schwierigkeiten zu tun, diesen komplexen Wohlstandsbegriff oder eine Verbesserung zu kommunizieren.

Das mit dem Kommunizieren versucht die Bundesregierung gerade. Sie will herausfinden, was Menschen unter einem guten Leben verstehen. Hilft das?

Die Frage ist, ob der Prozess der Bundesregierung dafür da ist, das herauszufinden, oder ob der Prozess der Bundesregierung eigentlich ein PR-Instrument ist, um den Leuten zu suggerieren, dass man sich um Dinge jenseits des BIP kümmert. Es ist ja nicht so, dass wir keine Forschung darüber hätten, was den Leuten wichtig ist. Wir wissen, dass Menschen unglücklich sind, wenn sie arbeitslos werden. Wir wissen, dass gesunde Lebensjahre sehr wichtig sind für Zufriedenheit und Glück. Wir wissen, dass die Abwesenheit existenzieller Ängste wichtig ist. Wir wissen, dass die Leute nicht gerne in ungleichen Gesellschaften leben. Das ist sehr gut erforscht. Mein Verdacht ist, dass der Prozess der Bundesregierung ein Placebo ist, um zu beruhigen.

Wenn Wachstum nicht alles ist, ist dennoch ohne Wachstum alles nichts? Oder ist unser Festhalten am Wachstumsziel gar ein Problem?

Die Frage ist ja: Was für ein Problem habe ich überhaupt mit Wachstum? Habe ich das Problem damit, dass Leute mehr haben? Man muss sich ja klarmachen, dass Wirtschaftswachstum nicht nur bedeutet, dass ich jetzt zwei DVD-Player statt einem habe, sondern qualitatives Wachstum ist ja in Dingen wie dem BIP durchaus abgebildet. Wenn ich unsere Ernährung auf biologisch angebaute Lebensmittel umstelle, wird sich das im Anstieg des BIP niederschlagen, weil diese Lebensmittel hochwertiger sind und einen höheren Marktpreis haben. Das wäre gemessenes Wirtschaftswachstum und ich sehe nicht, warum das schlecht sein sollte. Die Leute, die diese Debatte vor allem führen, haben ein relativ hohes Einkommen und einen abgesicherten Lebensstandard. Aber es gibt in unserer Gesellschaft genug Leute, die das nicht haben und bei denen Dinge fehlen. Vielleicht keine materiellen Dinge, aber wenn ich mehr Nachhilfeunterricht für Migrantenkinder anbiete, ist das eine Steigerung des BIP. Wenn man darüber nachdenkt, gibt es viele Bedürfnisse, die in unserer Gesellschaft nicht erfüllt sind. Dort kann mehr Wachstum tatsächlich Lebensqualität schaffen. Das bedeutet natürlich nicht, dass jedes Wachstum gut ist, und es bedeutet auch nicht, dass es keine Probleme gibt. Wir haben die ökologische Dimension und es gibt Grenzen, wie viele Ressourcen wir verbrauchen können. Nur gibt es viele Wege, Wachstum zu schaffen, die nicht mit größerem Ressourcenverbrauch einhergehen. Auch wenn wir besonders energiesparende, langlebige Kühlschränke bauen, ist das ein Anstieg des BIP. Ich verstehe nicht, warum man dieses Wachstum nicht haben will. Zu sagen, wir brauchen kein Wachstum, finde ich auch schwierig angesichts breiter Schichten, die Defizite in der Versorgung mit den genannten Dienstleistungen haben.

Also ist alles eine Frage des gelenkten Wachstums und der Verteilung?

Es muss gelenkt werden. Man kann nicht einfach hingehen und sagen, ich fördere jedes Wachstum und mir ist auch egal, wie es produziert wird, wo es herkommt, was für einen

Ressourcenverbrauch es hat und wem es zugutekommt. Sondern man muss sehen, dass man die anderen Dimensionen des Wohlstands mit abdeckt.

Wo kann der Staat sinnvoll eingreifen?

Der Staat hat sehr viele Lenkungsmöglichkeiten. Beim Ressourcenverbrauch kann er Sachen besteuern und subventionieren. Wir haben beim Erneuerbare-Energien-Gesetz gesehen, dass zumindest die Lenkungswirkung ziemlich gut funktioniert. Wir haben ganz massiv die erneuerbaren Energien in Deutschland ausgebaut, das hat sehr gut funktioniert. Es gab natürlich Debatten darüber, ob das zu teuer ist, aber das ist dann eine Verteilungsfrage. Man kann Dinge verbieten. Ozonschädigende Gase sind verboten worden. Der Staat kann auch als Auftraggeber eingreifen. Es wäre überhaupt kein Problem, wenn die öffentliche Hand in Deutschland sagt, wir kaufen nur noch Elektroautos für Polizei und Feuerwehr. Das wäre natürlich wieder teuer, aber ich denke, dass wir relativ schnell eine entsprechende Industrie hätten. Bei der Verteilungsfrage kann der Staat auch eingreifen – er kann bestimmte Leute und Dinge besteuern und das Geld anderen Leuten geben oder für Dienstleistungen zur Verfügung stellen.

Die OECD warnt regelmäßig, dass die Schere zwischen Arm und Reich in Deutschland eher weiter auseinandergeht, als dass sie sich wieder schließt. Wie aussagekräftig sind solche Szenarien eigentlich?

Ich glaube, die Untersuchungen sind gut und sie werden besser. Wir haben natürlich ein großes Problem bei der Vermögens- und Einkommensmessung, vor allem weil große Vermögen und größere Einkommen nicht richtig abgedeckt werden. Und wir haben in Deutschland keine saubere Vermögensrechnung, weil wir keine Vermögenssteuer mehr haben. Es gibt keine Pflicht, irgendwo die Vermögen zu melden. Wir wissen nicht, wie viel der Einzelne hat. Das wird dann über Umfragen und über den Abgleich mit irgendwelchen Vermögensbeständen gemacht. Das hat schon eine gewisse Aussagekraft, aber es bleibt eine Messungenauigkeit. Klar ist aber: Diese Vermögensungleichheit ist problematisch für eine Gesellschaft, weil sie sozial destabilisiert. Es gibt zunehmend Studien, die auch sagen, dass große Vermögensungleichheit und Einkommensungleichheit das Wirtschaftswachstum behindern.

Müssen wir uns durch Digitalisierung und den Übergang in die Wissensgesellschaft darauf einstellen, mit einer anderen Ungleichheit zurechtzukommen?

Ich glaube, dass nicht nur die Wissensgesellschaft, sondern auch die Internetwirtschaft tendenziell dazu beitragen, Ungleichheit zu verstärken. Dazu kommt der technologische Fortschritt, weil wir viele Berufe haben, die zunehmend automatisiert werden können. Bestimmte Buchhaltungsaufgaben werden durch Maschinen ersetzt, möglicherweise auch in absehbarer Zukunft Taxifahrer. Leute, die nicht die Möglichkeit haben, sich neues Wissen anzueignen, mit neuem Wissen umzugehen, werden es schwer haben. Hinzu kommt der Winner-takes-it-all-Mechanismus im Internet, dass die, die ganz oben sind und Glück hatten mit ihren Internetunternehmen, enorm große Einkommen haben. Auch konservative Ökonomen in Ländern wie Großbritannien sagen, man müsse oben stärker besteuern – und das auch nach Erreichen des Spitzensteuersatzes weiterhin progressiv.

Sollten nicht mehr Leute ermächtigt werden, sich das nötige Wissen anzueignen?

Natürlich muss man auch die Ausbildung umstellen. Es kann nicht darum gehen, irgendein Wissen zu vermitteln oder eine Routinetätigkeit zu vermitteln, sondern man muss den Schülern, den Studierenden und Auszubildenden stärker mitgeben, wie sie mit Wissen umgehen, wie sie es einordnen können. Die Studenten, die direkt von der Schule kommen, haben oft keine Informationskompetenz. Wenn sie mit dem Internet umgehen, sind sie zum Beispiel nicht in der Lage zu beurteilen, auf welche Informationen sie sich verlassen können. Ich glaube nicht, dass wir uns damit abfinden müssen. Das wäre auch schlecht, weil eine gewisse Gleichheit und soziale Kohäsion zum Wohlstandsbegriff gehören.

Warum hinkt die Bildung der neuen Lage hinterher?

Grundsätzlich ist es nicht falsch, dass mehr Leute in die Hochschule kommen. Das Problem ist nur, dass wir oft nicht für diese neuen Herausforderungen ausbilden. Es gibt natürlich auch einige Kolleginnen und Kollegen, die sagen: Ich will, dass meine Studenten die Fakten A, B und C gelernt haben. Um A, B und C geht es aber nicht, sondern es geht darum, dass ich eine Frage formulieren kann und dass ich dann das Erlernte anwenden kann. Da spielt natürlich eine Rolle, dass die Hochschulen unterfinanziert sind. Pro Student geben wir weniger Geld aus als früher, sogar nominal weniger als vor zehn Jahren. Wir geben auch nicht mehr Geld in die Schulen pro Schüler. Wenn ich davon ausgehe, dass die die gleichen Voraussetzungen haben wie früher, ich gebe weniger Geld rein und gebe mehr Leuten das Abitur, dann ist die Qualität wahrscheinlich niedriger. Von daher haben wir ein Bildungssystem, das unterfinanziert ist und zum Teil auch noch mit den falschen Ansätzen arbeitet.

Wie steht es um das berufliche Ausbildungssystem?

Auch Industrieberufe sind zunehmend Berufe, in denen es um die Kompetenz zur Informationsverarbeitung geht. Wenn man sich anguckt, was Deutschland ins Ausland verkauft, sind das nicht nur hochwertige Maschinen, es sind eben oft auch Maschinen, die angepasst werden an die Bedürfnisse der Kunden. Da wird im Zusammenspiel mit Software oder anderen Dienstleistungen ein Gesamtpaket geliefert und dafür muss man Informationsverarbeitungskompetenz besitzen. Die muss zunehmend in klassischen Ausbildungsberufen vermittelt werden.

Wie verändern sich denn die Faktoren, die gesellschaftliche Teilhabe bestimmen?

Im Grunde wird es schlimmer. Die Tendenz ist, dass vom Elternhaus und der Ausbildung wesentlich stärker abhängt, inwieweit man später Teilhabemöglichkeiten hat. Wenn die Schule nicht in der Lage ist, das richtig zu vermitteln, wird es nur in dem Elternhaus vermittelt, wo diese Fähigkeiten auch bei den Eltern vorhanden sind. Das schürt Ungleichheit nicht nur auf der Einkommensseite, sondern auch auf der Teilhabeseite. Das ist eine Art des Digital Divides, wo es nicht darum geht, dass ich keinen Zugang zum Breitband habe, sondern dass ich nicht in der Lage bin, diesen Zugang zu irgendwas zu nutzen, was mich sinnvoll weiterbringt.

Was sind die großen Trends, die Wachstum in Deutschland bestimmen werden – und bestimmen sollten?

Im Grunde muss Wachstum in Deutschland über die Wissensfragen kommen, weil wir relativ wenig demographisches Wachstum haben. Es ist zu hoffen, dass das Wachstum weniger ressourcenintensiv wird. Wir sehen davon im Moment noch relativ wenig. Der Trend geht in den zurückliegenden Jahren in die andere Richtung. Nach dem Atomausstieg und dem Abschmelzen der Subventionen über das Erneuerbare-Energien-Gesetz haben wir einen Trend, dass der Anteil der erneuerbaren Energien nicht mehr so stark wächst, dass der Kohlendioxidausstoß wieder stärker steigt. Wenn man das Ganze zum nachhaltigen Wohlstandsmodell umbauen wollte, müsste man gegensteuern. Im Moment ist die deutsche Politik mit der Ausrichtung der Steuerpolitik, der öffentlichen Investitionen, aber auch der Umweltpolitik darauf ausgerichtet, dass wir kein Wohlstandswachstum, sondern nur ein Wirtschaftswachstum hinbekommen, weil die soziale und die ökologische Dimension unterbelichtet sind.

Wie müsste man umlenken?

Man braucht einen starken und handlungsfähigen Staat und der ist meiner Meinung nach mit den aktuellen Staatseinnahmequoten nicht gegeben. Wir haben seit zehn Jahren einen schrumpfenden öffentlichen Kapitalstock, weil nicht mehr genug investiert wird. Gerade in modernen Volkswirtschaften ist es wichtig, einen funktionierenden Kapitalstock zu haben. Und gerade in einer alternden Gesellschaft mit Fachkräftemangel hat es keinen Sinn, dass die Ingenieure im Stau auf der Autobahn stecken. Dann muss man gerade den Privatsektor unterstützen. Wir brauchen mehr öffentliche Investitionen, wir brauchen mehr Ausgaben für Bildung und dafür brauchen wir auch in gewissen Bereichen höhere Steuern.

Welche Investitionen sind zukunftsträchtig und nötig? Und wo muss der Staat zahlen?

Da gibt es die Energiewende, da brauchen wir Investitionen, da haben wir wahrscheinlich auch öffentlichen Investitionsbedarf. Bestimmte Dinge kann man da, glaube ich, besser mit der öffentlichen Hand lösen als über rein privatwirtschaftliche Lösungen. Wir brauchen Unterstützung für den Breitbandausbau. Und natürlich muss die Verkehrsinfrastruktur wieder in Ordnung gebracht werden, dazu die Bildungseinrichtungen, die Verbesserung der Lehrpläne. Das ist natürlich nicht alles nur Geld, aber es braucht auch Geld. Man kann mit der jetzigen Finanzausstattung diese Sachen nicht lösen. Der Staat tut oft zu wenig, gerade in Europa. Das hat auch damit zu tun, dass wir uns inzwischen ideologisch darauf verengt haben zu sagen, der Staat muss irgendwelche Rahmenbedingungen und Wettbewerbsbedingungen schaffen, also ein bisschen für Allgemeinbildung sorgen, ein paar Straßen bauen und damit reicht es.

Was ist falsch daran, mehr Eigenverantwortung zu verlangen, wenn Chancen geschaffen werden?

Ich glaube, dass es keine Chancengleichheit ohne Verteilungsgerechtigkeit geben kann. Es geht nicht nur um die Gleichheit bei den Voraussetzungen, sondern man braucht eine gewisse Ergebnisgleichheit. Wenn man es sich anguckt, deutet relativ wenig darauf hin, dass die Gesellschaften heute chancengleicher sind als vor 15 Jahren. Es gibt sogar ein paar Indikatoren, wo es den Anschein hat, dass die soziale Mobilität abgenommen hat. Und gerade erneuerbare Energien und grüne Technologien sind Bereiche, wo der Staat stärker vertikale Industriepolitik betreiben sollte. Nicht mehr auf nationaler Ebene; es geht nicht darum, dass wir eine deutsche Werft haben oder einen deutschen Champion bei den Solarmodulen. Es geht darum, Kapazitäten und Fähigkeiten in Europa zu entwickeln. Das sollte der Staat stärker tun.

Das Geld dafür muss irgendwo herkommen.

Die Frage dieser Umverteilung ist natürlich brisant. Auch wenn ich theoretisch sage, diese Gesellschaft tendiert stärker dazu auseinanderzudriften, mögen es die Leute, die viel Geld verdienen, natürlich nicht, wenn ich ihnen mehr davon abnehme, um es an die anderen zu verteilen. Das ist ein Problem. Ein Problem ist natürlich auch eine Wende zu einer ökologisch nachhaltigeren Wirtschaft, wenn ich mich in einer offenen Volkswirtschaft bewege. Es besteht immer die Gefahr, dass ich zwar im Inland über hohe Energiesteuern dafür sorge, dass ich eine relativ grüne Industrie habe, und dann importiere ich alle Sachen, die schmutzig in China produziert werden. Das hilft am Ende auch niemandem, auch nicht der Umwelt, und wahrscheinlich hilft es auch nicht gegen Ungleichheit, weil ich dadurch zum Teil auch die Arbeitsplätze für Geringqualifizierte vernichte.

Welche großen Zielkonflikte erwarten uns?

Die Art und Weise, wie mit dem Atomausstieg die Energiewende vorangetrieben wurde, schafft einen Zielkonflikt zwischen Wachstum und Ökologie. Wenn ich auf konventionelle Energieträger setze, bringt mehr Wirtschaftswachstum automatisch mehr Umweltzerstörung. Das muss aber nicht unbedingt sein. Es gibt eine Reihe von Maßnahmen, wo es eine doppelte oder sogar eine dreifache Dividende geben kann, wo ich sagen kann, es bringt mir Wirtschaftswachstum, ich verbessere aber auch die ökologische Seite und die Verteilungsseite. Ein Beispiel ist energetische Gebäudesanierung. Die bringt mehr Wirtschaftswachstum, weil gebaut wird, sie bringt mehr ökologischen Fortschritt und zum Teil bringt sie auch was auf der Verteilungsseite, weil im Bausektor mehr Leute beschäftigt werden, die eher aus dem unteren Qualifikationsbereich kommen.

Wenn Sie höhere Staatsausgaben verlangen, klingt das angesichts der Lage in Deutschland wie aus einer anderen Welt. Die schwarze Null steht und das finden viele ganz gut.

Ökonomisch ist das völliger Unsinn und da gibt es ziemlich wenig Argumente für die schwarze Null. Es ist ein Problem, dass wir das inzwischen im Grundgesetz stehen haben. Da steht nicht die schwarze Null, aber da steht die Schuldenbremse. Die haben wir auch im Fiskalpakt. Im Grunde haben wir eine einzelne Dimension der Nachhaltigkeit, nämlich die Staatsverschuldung, dreifach rechtlich abgesichert. Andere Dimensionen, die mindestens genauso wichtig sind, haben wir außen vor gelassen. Der Staat darf problemlos bei der Bildung so kürzen, dass unsere Kinder keine vernünftige Ausbildung mehr kriegen, er darf die Straßen verkommen lassen. Aber er darf nicht mehr Schulden aufnehmen, was völlig absurd ist, wenn wir wie heute Zinsen auf öffentliche Verschuldungen nahe null haben. Bildung hat nach allen Studien eine Rendite von acht Prozent. Es wäre rational, dass man Schulden aufnimmt, keine Zinsen zahlt, aber acht Prozent gesamtwirtschaftliche Rendite hat. Das würde jeder Manager so machen. Und wenn man Aktionär ist und der Manager macht es nicht, müsste man ihn rauswerfen. Darum halte ich die schwarze Null sogar für gefährlich.

Was können wir heute mit dem Begriff Soziale Marktwirtschaft anfangen?

Ich glaube, dass wir in Europa immer noch eine Soziale Marktwirtschaft haben, und ich glaube, es gibt einen breiten Konsens dafür. Das europäische System – ich würde da sogar die Briten miteinbeziehen – unterscheidet sich schon stark von der Art, wie der Staat im Rest der Welt gesehen wird. Die Lebensrisiken sollen kollektiv abgedeckt werden, also Krankheit, Alter und Arbeitslosigkeit oder Armut, und dafür sind wir bereit, etwas zu bezahlen. Und gleichzeitig versuchen wir auch, die Früchte des Fortschritts halbwegs gleich zu verteilen. Und da greifen wir auch ein – das ist ja nicht nur in Deutschland oder Frankreich so, auch Großbritannien hat einen gesetzlichen Mindestlohn und ein staatliches Gesundheitssystem. Diese Dinge sind Leitplanken, die ein europäisches Sozialstaatsmodell ausmachen. Inwieweit das Soziale Marktwirtschaft ist, das ist ein bisschen schwierig, weil die ja stark mit dem Rheinischen Kapitalismus verbunden ist, und da gibt es einfach ein paar Elemente, die heute nicht mehr da sind. Wenn es allein um Lohnverhandlungen geht – wir haben ein viel schwächeres Lohnwachstum als früher. Wir haben gleichzeitig eine wachsende Konfliktbereitschaft, weil dieser gesellschaftliche Konsens quasi weggefallen ist. Das führt dann auch zu einer Fragmentierung auf der Gewerkschaftsseite mit all den Konsequenzen, die wir mit dem Bahnstreik und so weiter erleben.

Es gibt auch nicht mehr nur das klassische Bild des Alleinverdieners, den die Gewerkschaften lange vertreten haben. Es gibt neue Armutsrisiken: für Kinder, für Alleinerziehende. Reagiert der Staat genug darauf?

Wir müssen natürlich offen sein für verschiedene Familienformen und Gesellschaftsformen und das Transfersystem; wir müssen das Steuersystem so aufbauen, dass niemand in der Armut hängen bleibt. Und es stimmt, dass es vor allem Kinder von Alleinerziehenden sind, die armutsgefährdet sind, und auch Kinder von Langzeitarbeitslosen. Da muss man sicherstellen, dass jenseits der materiellen Armut Kinder aus solchen Verhältnissen die Ausbildung zur Informationskompetenz erhalten, dass sie in der nächsten Generation nicht hängen bleiben. Die Gefahr ist relativ groß. Wir haben eine ganze Reihe positiver Entwicklungen, was die frühkindliche Betreuung angeht oder einen Ausbau der Ganztagsbetreuung. Wahrscheinlich müsste man noch mehr machen, das ist dann aber wieder eine Frage des Geldes.

Gleichzeitig gibt es Mittel wie das – gerichtlich gekippte – Betreuungsgeld und die Rente mit 63, die in eine andere Richtung gehen.

Das Betreuungsgeld ist völlig kontraproduktiv und ich kenne niemanden, der es wissenschaftlich fundiert befördern würde. Eine Rente mit 63 ist eine einfache Entscheidung, ein bisschen mehr zu den Rentnern umzuverteilen. Auch die Mütterrente. Ich sehe da keine Notwendigkeit, aber das ist eine normative Verteilungsfrage, welcher Gruppe ich ein bisschen mehr Mittel auf Kosten einer anderen Gruppe gebe. Das sehe ich unabhängig von der Frage des Familienmodells. Von daher würde ich sagen, diese Rente mit 63 kostet Geld, aber sie ist strukturell nicht so problematisch wie der Eingriff in die Kinderbetreuung.

Die Sozialsysteme der EU-Nachbarländer sehen zum Teil anders aus als unseres. Sollte Europa sich stärker annähern?

Der deutsche Wohlfahrtsstaat ist in vielen Bereichen inzwischen weniger großzügig als die anderen, zum Teil in einigen Bereichen zu wenig großzügig. Die gesetzliche Rente ist gerade für Leute mit Löchern in der Erwerbsbiografie in Deutschland inzwischen sehr mager. Da besteht gerade auch für Geringverdiener ein Unterschied zu anderen Ländern. Die Frage ist, wie man damit umgeht, wenn man das auf europäischer Ebene sichern möchte. Ich glaube, man muss das über Mindeststandards machen, die alle einhalten sollten. Man könnte bei bestimmten Versicherungen darüber nachdenken, sie zu vergemeinschaften. Da gibt es ja die Debatte um die europäische Arbeitslosenversicherung. Man kann natürlich auch weitergehen und Rentenversicherungen vergemeinschaften. Die Deutschen würden jetzt aufschreien, aber in Wirklichkeit würde das Deutschland wahrscheinlich guttun, weil Frankreich eine ganz andere demographische Entwicklung hat. Das vergisst man ganz gern. Eigentlich könnte man davon profitieren.

Das Gespräch mit Sebastian Dullien führte Benjamin Dierks im Mai 2015 in Berlin.

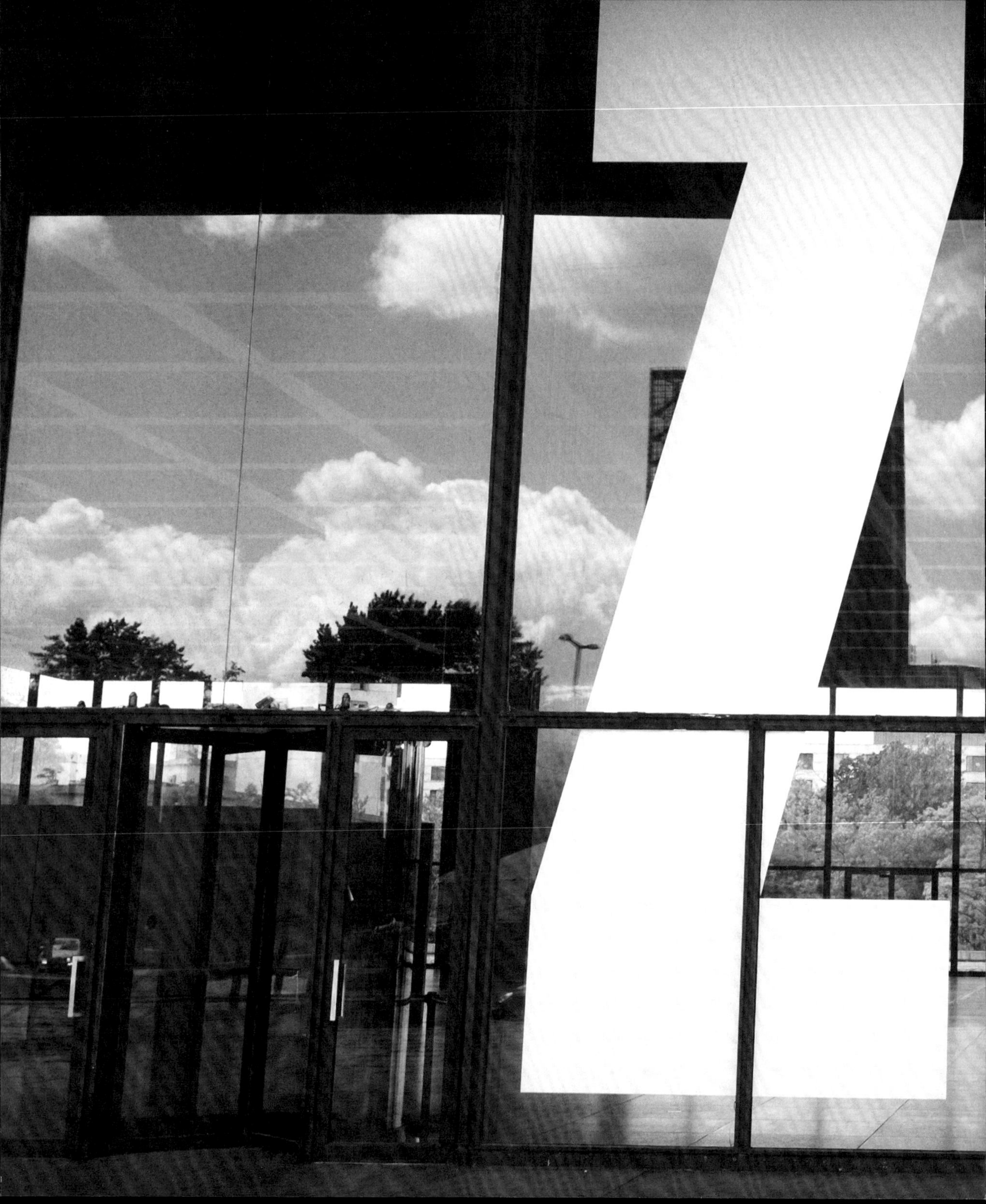

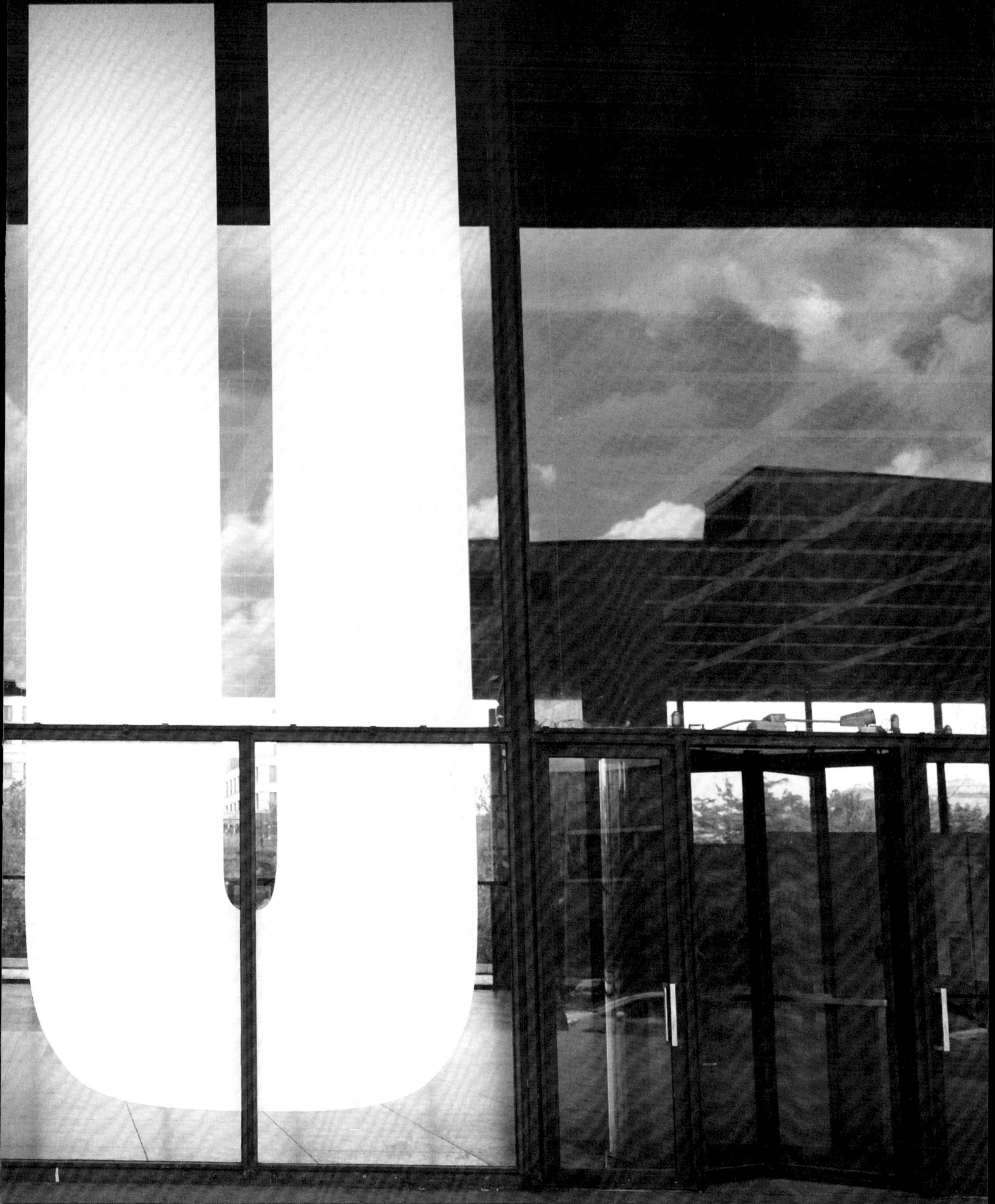

BIOGRAFIEN

Christina von Braun    Henrik Brinkmann    Heinz Bude

Prof. Dr. Christina von Braun

Christina von Braun ist Kulturtheoretikerin, Autorin, Filmemacherin und akademische Lehrerin. Seit 2012 ist sie Projektleiterin des Zentrums Jüdische Studien Berlin-Brandenburg. Von 1994 bis 2012 war sie Professorin für Kulturwissenschaft an der Humboldt-Universität zu Berlin. 1997 gründete sie dort den Studiengang Gender Studies, den sie bis 2002 leitete. Von 1969 bis 1981 war Christina von Braun in Paris als freischaffende Autorin und Filmemacherin tätig. In dieser Zeit entstanden unter anderem Filme zu André Malraux, Claude Lévi-Strauss, Meret Oppenheim, Flauberts »Madame Bovary« und eine historische Dokumentation zu den Frauengestalten der Französischen Revolution. Christina von Braun studierte in den USA und Deutschland. Von 1991 bis 1993 war sie Fellow am Kulturwissenschaftlichen Institut in Essen; in dieser Zeit wurde sie promoviert und habilitiert. 2005 bis 2012 war sie Sprecherin des DFG-geförderten Graduiertenkollegs »Geschlecht als Wissenskategorie«. Sie war unter anderem auch Projektleiterin des DAAD-geförderten Walter Benjamin-Gastlehrstuhls für deutsch-jüdische Kultur und Geschichte (2005–2014), der LeoBaeck Summer University for Jewish Studies sowie 2009 Gründerin des Kollegiums Jüdische Studien der Humboldt-Universität (ab 2012 universitätsübergreifendes Zentrum Jüdische Studien). Christina von Brauns Gesamtwerk umfasst ca. 50 Filmdokumentationen und Filmessays, 20 Bücher und zahlreiche Aufsätze zu Geschlechterfragen, Religions- und Kulturgeschichte, darunter zum Wechselverhältnis von Medien- und Mentalitätsgeschichte. Sie wurde 2013 mit dem Sigmund-Freud-Kulturpreis und 2014 mit der Hedwig-Dohm-Medaille des Deutschen Journalistinnenbundes ausgezeichnet.
www.christinavonbraun.de

Dr. Henrik Brinkmann

Henrik Brinkmann ist Project Manager des Projektes »Inclusive Growth. Mehrwert und Zielkonflikte einer neuen Wachstumsagenda für Deutschland« im Programm »Nachhaltig Wirtschaften« der Bertelsmann Stiftung. Er studierte Volkswirtschaftslehre an den Universitäten Mainz und Fribourg/Schweiz und promovierte an der Universität Magdeburg zu einem gesundheitsökonomischen Thema. Außerdem erwarb er einen Magisterabschluss in Kunstgeschichte an der Universität Osnabrück. Henrik Brinkmann ist seit 2001 in verschiedenen Funktionen in der Bertelsmann Stiftung tätig und war dort unter anderem verantwortlich für Projekte im Bereich Gesundheitspolitik, Sozialversicherung, Regulierung und Reformstrategien, wie etwa dem Reformkompass zur Planung und Umsetzung von Projekten im öffentlichen Sektor.

Prof. Dr. Heinz Bude

Heinz Bude ist seit 2000 Inhaber des Lehrstuhls für Makrosoziologie an der Universität Kassel. Er studierte Soziologie, Philosophie und Psychologie an der Universität Tübingen und an der Freien Universität Berlin. Von 1978 bis 1983 war er wissenschaftlicher Mitarbeiter am Psychologischen Institut der Freien Universität Berlin, wo er 1986 zum Dr. phil. promovierte. Danach war er Projektmitarbeiter und Habilitationsstipendiat der Deutschen Forschungsgemeinschaft und als selbstständiger Sozialforscher tätig. Seit 1992 ist er am Hamburger Institut für Sozialforschung tätig, zunächst als wissenschaftlicher Mitarbeiter und seit 1997 als Leiter des Arbeitsbereichs »Die Gesellschaft der Bundesrepublik«. Heinz Bude vertrat Lehrstühle an der Freien Universität Berlin und an der Viadrina in Frankfurt/Oder und war 1996 Visiting Scholar am Center for European Studies der Cornell University. Heinz Bude ist Mitglied der Deutschen Gesellschaft für Soziologie, in deren Vorstand er 2004 gewählt wurde.

BIOGRAFIEN

Benjamin Dierks

Benjamin Dierks ist Journalist und arbeitet als Autor in Berlin, unter anderem für den Deutschlandfunk. Zuvor war er Redakteur des Senders im Kölner Funkhaus. Mit dem Zusammenspiel von Politik, Wirtschaft und Gesellschaft beschäftigte er sich als langjähriger Redakteur der »Financial Times Deutschland« im Inland ebenso wie im Nahen Osten, in den USA und in Europa, zuletzt als EU- und NATO-Korrespondent in Brüssel. Daneben schrieb er für internationale Publikationen wie »The Guardian« und »International Herald Tribune/ New York Times«. Der gebürtige Hamburger hat Politikwissenschaft und Internationale Beziehungen in Berlin und London studiert.

Prof. Dr. Sebastian Dullien

Sebastian Dullien ist Professor für Allgemeine Volkswirtschaftslehre an der Hochschule für Technik und Wirtschaft Berlin. Seine Fach- und Arbeitsgebiete sind Volkswirtschaftslehre, Internationale Wirtschaftsbeziehungen, Geldpolitik, Europäische Integration, Makroökonomie und Entwicklungsökonomie. Daneben ist er Senior Policy Fellow beim European Council on Foreign Relations. Sebastian Dullien studierte Volkswirtschaftslehre in Berlin und Paris und promovierte an der Freien Universität Berlin. Danach war er unter anderem als Redakteur für die »Financial Times Deutschland« tätig, als Experte bei der UNCTAD in Genf und als Gastwissenschaftler an der Johns Hopkins University in Baltimore/USA sowie in der Stiftung Wissenschaft und Politik, Berlin. Er ist unter anderem Mitglied im Editorial Board der »Review of Keynesian Economics«, des Beirats der Zeitschrift »Wirtschaftsdienst« und des wissenschaftlichen Beirats der Hans-Böckler-Stiftung.
www.dullien.net

Andreas Esche

Andreas Esche ist Director des Programms »Nachhaltig Wirtschaften« der Bertelsmann Stiftung in Gütersloh. Er arbeitet seit 1996 für die Bertelsmann Stiftung, zunächst als Leiter der Abteilung Wirtschafts- und Sozialpolitik. Von 2003 bis 2008 war er Leiter des Querschnittsprojekts »Aktion Demographischer Wandel«. Bevor Andreas Esche zur Bertelsmann Stiftung kam, war er als Projektleiter bei der Prognos AG in Basel/ Schweiz und als Senior Consultant am Centre Européen d'Expertise en Evaluation in Lyon/Frankreich tätig.

Aart De Geus

Aart De Geus ist seit August 2012 Vorstandsvorsitzender der Bertelsmann Stiftung. Bereits seit September 2011 war er Mitglied des Vorstands und verantwortete die Programme im Bereich Europa, Arbeitsmarkt und Globalisierung. Von 2007 bis 2011 war er stellvertretender Generalsekretär der Organisation für wirtschaftliche Zusammenarbeit und Entwicklung (OECD), wo er die Themen Arbeit und Soziales, Gesundheit, Bildung, Marktwirtschaft und politische Governance verantwortete. Von 2002 bis 2007 war Aart De Geus niederländischer Minister für Arbeit und Soziales im Kabinett von Ministerpräsident Jan Peter Balkenende.

BIOGRAFIEN

Armando García Schmidt Anke Hassel Wolf Lotter Veit Mette

Armando García Schmidt

Armando García Schmidt leitet das Projekt »Inclusive Growth. Mehrwert und Zielkonflikte einer neuen Wachstumsagenda für Deutschland« im Programm »Nachhaltig Wirtschaften« der Bertelsmann Stiftung. Nach Ausbildung und Arbeit als Historiker ist er seit 2001 für die Bertelsmann Stiftung tätig. Hier arbeitet er vorwiegend zu europa- und wirtschaftspolitischen Themen. Er war unter anderem verantwortlich für den Reinhard Mohn Preis 2013 »Erfolgreiche Strategien für eine Nachhaltige Zukunft«, für die Arbeit der Stiftung zur Erweiterungs- und Nachbarschaftspolitik der EU, für deutsch-spanische Themen, Europa in Kommunen und die Formate »Europe in Dialogue« und »Sommerakademie Europa«.

Prof. Dr. Anke Hassel

Anke Hassel lehrt Public Policy an der Hertie School of Governance in Berlin. Sie studierte Politik- und Wirtschaftswissenschaft sowie Rechtswissenschaft an der Universität Bonn und an der London School of Economics and Political Science. Von 1997 bis 2003 forschte sie am Max-Planck-Institut für Gesellschaftsforschung in Köln. Sie promovierte und habilitierte an der Ruhr-Universität Bochum. 2003/2004 war sie im Planungsstab des Bundesministeriums für Wirtschaft und Arbeit tätig und erhielt im Jahr 2005 einen Ruf an die Jacobs University Bremen als Professorin für Soziologie.

Wolf Lotter

Wolf Lotter war 1999 Mitbegründer des Wirtschaftsmagazins »brand eins«, wo er seit 2000 die Leitartikel zu den Schwerpunktthemen verantwortet. Er gilt als einer der führenden Publizisten auf dem Gebiet der Beschreibung der Transformation von der alten Industriegesellschaft hin zur neuen Wissensgesellschaft. Lotter begann 1983 ein Studium des Kulturellen Managements an der Hochschule für Musik und darstellende Kunst in Wien sowie der Kommunikationswissenschaft und der Geschichte an der Universität Wien. Bereits während des Studiums wechselte er in den Journalismus: Er schrieb für die Stadtzeitung »Falter« (Wien) und für die Wirtschaftsmagazine »Trend-Profil-Extra« und »Cash Flow« und wurde 1989 Redakteur für Reportagen bei »Cash Flow«. Als Redakteur gehörte er den Redaktionen von »news« (1992) und »profil« (1993 bis 1998) an. 1998 wurde er Mitglied der Redaktion des Hamburger Wirtschaftsmagazins »econy«, dem Vorgängerprojekt von »brand eins«. Er veröffentlichte zahlreiche Bücher, unter anderem »Verschwendung. Wirtschaft braucht Überfluss« (2006) oder »Zivilkapitalismus. Wir können auch anders« (2013) und ist ein gefragter Vortragender zu Themen der Wissensgesellschaft und Transformation. *www.wolf-lotter.de*

Veit Mette

Veit Mette ist Fotograf und Fotojournalist mit Sitz in Bielefeld. Er studierte Kunstpädagogik an der Universität Bielefeld. Seit 1990 ist er für Zeitungen, Zeitschriften, Unternehmen und Stiftungen als Fotograf in den Bereichen Reportage, Porträt und PR tätig. Seine Arbeiten werden in Publikationen wie »Stern«, »Süddeutsche Zeitung«, »Geo« und »Die Zeit« veröffentlicht. Veit Mette präsentiert seine künstlerischen Arbeiten in zahlreichen Büchern und Ausstellungen. 2015 wurde er mit dem Kulturpreis der Stadt Bielefeld ausgezeichnet. *www.veitmette.de*

BIOGRAFIEN

Armin Nassehi  — **Paul Nolte**  — **Birger Priddat**

Prof. Dr. Armin Nassehi

Armin Nassehi ist Inhaber des Lehrstuhls Soziologie I an der Ludwig-Maximilians-Universität München. Seine Arbeitsschwerpunkte sind Kultursoziologie, Politische Soziologie, Religionssoziologie, Wissens- und Wissenschaftssoziologie. Von 1979 bis 1985 studierte Armin Nassehi Erziehungswissenschaften, Philosophie und Soziologie an den Universitäten Münster und Hagen. Von 1988 bis 1994 war er wissenschaftlicher Mitarbeiter an der Universität Münster, wo er 1992 im Fach Soziologie promoviert und sich 1994 habilitierte. Armin Nassehi ist unter anderem Mitglied des Hochschulrats und des Senats der Ludwig-Maximilians-Universität und Mitglied zahlreicher Gremien, unter anderem der Jury für den Geschwister-Scholl-Preis, des Expertenforums Fernsehen des Bayerischen Rundfunks und des Vorstands des Münchner Kompetenzzentrums Ethik. Seit 2002 ist er Mitglied im Vorstand des Humanwissenschaftlichen Zentrums der LMU, seit 2009 stellvertretender geschäftsführender Vorstand.

Prof. Dr. Paul Nolte

Paul Nolte ist Historiker, Publizist und seit 2005 Professor am Friedrich-Meinecke-Institut der Freien Universität Berlin mit Schwerpunkt Zeitgeschichte. Er studierte Geschichtswissenschaft und Soziologie in Düsseldorf, Bielefeld und an der Johns Hopkins University in Baltimore/USA. Paul Nolte promovierte 1993 und habilitierte 1999 für Neuere Geschichte in Bielefeld. 1993 bis 1994 arbeitete er als German Kennedy Memorial Fellow an der Harvard University, 1998 bis 1999 als Fellow am Wissenschaftskolleg zu Berlin, 2012 bis 2013 als Fellow am Historischen Kolleg in München. Ab 2001 lehrte er als Professor für Geschichte an der privaten Jacobs University Bremen. Paul Nolte forscht und schreibt zu politischen und gesellschaftlichen Entwicklungen im 20. und frühen 21. Jahrhundert, veröffentlicht in »Die Ordnung der deutschen Gesellschaft« (2000), »Generation Reform« (2004) und »Was ist Demokratie?« (2012). Er ist Mitherausgeber verschiedener Buchreihen und geschäftsführender Herausgeber der Zeitschrift »Geschichte und Gesellschaft. Zeitschrift für Historische Sozialwissenschaft«. Seit 2009 ist Paul Nolte Präsident der Evangelischen Akademie zu Berlin.

Prof. Dr. Birger Priddat

Birger Priddat ist seit 2009 Inhaber des Lehrstuhls für Volkswirtschaft und Philosophie an der Wirtschaftsfakultät der Universität Witten/Herdecke. Von 2007 bis 2008 war er Präsident dieser Universität; seit 2013 ist er Dekan der Wirtschaftsfakultät. Birger Priddat studierte Volkswirtschaft, Philosophie, Arbeitspsychologie und Politik an der Universität Hamburg, wo er 1986 promovierte. Danach war er an den Instituten für Finanzwissenschaft und Politikwissenschaft der Universität Hamburg, an der Universität Wien sowie am Lehrstuhl für Politische Ökonomie der Zeppelin Universität Friedrichshafen tätig. Priddat war unter anderem Berater des damaligen Bundeskanzlers Gerhard Schröder für die Themenkomplexe Zivilgesellschaft und New Governance und Mitglied der Arbeitsgruppe Elitenintegration an der Berlin-Brandenburgischen Akademie der Wissenschaften. Seit Juni 2013 ist Birger Priddat Mitherausgeber des philosophischen Wirtschaftsmagazins »agora42«.

Helge Ritter   Hartmut Rosa   Uwe Schneidewind

Prof. Dr. Helge Ritter

Helge Ritter ist Neuroinformatiker und seit 1990 Professor an der Technischen Fakultät der Universität Bielefeld. Ritter studierte Physik und Mathematik an den Universitäten Bayreuth, Heidelberg und München, wendete sich 1985 der Forschung an künstlichen neuronalen Netzen zu und promovierte 1988 an der TU München im Fach Physik. Er war unter anderem Gastwissenschaftler am Laboratory of Computer and Information Science in Helsinki, Assistant Research Professor am Beckman Institute for Advanced Science and Technology und im Department of Physics der University of Illinois at Urbana-Champaign sowie Fellow am Wissenschaftskolleg zu Berlin. Seine Forschungsschwerpunkte sind Neural Computation, insbesondere selbstorganisierende und lernende Systeme und ihre Anwendung auf maschinelles Sehen, Robotersteuerung, Datenanalyse und interaktive Mensch-Maschine-Schnittstellen. Helge Ritter wurde 1999 mit dem SEL Alcatel Research Prize ausgezeichnet und 2001 mit dem Leibniz-Preis der Deutschen Forschungsgemeinschaft (DFG), dem höchstdotierten deutschen Förderpreis. Ritter ist Mitglied der Nordrhein-Westfälischen Akademie der Wissenschaften und der Künste sowie der Deutschen Technikakademie acatech. Er ist einer der Gründungsdirektoren des Bielefelder Forschungsinstituts für Kognition und Robotik und seit 2007 Koordinator des Exzellenzclusters CITEC mit dem Forschungsschwerpunkt Kognitive Interaktionstechnologie.

Prof. Dr. Hartmut Rosa

Hartmut Rosa ist seit 2005 Professor für Allgemeine und Theoretische Soziologie an der Friedrich-Schiller-Universität in Jena und seit 2013 Direktor des Max-Weber-Kollegs an der Universität Erfurt. Davor lehrte er unter anderem an der New School for Social Research in New York. Er ist Herausgeber der internationalen Fachzeitschrift »Time & Society«. Veröffentlichungen: »Beschleunigung. Die Veränderungen der Zeitstrukturen in der Moderne« (2005), »Identität und kulturelle Praxis. Politische Philosophie nach Charles Taylor« (1998), »Weltbeziehungen im Zeitalter der Beschleunigung« (2012) sowie »Soziologische Theorien« (mit David Strecker und Andrea Kottmann (2007).

Prof. Dr. Uwe Schneidewind

Uwe Schneidewind ist Präsident und wissenschaftlicher Geschäftsführer am Wuppertal Institut für Klima, Umwelt, Energie GmbH. Darüber hinaus ist er Professor für Innovationsmanagement und Nachhaltigkeit (Sustainable Transition Management) an der Bergischen Universität Wuppertal. Uwe Schneidewind ist Mitglied in unterschiedlichen wissenschaftlichen und politischen Gremien: Er ist unter anderem Mitglied des Club of Rome, des Wissenschaftlichen Beirats der Bundesregierung Globale Umweltveränderungen (WBGU) sowie der Enquête-Kommission des Deutschen Bundestags »Wachstum, Wohlstand, Lebensqualität – Wege zu nachhaltigem Wirtschaften und gesellschaftlichem Fortschritt in der Sozialen Marktwirtschaft« (2011–2013). Arbeitsschwerpunkte von Uwe Schneidewind sind neue Wachstums- und Wohlstandskonzepte sowie die Analyse komplexer nachhaltiger Transformationsprozesse in unterschiedlichen Infrastrukturbereichen. Ein besonderer Fokus liegt dabei auf den engen Wechselwirkungen zwischen technischen, ökonomischen, institutionellen und kulturellen Aspekten. Zusammen mit Angelika Zahrnt verfasste er das Buch »Damit gutes Leben einfacher wird. Perspektiven einer Suffizienzpolitik« (2013).

Katharina Zweig

Prof. Dr. Katharina Zweig
Katharina Zweig ist seit 2012 Professorin für Graphentheorie und Analyse komplexer Netzwerke an der Technischen Universität Kaiserslautern. Dort hat sie federführend den neuen Studiengang Sozioinformatik aufgebaut, der sich mit der Frage beschäftigt, wie IT-Systeme und die Gesellschaft miteinander interagieren und sich gegenseitig in ihrer Entwicklung beeinflussen. Katharina Zweig studierte Biochemie und Bioinformatik an der Universität Tübingen, wo sie 2007 promovierte. Von 2003 bis 2008 war sie wissenschaftliche Angestellte an der Fakultät für Kognitionswissenschaft (Wilhelm-Schickard-Institut) an der Universität Tübingen. 2007 arbeitete sie als Gastwissenschaftlerin an der Universität Tucson (Arizona), in den Jahren 2008 und 2009 war sie Postdoc-Stipendiatin der Deutschen Akademie der Naturforscher Leopoldina an der Eötvös Loránd Universität Budapest. Von 2009 bis 2012 war Katharina Zweig Nachwuchsgruppenleiterin am Interdisziplinären Zentrum für Wissenschaftliches Rechnen (IWR) der Universität Heidelberg. 2013 wurde sie zum Junior Fellow der Gesellschaft für Informatik ernannt und ist momentan auch Sprecherin der Junior Fellows. 2014 wurde Katharina Zweig im Rahmen des Wissenschaftsjahres »Die digitale Gesellschaft« als einer von 39 »Digitalen Köpfen« von Bundesministerin Johanna Wanka ausgezeichnet. Sie berät Politik und Institutionen des öffentlichen Lebens zu den Folgen der Digitalisierung.

Abstract

In Germany, the social market economy continues to prove itself as an efficient economic system. Its basic principles have helped drive the rapid growth in German prosperity over the last 60 years, as the German economy has overcome major hurdles throughout this period. And even as global economy has been hit in close succession by several crises since 2008, social market principles have served Germany well in providing a robust foundation for economic success and the prosperity. In contrast to several other industrialized states, economic output in Germany is growing and the labor market is booming, drawing the country considerable attention as others grow curious about the recipe for success.

Can German society and its decision-makers in politics and business now rest on the laurels of their success? We at the Bertelsmann Stiftung reject this notion. There are several changes on the horizon that will pose a significant challenge to Germany in the upcoming years. This applies both to the German economy and issues of social cohesion.

This publication features 12 interviews with outstanding contemporary German thinkers from a variety of academic disciplines. Bringing together multiple points of view and thinking together are necessary if we are to develop a genuine understanding of the unique nature and ambivalence of developments underway. As different as each thinker presented here may be, they are all astute observers and analysts of current trends in economic systems and society.

The megatrends of globalization and digitization are changing the requirements of what constitutes a sustainably successful economy. These changes are more rapid and far-reaching than were expected even just a few years ago. There are not only increasing demands with respect to ensuring innovation and the capacity to remain internationally competitive in specific economic sectors, society itself must also adapt more quickly to an ever-more rapidly changing economy.

The megatrends of globalization and digitization are dovetailing with two further megatrends: demographic change and growing inequality. Though the specific effects of a rapidly aging and shrinking society on our economy are still uncertain, it is clear that structural changes in the world of work are under way. This involves a shift away from the production of tangible goods in the industrial and manufacturing sectors – the strength and internationally competitiveness of which have, until recently, provided the foundation of Germany's current prosperity – to the provision of person-to-person services in long-term care and the health sector. Our consumption patterns are also changing. Will demographic change become the source of long-term stagnation as economists have warned?

And what about inequality? Dramatic gaps in living standards across nations are driving global migration flows. Many of these migrants have set their sights on the wealthy countries in the northern hemisphere. When properly governed, this trend can yield benefits for migrants, the countries they are leaving and target countries alike. But there are gaps in living standards within the target countries themselves. Even Germany, upon which so many migrants have pinned their hopes, faces problems associated with growing inequality within its borders. Despite economic growth and a booming labor market, Germany faces growing income inequality, persistently high rates of those at risk of poverty, stubborn long-term unemployment rates and regional gaps in development and well-being that appear to be hardening.

We should make use of the current phase of prosperity, and not content ourselves with simply seeking to perpetuate the system as we know it. Throughout his life, the founder of the Bertelsmann Stiftung, businessman Reinhard Mohn, called for a search for new answers and – under the pressure of profound change – an effort to let go of entrenched thought patterns and to regard long-familiar structures critically. He constantly challenged himself to rethink and clarify the idea of the social market economy as a guiding principle.

We are convinced that we in this country must speak about shaping a new, forward-looking economic- and sociopolitical agenda – an agenda that not only aims at a pure increase in the value of products and services produced, but also takes societal progress and every person's opportunities for social inclusion into account. The first necessary step toward this agenda is to ask the right questions.

What profound changes will the coming decades bring with regard to our ways of doing business, and in our common social life? How do these economic and social developments relate to each other? What areas of conflict, risk and opportunity will arise from these individual developments, and especially from the interactions between them? These questions constitute the central theme of this book.

The interviews featured in this publication identify the core challenges, but also highlight the creative opportunities for forward-looking economic and social policies in Germany. Bielefeld-based photographer Veit Mette has supplemented the interviews, providing a vivid picture of today's Germany.

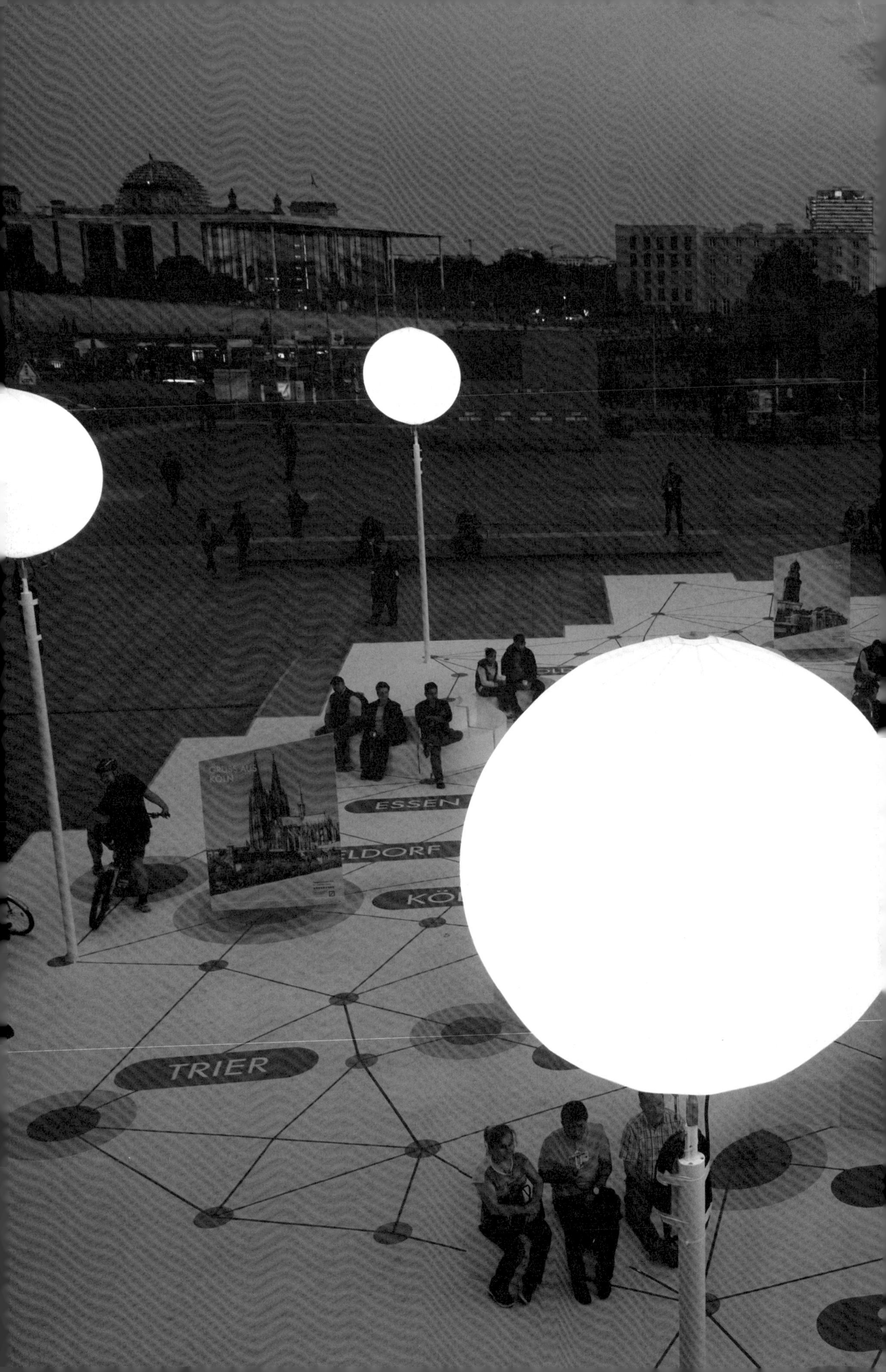
ESSEN
TRIER

Impressum

Bibliografische Information der Deutschen Nationalbibliothek

Die Deutsche Nationalbibliothek verzeichnet diese Publikation in der Deutschen Nationalbibliografie; detaillierte bibliografische Daten sind im Internet unter http://dnb.dnb.de abrufbar.

© 2016 Verlag Bertelsmann Stiftung, Gütersloh

Verantwortlich:
Armando García Schmidt, Henrik Brinkmann

Redaktion:
Benjamin Dierks, Armando García Schmidt, Henrik Brinkmann

Lektorat:
Sibylle Reiter

Herstellung:
Sabine Reimann

Gestaltungskonzept und Layout:
Büro für grafische Gestaltung – Kerstin Schröder, Frank Rothe, Bielefeld/Berlin

Umschlag- und Inhaltsfotos:
Veit Mette, Bielefeld

Autorenfotos:
Hertie School of Governance; Maxim Sergienko; Dagmar Stratenschulte; Hamburger Edition HIS, Bodo Dretzke; Susanne Freitag; Marsilius Kolleg Universität Heidelberg; Hans-Günther Kaufmann; Bernd Wannenmacher; Universität WH; Juergen-bauer.com; HTW Berlin; Sarah-Esther Paulus; eventfotografie.in JRF.eV.; Adil Faitout; Thomas Kunsch; Steffen Krinke; Jan Voth

Druck:
Hans Kock Buch- und Offsetdruck GmbH, Bielefeld

ISBN 978-3-86793-687-3

www.bertelsmann-stiftung.de/verlag